北京大學《儒藏》編纂與研究中心　編

《儒藏》精華編選刊

春秋權衡　七經小傳

〔北宋〕劉敞　撰
孔天祥　校點

〔北宋〕劉敞　撰
楊韶蓉　校點

北京大學出版社
PEKING UNIVERSITY PRESS

圖書在版編目(CIP)數據

春秋權衡；七經小傳 /（北宋）劉敞撰；北京大學《儒藏》編纂與研究中心編. --北京：北京大學出版社，2024.8. --（《儒藏》精華編選刊）.

ISBN 978-7-301-35482-7

Ⅰ. Z126.2

中國國家版本館CIP數據核字第20243V8V08號

書　　名	春秋權衡　七經小傳 CHUNQIU QUANHENG　QIJING XIAOZHUAN
著作責任者	（北宋）劉敞 撰 孔天祥　楊韶蓉 校點 北京大學《儒藏》編纂與研究中心 編
策劃統籌	馬辛民
責任編輯	陳軍燕　方哲君
標準書號	ISBN 978-7-301-35482-7
出版發行	北京大學出版社
地　　址	北京市海淀區成府路205號　100871
網　　址	http://www.pup.cn　新浪微博：@北京大學出版社
電子郵箱	編輯部 dj@pup.cn　總編室 zpup@pup.cn
電　　話	郵購部 010-62752015　發行部 010-62750672 編輯部 010-62756449
印 刷 者	三河市北燕印裝有限公司
經 銷 者	新華書店
	650毫米×980毫米　16開本　23.5印張　215千字 2024年8月第1版　2024年8月第1次印刷
定　　價	92.00元

目録

春秋權衡

七經小傳

春秋權衡

〔北宋〕劉敞　撰
孔天祥　校點

校點説明

《春秋權衡》，北宋劉敞撰。

劉敞（一〇一九—一〇六八），字原父，世稱公是先生，臨江新喻（今江西新余）人。仁宗慶曆六年（一〇四六），與其弟劉攽同中進士，敞取廷試第一，以大理評事通判蔡州。英宗治平三年（一〇六六），授集賢院大學士、判南京留守司御史臺。神宗熙寧元年卒於官。《宋史・藝文志》著録劉敞著作凡八種，有《劉敞集》七十五卷、《漢官儀》三卷、《弟子記》一卷、《使北語録》一卷、《先秦古器物圖》一卷、《七經小傳》五卷、《春秋傳》十五卷、《春秋權衡》十七卷。

《春秋權衡》凡十七卷，第一至第七卷辯正《左氏傳》及杜注之謬誤，第八至第十三卷駁正《公羊傳》及何休解詁之是非，第十四至第十七卷據義例議論《穀梁傳》之是非。劉氏於經、傳差異處，皆以經文爲準，信經不信傳，參尋禮制、常例、義理，於三家之誤皆有發見。

今《春秋權衡》所存傳本有如下幾種：

（一）國家圖書館藏明抄本，十七卷。凡上、中、下三册，頁十行，行十八字。前有劉敞

《春秋權衡序》，題「劉敞原父著」。是現存《春秋權衡》最早的本子。簡稱「明抄本」。

（二）《通志堂經解》本，十七卷。前有朱彝尊《序》及劉敞《春秋權衡序》。此本與明抄本不屬同一版本系統。有康熙十九年（一六八〇）通志堂刻本及同治十二年（一八七三）粵東書局重刻本。

（三）《公是先生遺書》本，十七卷。《公是先生遺書》，乾隆十六年（一七五一）鐫刻，係水西藏版。收全部劉敞所存著作，計《六經奧論》一卷、《春秋權衡》十七卷、《春秋傳》十五卷、《春秋意林》二卷、《七經小傳》三卷，凡三十八卷。所收《春秋權衡》，卷首有劉敞《春秋權衡序》及朱彝尊《序》，此版本當源自《通志堂經解》本。簡稱「公是本」。

（四）《四庫全書》本，十七卷。書前有四庫館臣所撰提要，無劉敞《春秋權衡序》。文字與《公是先生遺書》本多有不同。且因《春秋》多涉「夷夏之防」，爲清廷所忌，故多有删節。簡稱「四庫本」。

（五）摛藻堂《四庫全書薈要》本，十七卷。版式、文字與《四庫全書》本大致相同。然此本之校官、覆校官、校對官均與《四庫全書》本異，且於「夷夏之防」類文字不加删節。簡稱「薈要本」。

（六）民國抄本，十七卷。凡四册，書前有劉敞《春秋權衡序》。頁十三行，行二十二字，無邊框。書後題字爲「乙卯臘月十六日書竣」，國家圖書館判斷其爲民國抄本，則此本爲民國四年（一九一五）抄本。簡稱「乙卯本」。

此次校點以康熙十九年刻《通志堂經解》本爲底本，以現存國家圖書館的明抄本及《四庫全書》本爲對校本，間録薈要本、乙卯本之異同，並以杜預《春秋左氏經傳集解》、何休《春秋公羊傳解詁》、范甯《春秋穀梁傳集解》（俱用《漢魏古注十三經（附四書章句集注）》，中華書局，一九九八年第一版）校證劉敞所引經、注文字。又，該書引三傳文，多有舉稱大意，與原文不盡相符者，爲方便讀者理解，亦酌情加了引號。

後進末學，校點難免魚魯豕亥之謬，悉請斧正。

校點者　孔天祥

序

孔子之作《春秋》，撥亂世反諸正，其好惡一出于平而已，非若後世司馬遷、陳壽有所激於中，借史以渫其忿也。顧説《春秋》者往往未得聖人之意，煩其例，苛致其文，予者十一，誅譏者十九。夫有所攘也，蓋有尊也；有所貶也，蓋有褒也。今欲尊周而動著王室之非禮，欲誅亂臣賊子而先責備賢者。亡不越竟即責以弒君，不嘗藥斯罪以弒父，是聖人惡惡之辭長而善善之辭反短，比之申不害、衛鞅、韓非而有甚焉者矣。我故於説《春秋》者，義無多取，有刻深之文，戾乎孔氏作者之旨，未嘗不疾首張目焉。及得宋劉仲原父《春秋權衡》讀之，凡三傳有害於義者，旁引曲證，必權其輕重而别其非是，以待讀者之自悟，可謂善學《春秋》者也。原三家之傳，雖或未得其平，由於尊聖人之過，求聖人之心不得，遂紛綸同異者有之。要其所主，皆二百四十年之事。若胡安國之傳，出言無不純，理無不正，然其文則孔氏之文，其事則類指南渡君臣得失，斯蓋因述以寓作者矣。近乃舍三傳而列之學宫，久之，取士者并舍經而專主乎傳，是何異學《易》者之僅知操錢而入也？嗚呼，三傳、胡氏之孰贏孰縮，經與傳之孰輕孰重，安得起仲原父立而相與平準也與？

康熙甲寅十月後學秀水朱彝尊序。

春秋權衡序

劉子作《春秋權衡》，《權衡》之書始出，未有能讀者。自序其首曰：權，準也。衡，平也。物雖重，必準於權；權雖移，必平於衡。故權衡者，天下之公器也，所以使輕重無隱也，所以使低卬適中也，察之者易知，執之者易從也。不準則無以知輕重，不平則輕重雖出不信。故權衡者，天下之至信也。凡議《春秋》，亦若此矣。《春秋》一也，而傳之者三家，是以其善惡相反，其褒貶相戾，則是何也？非以其無準失輕重邪？且昔者董仲舒、江公、劉歆之徒，蓋相與争此三家矣，上道堯舜，下據周孔，是非之議不可勝陳，至於今未決，則是何也？非以其低卬不平邪？故利臆説者害公議，便私學者妨大道，此儒者之大禁也。誠準之以其權，則童子不欺；平之以其衡，則市人不惑。今此新書之謂也。雖然，非達學通人則亦必不能觀之矣，耳牽於所聞，而目迷於所習，懷恐見破之私意，而無從善服義之公心，故亦譬之權衡矣。或利其寡而視權如贏，或利其多而視權如縮，若此者非權衡之過也，人事之變也。雖然，以俟君子耳。孔子不云乎，「知我者以《春秋》，罪我者亦以《春秋》」，於權衡何傷哉？於是乎定其書爲十七卷。

春秋權衡卷第一　左氏第一

前漢諸儒不肯爲《左氏》學者，爲其是非繆于聖人也，故曰「《左氏》不傳《春秋》」。此無疑矣。然爲《左氏》者皆恥之，因共護曰：「丘明受經于仲尼。」此欲以自解免耳，其實非也。何以言之邪？仲尼之時，魯國賢者無不從之游，獨丘明不在弟子之籍。若丘明真受經作傳者，豈得不在弟子之籍哉？豈有受經傳道而非弟子者哉？以是觀之，仲尼未嘗授經于丘明，丘明未嘗受經于仲尼也。然丘明所以作傳者，乃若自用其意説經，❶汎以舊章常例，通之于史策，可以見成敗耳。其褒貶之意，非丘明所盡也，以其不受經也，學者可勿思之哉？杜氏序曰：「仲尼因魯史策書成文，考其真僞，而志其典禮，上以遵周公之遺制，下以明將來之法。其教之所存，文之所害，則刊而正之，以示勸戒。其餘皆即用舊史，史有文質，辭有詳略，不必改也。」此未盡也。苟唯文之所害，則刊而正之，其餘皆因而不改，則何貴于聖人之作《春秋》也？而傳又何以云「非聖人莫能修之」乎？大凡《左氏》本不能盡得聖人《春秋》之意，❷故《春秋》所有義同文異者，皆没而不説。而杜氏患苦《左傳》有不傳《春秋》之名，因爲作説云此乃聖人「即用舊史」爾。觀丘明之意，又不必然。按：

❶「乃若」，明抄本無「若」字，乙卯本作「若乃」。

❷「春秋」，明抄本無此二字。

隱公之初，始入春秋，丘明解經頗亦殷勤。故克段于鄢，傳曰：「不言出奔，難之也。不書城郎，非公命也。」不書之例，一年之中凡七發，明是仲尼作經大有所删改也，豈專用舊史者乎？又曰：「《春秋》何以始乎魯隱公？曰：周平王，東周之始王也。」非也。魯惠公亦即位在周平王之初，何不始于惠公乎？又曰：「魯隱公，讓國之賢君也。」非也。如《左氏》所説，則隱賤桓貴，桓貴當立，而隱不能奉之以立，而已篡其位，雖爲讓言，誰知其心哉？此桓公所以疑而殺之，乃非弒君也。閔公即位甫二歲，❶哀公即位甫四歲，不聞當時庶兄孽子敢代之治者，雖不代之治，二君亦君矣。假令有庶兄孽子代之治，《春秋》又可許其讓乎？且隱公以謂己不代桓公治，則魯國不存乎？襄公無代治者，何故魯不亡也？若魯之存不待隱公者，則隱公之攝，吾見其篡，不見其讓。且讓非隱所得名也。所謂讓者，謂其推己之有以與人也，不謂其奪人之有以與人也。能知吾言者，可與言《春秋》矣。或曰周公亦攝。吾曰：周公之攝，成王使之也。且隱公，周公也哉？其攝也？

隱　公

傳：「惠公元妃孟子。孟子卒，繼室以聲子，生隱公。而仲子爲夫人，生桓公，是以隱公立而奉之。」如傳所言者，明隱長而卑，桓幼而貴也。隱公立而奉之者，明隱爲桓立也，即元年傳所云「攝也」。十一年，羽

---

❶「二」，明抄本作「一」。按：杜預以爲閔公即位時年八歲。

父請殺桓公，以求太宰。公曰：「爲其少也，吾將授之矣。」明隱本不當立，故攝位以待桓壯也。又，元年傳曰：「惠公之薨也，太子少。」太子則桓矣。今杜氏注云：「繼室子當嗣世，以禎祥之故，追成父志，立桓爲太子。」非也。若隱本當立，則傳應云「不書即位，讓也」，不應乃云「攝也」。未有當其位而云攝者也，未有攝其位而云讓者也。知攝、讓之名所爲施，則知隱公之當立與不當立矣。且若隱公本當立，則羽父無緣請殺桓公也。推羽父所以請殺桓者，蓋見隱公本不當立，今久攝不遷，疑隱公欲遂有之也。使隱公本當立者，則羽父必能知桓公之已絶望，何故求殺之哉？且桓公之母爲夫人，❶隱公之母爲妾，妾主不同，貴賤可知矣。然此傳言桓、隱貴賤自未足信，而杜氏于其中又錯貴賤之分。何爲未足信乎？曰讓則不攝，攝則不讓，而傳謂隱公攝，是非其位而據之者也，于王法所不得爲。于王法所不得爲，則桓之弑隱惡少減矣，《春秋》不宜深絶之。今以其深絶之，知隱公乃讓也，非攝也。今以攝言隱公，是不盡《春秋》之情也。何謂錯貴賤之分乎？吾既言之于前矣。蓋注與傳違，傳與經違，非深知《春秋》之情者不能考也。

元年，春，王正月。傳曰：「春，王周正月。」杜氏曰：「周王之正月也。」杜氏所説，非也。周之諸侯即用周曆，《春秋》豈嫌魯不用周曆加「王」以明之哉？且傳乃云「王周正月」，不云「周王正月」。使傳云「周王正月」者，可云傳過，非杜氏過。今傳云「王周正月」，此傳不過，杜氏過也。何以言之邪？傳先王而後周，明王在周外也。王在周外，非時王省矣。杜氏豈唯異于經哉，又異于傳！

❶ 「爲」，明抄本作「乃」。下句「爲」同。

不書即位。傳曰：「攝也。」杜氏云：「公不行即位之禮，故史不書。」非也。尋傳此文，諸云「不書」者，❶似指仲尼作《春秋》不書之意耳。故隱公曰「攝」，莊公曰「文姜出」，閔公曰「亂」，僖公曰「公出復入」，然此未得仲尼之意也。左氏見《春秋》闕此數君即位，故以己意推而解之耳。杜氏既嫌其乖異難通，因説云此四君者，但朝廟告朔而不即位。豈實論哉？若以國家擾亂不遑行禮邪，則豈獨不得即位而已，亦無暇朝廟告朔矣。朝廟告朔亦何異于即位？即位亦何異于朝廟告朔？朝廟告朔同見百官，豈獨朝廟告朔則暇行之，即位見百官則不暇行之？此殊不足信也。且杜氏未曉傳文，傳曰「不書即位」者，固言仲尼不書也。若云隱、莊初不即位，傳當但云「公不即位，攝也」「公不即位，文姜出故也」，不當云「不書即位」「不稱即位」也。且杜氏注定無正月曰「公未即位也」，此言公即位則得書正月，公未即位則不得書正月也。若公即位則得書正月，未即位則不得書正月，則隱公等初年不即位，❷何故反書正月？此自相伐也。

公及邾儀父盟于蔑。傳云：「未王命，故不書爵。曰儀父，貴之也。」非也。諸侯本不得妄盟，盟亦何善哉？乃虞見貶，何貴之有？丘明未嘗受經，見儀父稱字，心固怪之，又頗聞仲尼立素王之法，遂承其虚説，不復推本道理，直曰「貴之」云。且是事也，三傳皆曰「貴儀父，故字之」。唯《公羊》以《春秋》當新王，故其説似有理者而亦終不可通。至于《左氏》《穀梁》乃未有可貴之道也。又曰：「公即位而求好于邾，故爲蔑之

❶ 「云」，明抄本作「公」。
❷ 「年」，明抄本無此字。

盟。」然則繼好息民，更是魯善也，邾不當褒矣。又，是後與桓公盟亦稱儀父，又何善邪？

鄭伯克段于鄢。《左氏》曰：「段出奔共。不言出奔，難之也。」非也。若段得生奔他國，則鄭伯有伐弟之惡，無殺弟之惡，《春秋》但當云「鄭伯伐段于鄢」，即解云「段不弟，故不言弟。稱鄭伯，譏失教也。不言出奔，難之也」乃可爾，何有改伐爲克哉？傳例又曰：「得儁曰克。」若太叔奔共，是不得儁也，何以書克邪？此年十月，傳曰：「共叔之亂，公孫滑奔衛。」公孫滑爲是段子，父子宜相從，今以傳數見段子不見段身也，❶蓋段見殺之後，其子出奔，《左氏》所據注記誤云段身出奔爾。又云：「如二君，故曰克。」春秋二君相伐多矣，皆曰伐，不曰克，不知何據而以爲二君言克邪？傳曰：「不言出奔，難之也。」此語無乃非《左氏》之例而自疚病乎？如此，是《春秋》之作删除者多矣，《左氏》何獨解此一事，而二百四十二年之閒遂默不言，而皆以爲史闕文從赴告、因舊史不赴告乎？且此事也，如《左氏》之説，史策乃本有段出奔共而仲尼除之者也，則鄭伯公子五爭、晉文公不言出入之類亦爲仲尼有所避匿而捐之矣，何不一一解之曰爲此不書乎，爲此不書乎？若彼不書者爲史策所無也，安知此共叔出奔非史策所無者而必云仲尼除之乎？觀此一節，似《左氏》亦以《春秋》爲據百二十國寶書作者。

君子曰：「潁考叔，純孝也。」非也。莊公既自悔其與母誓矣，考叔已聞其心若此矣，考叔當明言于君曰：「君之誓母，不孝也，鬼神所惡也。雖有醜誓，鬼神弗聽也。君不如迎母反之，此所謂遷善徙義，君子之

---

❶「以」，明抄本作「於」。

道，鬼神所福也。」彼莊公聞若言，必欣然不辭。何者？彼悔誓其母，又恥自發之，左右莫能導其君者，故至于此。使考叔能爲此言，莊公何遽不從？而晦昧致説，苟公不怪其舍肉事，未可知也。又闕地作隧，自云黄泉。上之，不足誑鬼；下之，不足誣人；内之，不足欺心，而徒教其君恥過作非，此孟子所謂「又從而爲之辭」者也，何謂純孝乎？

天王使宰咺來歸惠公、仲子之賵。《左氏》曰：「緩，且子氏未薨，故名。」非也。此以宰爲宰周公之宰，咺爲天子大夫之名，怪其以名配宰，妄云「子氏未薨」，欲以就其貶咺之説耳。按：惠公以仲子爲夫人，以桓公爲太子，事相發也。今天王歸賵，史記其事，應曰「惠公及夫人子氏之賵」，何故但言仲子不稱夫人乎？杜云：「婦人無謚，故以字配氏。」審如杜説，天王則生賵人之母，魯之群臣亦生謚君夫人也。且周德雖衰，不應生歸人賵。觀惠公仲子與僖公成風何異，而皆以謂兩人？此不知妾母繫子之義，而虚説不信也。

公子益師卒。《左氏》曰：「公不與小斂，故不書日。」非也。公孫敖、叔孫婼、公孫嬰齊皆爲公預小斂乎？何以得書日？大凡《春秋》所據者，史也。史之所記，非聖人也。有日不日，有月不月，其事可以考核，其日月不可必知也。假令益師卒時公實預小斂，或史誤不書日，或年久闕脱，仲尼寧得虚增甲子乎？若魯國史官世世皆賢人，皆知仲尼將修《春秋》以日月之例見君臣厚薄，❶故每記卿大夫之卒，謹守此法，則可矣。若人自爲意，家自爲法，或日或不日，或月或不月，皆由此也，安可於數百歲之後信其此文以褒貶人

❶「皆」上，明抄本有「人」字。

君乎？爲《左氏》者既自云「史有文質，辭有詳略，不必改也」，今大夫卒或日或不日，亦詳略之一端矣，何以必其皆詳邪？學者當如何解此，吾欲聞之。

二年，無駭帥師入極。杜氏曰：「無駭未賜族，故不書氏。」八年傳曰：「無駭卒，羽父請氏。」皆非也。公子稱公子，公子之子稱公孫，公孫之子以王父字爲氏，乃常禮也。若此無駭者，繼公孫者也，則其賜氏久矣，豈及其死而未賜氏乎？如其公孫也，則公孫乃其氏矣，又何賜乎？若以謂公子、公孫亦必賜然後稱也，是不達于禮矣。夫禮所以賜氏者，非以爲榮也，乃以爲公孫之子其族無稱也。其族無稱，故請之于君，賜之氏而後稱之也。則族者，固公子、公孫之類也。公子、公孫不待賜而稱之也，以親屬爲氏也；公孫之子必待賜而立氏者，公孫不敢以親屬爲氏也，❶所謂繼大宗者也，奈何以公子、公孫爲賜族哉？然則無駭之不氏，非以其未賜族也。

紀裂繻來逆女。杜氏曰：「逆女或稱使，或不稱使。婚禮不稱主人，史各隨其實而書，非例也。」非也。如此，苟一史足爲《春秋》，何待仲尼哉？且婚禮不稱主人，《公羊》説耳，吾於《公羊》既言之。

紀子帛、莒子盟于密。傳曰：「魯故也。」杜氏曰：「莒、魯有怨，紀侯既昏于魯，使大夫和解之，故子帛爲魯結好也。比之内大夫，序於莒子之上，又稱字以嘉之。」非也。若紀侯使子帛平二國之怨，則善在紀侯，不

❶「孫」下，乙卯本有「之子」二字。

在子帛，子帛不當攘君善也。又云：「比之内大夫。」若比之内大夫，當曰「紀子帛及莒子盟」，不當去「及」也。❶

夫人子氏薨。《左氏》曰：「桓母也。」審如此，桓未君，其母稱夫人，是仲子稱夫人久矣，桓公爲太子必矣，杜氏何以云「隱當嗣立，追成父志，以立桓」邪？此明杜氏誤解傳，傳又誤解經也。何以實之？如杜之說，則隱公誠讓國於桓；如傳之說，則隱公爲攝桓之國。推此二者，❷俱非是，然杜氏近之。然桓母亦非夫人也。

三年，庚戌，天王崩。《左氏》曰：「壬戌，平王崩。赴以庚戌，故書之。」杜云：「欲諸侯速至，故遠日以赴。《春秋》不書實崩日而書遠日者，即傳其僞以徵臣子之過也。」非也。王實以壬戌崩而赴以庚戌崩，則天下皆謂真以庚戌崩也，此史自當書庚戌，聖人雖欲還正亦不可得，豈故傳其僞者乎？且於《春秋》何以見平王非庚戌崩乎？

君氏卒。《左氏》曰：「聲子也。不赴于諸侯，不反哭于寢，不祔於姑，故不曰薨。不稱夫人，故不言葬。」皆非也。妾母不得稱夫人，自常禮也。假令實爲聲子，雖不稱夫人，猶應比定十五年「姒氏卒」及「葬定

❶「去」，原作「云」，今據明抄本、四庫本、薈要本改。
❷「二」，原作「一」，今據四庫本改。

姒」之例書之，❶何忽稱「君氏」又不葬乎？又曰：「不書姓，爲公，故曰君氏。」《春秋》以昭公娶吴，故諱其姓，謂之孟子。則諱姓者，避同姓也。今聲子非魯同姓，諱姓無義也。杜氏云「不書姓，避正夫人」，亦非也。若書「子氏卒」，非正夫人亦明矣，又何避乎？又曰：「隱見爲君，故特書於經曰君氏。」亦非也。哀公未即位，姒氏卒猶得書，隱公見爲君，子氏卒無不得書，書之何謂特書乎？且所謂「君氏」者，又不足以效其爲君母也。若曰「君母氏」乃可矣，直云「君氏」，未可謂之君母。

武氏子來求賻。《左氏》曰：「王未葬也。」傳不解武氏子，但云王未葬，似傳本但説爾時王未葬，故求賻也。若强通之，可益云「求賻，非禮也」。至於稱「武氏子」，聖人之意甚微，而《左氏》不言，此明左氏未嘗受經於仲尼而自以己意作傳者。杜氏之注是取《公羊》義，牽合此傳，爲傳飾其短闕耳。

傳曰：「鄭祭足帥師取温之麥，又取成周之禾。」按：《春秋》乃惡相伐者，況伐人喪乎？伐人喪尚惡之，況伐天子乎？今不獨伐天子，又伐其喪也，則《春秋》何以無貶鄭文邪？左丘明，魯之太史也，鄭氏事若不赴告魯，❷左丘明無由知之。苟赴告魯則必書於策，苟書於策則《春秋》必當有之。今《春秋》無此，是不書於策也，不書於策則丘明何從見此邪？非傳聞道聽者乎？學者莫如信《春秋》，則外物不能惑矣。《春秋》云甲，傳云乙，傳雖可信，勿信也。孰信哉？信《春秋》而已矣。

---

❶「定姒」，原作「姒氏」，今據明抄本改。

❷「氏」，明抄本無此字。

又曰：「周、鄭交惡。君子曰：『信不由中，質無益也。』」非也。王欲分政虢公，何以不可？而鄭伯怨王，此鄭之過一。王以子狐質鄭，鄭當辭曰「君臣無質」，而遂以子忽質周。比周於諸侯，此鄭之罪二。王崩，周人將畀虢公政，實未畀也。鄭當送往事居，以待天命，而遂伐王之喪，此鄭之罪三。鄭有三罪，不患無辭貶之，而君子但惡「信不由中」，使周與鄭儕，此爲縱鄭之惡，急周之信，孟子所謂人紾其兄之臂，教之徐徐云爾者也。

又曰：「宋宣公可謂知人矣，❶立穆公，其子饗之。」非也。宣公知人之狀何如哉？知其必反國於己子邪？則是挾詐而讓也；知其賢足以任國爲君邪？則穆公竟不能止後嗣之亂。若但以穆公今能反國因曰知人，則堯讓舜，舜不讓丹朱，舜讓禹，禹不讓商均，堯、舜反爲不知人也？且吾論之，自古讓者多安者少：宋穆公讓，魯隱公讓，吳三王讓，燕子之讓，❷後皆大亂。宋襄公欲讓目夷，目夷不聽；鄭穆公欲讓去疾，去疾不聽；楚昭王欲讓公子閭，公子閭不聽，後皆無亂。使此三子從而利之，亦皆亂矣。然彼三子又非惡爲君也，讓不得聖人不止，非聖人亦不可蒙讓于人也。故堯讓舜，舜讓禹，太伯讓文王，而天下國家安之，彼所謂知人也。若且得讓名，暮有讓禍，此乃讓非其人，不知人之甚者，何謂知人哉？

又曰：「公子州吁，嬖人之子也。有寵而好用兵，公弗禁。石碏曰：『將立州吁，乃定之矣。若猶未也，

❶「宣」，原作「桓」，今據明抄本、四庫本改。

❷「之」，明抄本、四庫本、薈要本作「噲」。

階之爲禍。』」石碏之意則是，石碏之言則非。使君聽石碏而立州吁，又當大亂，亂之作是石碏教之也，石碏何義以免此責乎？則不若謂君曰：「先王有禮，長幼有序。君必黜州吁以杜亂，君之愛州吁乃可謂愛矣。君聽州吁好兵以陵太子，百歲之後，州吁必爲亂，國人必討之。君雖欲全之，不可得矣。君之愛州吁，乃害之也。」如此則可。然《左氏》亦不須此四句自足爲義，無用述之以誤後世也。

四年，衛州吁弑其君完。按：州吁，公子也。不書公子，杜作《釋例》以謂「從赴辭也」，非也。《左氏》稱族、舍族亦自有義，豈得但云從赴哉？此明仲尼作《春秋》雖據舊史，其稱族、舍族皆出于聖人之手。左氏本不受經，故略自以己意推之，如翬、溺、崔氏之比則因著爲説，如州吁之類不稱族者不知何故則闕而弗論，而杜氏則以爲苟從赴而已。如實從赴，傳所云翬、溺皆虚辭也。如皆有義，不得云從赴也。

公及宋公遇于清。杜氏云：「二國各簡其禮，如道路相逢遇，故曰遇也。」非也。如二國各簡其禮，此端爲會也，❶非遇也。遇者，正謂相逢耳。若遇爲會見之名，故當如會例書云「公遇宋公于清」，不得云「及宋公遇」也。且遇者，相遇無疑矣。「季姬及鄫子遇于防」，彼豈各簡其禮者邪？

翬帥師會宋公、陳侯、蔡人、衛人伐鄭。《左氏》曰：「羽父請師，公弗許。固請而行，故書曰『翬帥師』，疾之也。」非也。翬、溺爲貶，無駭爲未賜族，皆怪《春秋》有書氏、不書氏之意而不得其説，❷因以己意推言

❶「爲」，明抄本無此字。

❷「意」，明抄本作「異」。

之爾。如傳無説，則翬、溺可以無駭言之，無駭可以翬、溺言之。如此，則《春秋》不足獨任，將反求決是非于傳也。且翬之固請，有異於元年公子豫之遂行乎？豫不書於經，翬書而不氏，賞罰頗矣，何以爲《春秋》？

衛人殺州吁于濮。杜氏云：「未列於會，故不稱君。例在成十六年。」今按：成十六年傳曰：「先君若有罪，則君列諸會矣。」❶杜據此文，是以每云諸篡弒之人已嘗會諸侯則無咎矣，不亦甚哉？若世太平也，教化未壞，天下必無弒君親者。及王道既衰，諸侯力征，❷而臣弒君，子弒父，列國擅盟會。於此之際，會豈難致哉？楚貪一裘一馬，囚兩國君，鄭以鞶鑑玉爵怨王而叛之，彼固無忌憚也。若弒逆之人入裘馬以市楚、分玉爵以賂鄭，推楚、鄭之意，將欣然願會，此豈王法哉？以此説經恐倍於經，以此解傳恐違于傳，何以知之邪？傳曰：「厚問定君於石子。石子曰：『王覲爲可。』」然則列于諸侯之會，未可也。

五年，考仲子之宫。杜氏云：「仲子，桓母也。惠公欲以爲夫人，而諸侯無二嫡，故隱公成父之志，别立宫也。」非也。若仲子實桓母，又非夫人，則不當立别宫。《春秋》應與立煬宫、武宫等書「立宫」以見譏，不當委避云「考宫」也。《春秋》所貴者，禮而已矣。《孝經》曰：「從父之令，焉得爲孝？」今惠公無令，❸隱公遂爲

❶「會」，原作「侯」，今據明抄本、四庫本、薈要本、乙卯本改。
❷「征」，明抄本作「攻」。
❸「今」，原作「令」，今據明抄本、乙卯本改。

成之，❶此去孝遠矣，《春秋》何以反不譏邪？且誠若傳所言，仲子爲桓之母，桓母，夫人也，其薨亦稱夫人矣，今何故不曰「考夫人仲子宫」邪？

初獻六羽。《左氏》曰：「公問羽數於衆仲。衆仲對曰：『天子用八，諸侯用六，大夫四，士二，故自八以下。』公從之。」杜注云：「先時僭用八佾，故今復古。」非也。《左氏》云：「王命諸侯，名位不同，禮亦異數。」若五等之君，均於六佾，無乃同之乎？推傳此言，是衆父之言誤，傳因具記之，見失禮耳，非美之也。何以明之？經言「初獻」者，乃譏始僭也，猶「初稅畝」矣。若非始僭者，經不言「初」也。又，杜氏云是後季氏舞八佾，則知唯仲子廟用六佾。若如所言，經又不當言「初」。言「初」者，是魯有國已來至今始作此事爾。不然，一切復古，皆用六佾，猶可言「初」也。若但據一廟，又非創始，不可謂「初」也。蓋魯隱以前未嘗舞六佾於群公之廟，今立仲子廟，又當下群公，疑於所舞，故問衆仲也。衆仲不知諸侯名位不同，禮亦異數，因天子八佾，遂兼稱諸侯六佾，致使魯僭諸公之禮也。此《春秋》所以書其「初」也，此後所以又僭八佾也。且吾論衆仲之誤無疑矣。仲云「士二佾」。所謂士者，特牲、少牢皆士禮也，無用樂舞之儀，安得二佾而施之乎？《周禮》舞師之職：「凡小祭祀則不興舞。」小祭祀者，王服玄冕之祭也。王服玄冕不興舞矣，士服玄冕反舞之乎？且玄冕又非士所當服者。計衆仲之博學親師，未如宰我之於仲尼、史佚之於周公也。宰我對社，❷仲

❶「遂」，明抄本作「逆」。

❷「對」，明抄本作「言」，乙卯本作「非」。

尼非之；史佚葬殤，周公非之。衆仲之誤魯使僭無疑也。以謂不然，則《春秋》書「初」之意不可解。❶今欲成杜氏説邪，欲從《春秋》邪？必有《春秋》，必無杜氏；必有杜氏，必無《春秋》。

六年，鄭人來渝平。《左氏》曰：「更成也。」杜氏曰：「渝，變也。」若如《左氏》、杜氏之説，經但當云「及鄭平」，或云「暨鄭平」，或云「鄭人來平」，或云「鄭人請平」則足矣，不得言「渝」。「渝」以「變」爲義，則是變其舊平，非新爲平也。明此，「渝平」當云「輸平」，二傳亦云「輸平」，蓋是字誤。

冬，宋人取長葛。《左氏》作「秋」。杜氏云：「秋取，冬來告也。」非也。史之記事雖據赴告而書，至其日月猶當依先後次序。❷假令宋、鄭同用二月出師，宋則即時來告，鄭則逾時來告，所告雖遲，其告之言猶曰二月也，國史豈得但據告時編之於夏乎？必若所云，❸豈唯大泯亂事實哉，亦顛倒天時矣！然《左傳》日月與經不同者多，或丘明作書雜取當時諸侯史策，史策有用夏正者，有用周正者，錯雜文舛，往往而迷，故經所云冬，傳謂之秋也。

傳云：「京師來告饑，公爲之請糴。」此虚語也。若其有之，經無緣不書也。杜氏以謂：「稱京師告饑，則非王命，故不書。」非也。告饑雖不書，歸粟猶應書也。必以謂非虚語者，則是雖來告糴，而魯不肯歸粟，且

---

❶「初」，原無，今據明抄本補。「意」，明抄本作「義」。

❷「依」，明抄本作「作」。

❸「所」，明抄本、乙卯本無此字。

以請糴于諸侯紿周，故《春秋》諱之也。不然，無緣不書也。若曰「稱京師，則非王命」，彼傳云「京師敗曰王師敗績于某」者，指誰言之哉？

春秋權衡卷第二　左氏第二

七年，叔姬歸于紀。杜氏云：「伯姬之娣，待年者也。」非也。《春秋》不言內女爲媵於諸侯者，以媵卑不足言也，叔姬何以得書邪？苟云史之記事有詳有略，又何以爲《春秋》？

滕侯卒。《左氏》云：「不書名，未同盟也。」非也。嘗同盟者卒未必皆名，未嘗同盟者卒未必皆不名。而《左氏》又云：「赴以名則書之，不然則否。」若實從例則不當從赴，若實從赴則無用設例。今進不必從赴，退不必從例，徒用是紛紛也。且吾論同盟諸侯卒不必書名，何者？欲以名別同盟邪，則同盟已見于經，不必書名乃知之也。然必欲謂同盟乃書名者，似見《春秋》諸侯盟會多，欲因此推言之爾。《禮》云「諸侯不生名」，生名不可，死名乃常也。唯天子崩，告於諸侯則不名；諸侯薨，赴于諸侯無不名。其不名，是有僭君之心，非謂不同盟故略之也。大凡天下有道，王巡狩四岳，則四方諸侯各隨其方伯、州牧朝於天子，以聽天子黜陟，故一方諸侯共事方伯，一州諸侯共事州牧，❶死則相哀，患則相卹，朝聘通焉，赴告及焉。苟異方殊州，生不共事，患不同憂，❷則朝聘不相通，赴告不相及。《左氏》所云「同盟則赴以名」，蓋緣此也。言「同盟

❶「共」，乙卯本作「安」。
❷「同」，明抄本作「共」。

赴以名」非也，「同盟則相赴」是也。

戎伐凡伯于楚丘以歸。《左氏》云：「戎鳴鐘鼓以伐天子之使。」非也。若謂鳴鐘鼓則得云「伐」，苟戎不鳴鐘鼓則可云「戎侵凡伯」乎？侵、伐雖以鐘鼓爲辨，要當施之國邑，非施之一夫也。

八年，鄭伯使宛來歸祊。杜氏云：「宛，鄭大夫。不書氏，未賜族。」非也。苟取不氏者以未賜族説之耳，人誰知之？翬、溺則以爲貶，柔、挾則以爲未賜族，僑如及遂則以爲尊夫人，宋督、宋萬之比則以爲從赴，人豈能知之乎？

我入祊。杜氏云：「桓元年，乃卒易祊田。知此入祊，未肯受而有之。」非也。經云「入祊」者，既入之矣，又何未肯受而有之乎？若魯未肯受祊，經書其入，是仲尼誣君之惡也。原杜氏之意，蓋見桓元年傳云：「鄭伯以璧假許田，爲周公、祊故也。」此自傳誤。隱公時，鄭人歸祊者，鄭自欲與隱公也。桓元年，以璧假許田者，桓公以許田與鄭，真易璧玉也。傳乃并而言之，謂「鄭人以祊易許」，而不顧隱八年已有「我入祊」之文。且許田者，魯本受封之地，《詩》云「居常與許」是也。地名與國同者，魯多有之。莊公築臺于秦，築臺于薛，豈真近秦近薛哉？傳見許國近鄭，不悟魯是地名許田，❶因謂鄭欲得近許之田，故以祊易許，混合兩事并爲一説。而杜氏遂倍經信傳，扶成其僞，可謂有功于《左氏》矣，未可謂知經也。

公及莒人盟于浮來。杜氏云：「莒人，微者，不嫌敵公侯，故直稱公。例在僖二十九年。」今按：僖二十

❶ 「是」，明抄本作「自」。

九年翟泉之盟，傳曰：「在禮，卿不會公、侯，會伯、子、男可也。」然則傳例以卑不會尊，杜意反謂卑可以會尊也。❶公、侯之卿不可當公、侯，子、男之微者而當公、侯乎？且卿不會公、侯，非爲嫌也，爲其不敵也。卿可以會伯、子、男，非爲不嫌也，爲其足相敵也。若以微故不嫌敵者，卿不嫌于公侯而嫌於伯、子、男，不可會伯、子、男，可會公、侯也。

無駭卒。傳曰：「羽父請族，公命爲展氏。」杜云：「無駭，公子展之孫。」非也。若無駭真公孫之子，當其繼大宗也，賜氏久矣，何待其死而賜氏乎？且《禮》云：「公孫之子以王父字爲氏。」曾非言其死而後氏之也。❷然則無駭固公孫也，羽父請族者，爲無駭之子請族也。子展稱「公子」，無駭稱「公孫」，無駭之子未有稱也，此其所以請之也。若必公孫之子死然後賜族，則無駭爲終身無所氏也，故曰不明於《禮》矣。

九年，大雨震電。傳曰：「大雨霖以震。」凡雨，自三日以往爲霖。」杜氏云：「此傳解經書霖，而經無『霖』字，經誤也。」非也。經有「電」無「霖」，傳有「霖」無「電」，傳不解經，經反誤哉？然丘明不宜革「電」爲「霖」，蓋其所據簡策錯誤，不能決之於經，直因循舊記而已。杜氏遂專謂經誤，黨於《左氏》至如此，不已惑乎？且《左氏》之言，未必可信也，三日之雨，豈非常者乎？此固經所未嘗書者。若以雨三日已往而必書之，是春秋二百四十二年之中，三日雨者一而已，是豈足信也？

❶「以」，明抄本無此字。
❷「曾」，原作「魯」，今據明抄本、四庫本、薈要本改。

庚辰，大雨雪。《左氏》云：「平地尺爲大雪。」亦非也。按：《左氏》諸言凡者，皆史書之舊章。然則此大雨霖、大雨雪亦皆舊章常例所必書者也，則《春秋》固應書此二者宜甚多矣，何以言之？三日雨、平地尺雪皆非可怪者也，曷爲二百四十二年之間獨此而一哉？用此推之，《左氏》凡例亦不必皆史書之舊也，乃丘明推己意以解經爲凡爾。其合於道者，則周公之典，又仲尼所取也；其考之不合於經如此類者，則其臆議而復斷之加「凡」於其首云爾，非周公之典、仲尼本意也。

傳曰：「宋公不王。鄭伯爲王左卿士，以王命討之，伐宋。宋以入郛之役怨公，不告命。公怒，絶宋使。」推驗此文及其前後，知宋之怨公，不獨以不救入郛也，何者？宋魯相睦而同怨鄭，鄭伯伐宋，宋人請救而使者失辭，故公不肯救宋。明年，則鄭人來輸平，此必鄭伯知公與宋有隙也。鄭雖輸平，公亦未許，又因爲宋伐邾，則未知公欲結宋邪，欲市於鄭也？而宋尚銜之，故明年鄭遂致其祊田，公因受之，許其爲平。自然宋人怨公，與鄭和而不告命也。宋之怨公，不以入郛，明矣。其端自入郛起，則誠有之，然此傳事爾，吾聊明之。

十年，公會齊侯、鄭伯于中丘。《左氏》云：「癸丑，盟於鄧，爲師期。」按：經無盟鄧之文，杜氏以謂「告會不告盟」，非也。國史所記，皆時君政事，政事既行則皆書之，豈待告廟乃書哉？唯公行而還，告廟則致，不告廟則不致，此乃君有境外之事，歸當告致也，不謂政事大小一一告廟也。公盟則書盟，會則書會，豈在告廟乃書乎？明此，本無盟鄧之事，《左氏》所得記注横生此語，而杜氏飾説之，❶又據其癸丑，謂經書二月誤、傳書正月真，皆倍經任傳，不可信者也。

翬帥師會齊人、鄭人伐宋。杜氏云：「翬不待公命，貪會二國之君，疾其專進，故去氏。」非也。按：元年，公子豫亦不待公命，帥師而出。❷彼則都不書姓、名，此但去氏而已，輕重頗矣，❸非《春秋》意也。

辛未，取郜。辛巳，取防。《左氏》曰：「公會齊侯、鄭伯于老桃。公敗宋師于菅。庚午，鄭師入郜。辛未，歸於我。庚辰，鄭師入防。辛巳，歸於我。」此皆不實也。經無會老桃之事，❹又但書云「敗宋師，取郜、取防」，❺曾不言鄭伯居閒者，豈得如傳言哉？且如傳言，《春秋》爲縱漏鄭伯取邑之罪，反移之其君也，爲人臣子固如此邪？❻傳又曰：「君子謂：鄭莊公可謂正矣，不貪其土，以勞王爵。」亦非也。鄭雖以王命討宋，得其土地，當歸之王，鄭何得專而有之、專而裂之邪？專而有之，專而裂之，不臣甚矣，反謂之正乎？周之末世，人尤不知義哉，其以此類爲正也？此丘明不學於仲尼之蔽也。

---

❶ 「之」上，明抄本有「實」字。
❷ 「出」，明抄本作「去」。
❸ 「頗」，乙卯本作「傾」。
❹ 「事」，乙卯本作「會」。
❺ 「云」，明抄本作「公」。
❻ 「如」，明抄本作「若」。

宋人、蔡人、衛人伐戴，鄭伯伐取之。《左氏》曰：「取三師焉。」非也。三國之師衆矣，鄭何以能悉取之邪？且三國伐戴爾，不入戴也。鄭伯圍戴爾，何以能取三師邪？假令三國已擊戴，居之，鄭來圍戴，則三國亦各自去。戴非其社稷所寄也，何爲共守此地邪？是不足信然。爲此說者，蓋讀《春秋》而不曉其趣，乃飾而說之耳。

十一年，滕侯、薛侯來朝。《左氏》曰：「公使羽父請於薛侯曰：『周之宗盟，異姓爲後。』乃長滕侯。」皆非禮也。❶晉侯使荀庚來聘，衛侯使孫良夫來聘，魯尚不敢同日而與之盟，豈有南面之君來朝而令同日並見邪？異姓爲後，固應謂朝天子時耳，魯不當旅見二君，又不當引天子自況。

傳曰：「鄭伯使許大夫百里奉許叔，以居許東偏。君子曰：『鄭莊公於是乎有禮。』」非也。許若有罪，鄭已破其國，即當請王而立君；❷許若無罪，鄭固不當妄破其國、妄逐其君。今許罪不可知而專爲威福，政不由王而制於己，私其邊圉之固，皆大罪也，何謂知禮乎？

傳曰：「公之爲公子也，與鄭人戰于狐壤，止焉。」按：謂之公子，則非太子也。因此觀之，知《左氏》之意謂惠公不以隱爲太子，而以桓爲太子，隱攝桓位也。而杜氏謂隱公追成父志，以國讓桓，蓋非《左氏》之意矣。然其非《左氏》之意，乃實《春秋》意也。

❶ 「皆」上，明抄本有「此」字。

❷ 「即」，明抄本作「鄭」。

公薨。《左氏》云：「不書葬，不成喪也。」非也。桓本潛謀弒君，欲人不知之，故歸罪寪氏，豈更令其喪禮不成以自發露邪？此乃事之不然，又明左氏初不受經於仲尼，不知薨不書葬之意。

桓　公

元年，鄭伯以璧假許田。《左氏》曰：「爲周公、祊故也。」非也。祊自祊田，許自許田，以祊易許，改云「以璧易許」，乃是爲鄭伯諱，不爲魯公諱也。且入祊久矣，經有明文，何故至此乃卒易祊田乎？若實以祊易許，則隱八年「我入祊」，爲《春秋》增誣其君；若實以祊易許，强諱云「璧假」，是又《春秋》諱鄭不諱魯。實説祊者，鄭所以平怨於魯也；許者，鄭見桓篡位，❶利得其地，以璧易之。桓既不肖，貪嗜寶貨，又逼初立，欲得鄭歡，故聽其易也。許則《詩》所謂「居常與許」，蓋周公受封之地，非謂近許也。傳本誤謂「許田者，近許之田」，又見鄭、許鄰國，數相侵伐，疑鄭欲求近許之田；又見鄭前入祊，遂牽引傅致，成此説爾。不然，無爲倍經害義也。故學者莫若信經，莫若信義。

秋大水。《左氏》曰：「凡平原出水，爲大水。」非也。水之爲害，何必平原出之乎？連雨不解，禾稼不成，所在汎濫，亦大水也；江河逆溢，壞民廬舍，亦大水也；山岳崩坼，❷泉源發洩，往往爲害，亦大水也。至

---

❶「位」，明抄本作「立」。
❷「坼」，明抄本作「折」。

於平原出水，蓋最鮮爾，限此爲凡，亦非周公、仲尼之意也。

二年，宋督弑其君與夷及其大夫孔父。杜氏云「孔父稱名，内不能治其閨門，外取怨於民，身死而禍及君」，故貶之。非也。仇牧、荀息皆稱名，《春秋》雖以字爲褒，然已名其君於上，則不得字其臣於下，此所謂君前臣名，禮之大節也。用杜氏之意者，乃當名君字大夫，顛倒人倫乎？其不通經則亦已矣，❶又誣彼三人以爲有罪，❷不亦蔽惑甚乎？

會于稷，以成宋亂。杜氏云：「成，平也。」非也。《春秋》有「輸平」，又有「暨齊平」，又有「公及齊侯平」，莒及郯皆直稱「平」。若《春秋》欲諱受賂之惡，言其「平宋亂」，乃是矣。今不曰「平」，而曰「成」，此豈平之謂乎？且按傳曰：「會于稷，以成宋亂，爲賂故，立華氏也。」此則傳以受賂立華氏解經之「成宋亂」也，❸豈不明哉？

杞侯來朝。《左氏》曰：「杞侯不敬。歸，乃謀伐之。九月入杞。」非也。❹按《公羊》經：「紀侯來朝。」竊以謂當作「紀」，不當作「杞」。春秋雖亂世，至於兵革之事亦慎用之。杞來朝魯，有少不敬，未宜便入其國

❶「其」，明抄本作「己」。
❷「以」上，明抄本有「者」字。
❸「此則」，明抄本作「則此」。
❹「非」，原作「是」，今據明抄本、四庫本、薈要本改。

也。《左氏》誤「紀」爲「杞」，遂生不敬之說。

三年，春，正月。杜氏云：「不書王者，時王不頒曆。」非也。十七年十月朔，日有食之，傳云：「不書日，官失之也。」謂日官推曆不得其正耳，非謂不班曆也，何爲其年亦不書王乎？若謂官失之者即不班曆矣，莊十八年春王三月，日有食之，亦不書朔者，亦當不書王而反書王，何哉？故以桓十七年爲不班曆，則與莊十八年不合。且傳云「官失之」者，是實班曆而有失耳，非不班曆明矣。由是觀之，不書王者，不爲曆也。

齊侯、衛侯胥命于蒲。《左氏》曰：「不盟也。」非也。兩君相聚，必有故矣。雖復不盟，猶應以會書之，何忽謂之「胥命」乎？且胥命善乎，不善乎？若善也，不見所善。兩君相聚而不盟，何善也？若不善也，不見所不善。兩君相聚而不盟，何不善也？然則胥命者，固常會也，何足異而書之哉？

公子翬如齊逆女。《左氏》曰：「脩先君之好，故曰『公子』。」非也。《春秋》非脩先君之好而稱公子者多矣，何必脩先君之好乃稱公子哉？若脩先君之好乃稱公子者，翬帥師適其宜矣，無謂疾之去氏也。

四年，天王使宰渠伯糾來聘。《左氏》曰：「父在，故名。」非也。武氏子來求賻，言世武氏也；仍叔之子來聘，言幼弱也，褒貶不既明矣乎？若糾擅攝父位，自取冢宰者，其貶猶應甚，彼不得但以父在名之而已。捨大責小，非《春秋》也。又，宰咺歸賵，小惡爾，《左氏》以謂：「宰，官；咺，名也。」以名配宰，貶之甚者矣。今糾乃自攝父位，不待王命。王官之宰，其任豈小哉？《春秋》貶之反輕於咺，何邪？杜氏曰：「渠，氏；伯糾，名。」此亦非也。渠伯，爵也；糾，名也。凡說經者，宜以逆順深淺爲義，得其義是得聖人之意。得聖人之意者，雖有餘說，勿聽可也。不得其意，則牽於衆說，牽於衆說而逆順深淺失義之中，是有功于衆說而非求合於聖人也。故吾求合於聖人，而不敢曲隨於衆説。聖人之意可求也，求在義而已矣。

五年，甲戌、己丑，陳侯鮑卒。《左氏》云：「陳亂，再赴。」非也。陸淳論之矣。

傳曰：「祝聃射王，中肩。夜，鄭伯使祭足勞王，且問左右。」杜氏云：「傳言鄭志在苟免，王討之，非。」此言不可以訓於世，奈之何其以解經哉？且是使亂臣賊子喜也，何謂懼乎？

大雩。傳曰：「書，不時也。」非也。龍見而雩，常事爾；遇旱而雩，非常也。非常當書，書爲旱發，非爲過時發也。且此下書「螽」，螽之爲物，常因旱而生，則其雩非失時者，❶自爲旱故也。又曰：「啓蟄而郊。」亦非也。魯郊以周正，周郊以夏正，不專啓蟄而已。

六年，寔來。《左氏》云：「自曹來朝，書曰『寔來』，不復其國也。」非也。州公如曹，如知其國有難，必不如曹矣。假令度其國危而遂不復，方其來朝猶是州公爾，何得不言乎？盛伯來奔，實太子也，徒君以諸侯逆之，遂以盛伯書。此親《左氏》義，豈嘗顧盛太子不復其國奪其伯爵哉？則州公既行朝禮矣，何以獨不書朝？夫公之與州公亢朝禮，猶與盛太子亢諸侯禮也。盛太子以公故故書盛伯，州公豈不得以公故故書朝邪？且盛伯不復其國，州公亦不復其國，其不復其國也均，而一與一奪焉，❷可以信《左氏》之説非也。

---

❶「其」，明抄本作「此」。
❷「與」，明抄本作「予」。

大閲。《左氏》曰：「簡車乘也。」❶杜云：「蓋以備鄭。」此以鄭事相接續爲説爾，非必然也。

蔡人殺陳佗。杜氏云：「佗立逾年，不稱爵者，未會諸侯。」非也。雖會諸侯，庸得不討其篡乎？吾已語於州吁之事矣。❷

七年，焚咸丘。杜氏曰：「以火田也。」非也。禮有火田，豈得譏其盡物哉？又文稱「焚咸丘」，咸丘，乃邑也，邑非田，則不得但謂「火田」也。即實以火田《春秋》譏之者，當如狩于郎、狩于郜、蒐于紅之例加「于」以繩之矣。今乃云「焚咸丘」，此其意豈譏火田而已者乎？

穀伯綏來朝。鄧侯吾離來朝。《左氏》曰：「名，賤之也。」杜氏云：「僻陋小國，賤之，禮不足，故書名。」非也。穀伯，爵；鄧侯，爵。侯伯之爵豈小哉？且上杞侯來朝，雖不敬猶不書名。計杞之國又非大於鄧、穀也，彼何故不名？且先王制禮，不敢遺小國之臣，豈嘗惡其僻陋而賤之哉？此非《春秋》之意也。又，經書夏朝，傳云春朝，此傳所據者，以夏正記事也。❸杜云：「以春來，夏乃行朝禮。」爲之蔽短，非實矣。

八年，祭公來，遂逆王后于紀。《左氏》曰：「禮也。」非也。若其得禮，文何以無天王使祭公乎？先儒

❶「乘」，明抄本及《春秋經傳集解》作「馬」。
❷「語」，明抄本作「論」。
❸「事」，明抄本作「時」。

論天子親迎多矣，或以謂王者無敵，不當親迎；或以謂在郃之陽，❶造舟于渭，即親迎之事。然以禮言之，❷王者不親迎，❸非也。謂造舟親迎，此文王事紂時制，不可通於天子矣。然則天子娶后，當使同姓諸侯主其辭命，而天子之卿逆之父母之國，諸侯送之至於京師，❹舍而止，然後天子親迎以入也。❺凡諸侯來朝，天子猶駕而逆焉，況於王后所與共事天地宗廟、繼萬世之重者哉？其親迎不疑矣。

九年，紀季姜歸于京師。杜氏云：「書字者，伸父母之尊。」二傳亦然。皆非也。紀季姜歸于京師爾，何忽伸父母之尊乎？彼齊侯送姜氏于讙，則可言曰：「雖爲鄰國夫人，猶曰『吾姜氏』。」當是時，齊侯親送之，故必去夫人以伸父母之尊。今此紀侯不親送女，無故伸父母之尊，義不相符也。❻又，三家所以云云者，見其不稱氏而稱字耳，此猶知二五而不知十也。但言「姜氏歸于京師」則似別一姜氏，故須冠紀以別之，既冠紀以別之，不得復云「紀姜氏」也。婦人以字配氏，乃其常例，譬猶伯姬、叔姬矣。然齊侯送姜氏，不言孟姜

❶「郃」，四庫本、薈要本作「洽」。
❷「禮」，明抄本作「理」。
❸「王」上，明抄本有「謂」字。
❹「侯」，明抄本作「卿」。
❺「後」，明抄本作「使」。
❻「符」，明抄本作「附」。

者，孟姜即魯之夫人，魯之臣子所不敢字也。魯於季姜亦臣子耳，何故字之？魯雖臣子，猶諸侯也，❶有不純臣之義。魯又主婚，文復不可言紀姜氏，故得書「紀季姜」也。此聖人作經，隨所深淺，各盡其義而不相亂也。

曹伯使其世子射姑來朝。《左氏》曰：「賓之以上卿，禮也。」然則傳言魯之得禮，非言曹也。杜云：「諸侯之適子攝其君，則以皮帛繼子、男，此《周禮》文也。」然則杜以曹世子爲得禮矣，非也。《周禮》稱繼子、男者，諸侯朝天子有時，不得後其期。故老疾者使世子攝己事而往，其位繼子、男之後而見天子，急述職也。諸侯閒於王事則相朝，相朝本無時，曹伯雖有疾，何急於朝魯而使世子攝哉？是欲使其子亢諸侯之禮審也，何可謂之禮？

十年，齊侯、衛侯、鄭伯來戰于郎。《左氏》曰：「我有辭也。鄭人請師於齊，齊人以衛師助之，故不稱侵伐。先書齊、衛，王爵也。」非也。經云「衛侯」，傳云「衛師」，自不同矣。又，主爲此戰者，鄭人也，鄭當先序，以見其罪，何故反推齊爲先乎？雖欲明魯不失周班，不虞反匿鄭人之惡也。且魯之以周班後鄭，乃在數年之前。今此三國固顛倒班次而來矣，順其事以書之，足以見鄭人首惡。不言「侵伐」，而言「來戰」，足以明魯人有辭。而反蔽匿鄭志，非褒貶之旨也。且鄭忽救齊之時，經無魯人往齊者，又明其妄矣。

十一年，宋人執鄭祭仲。杜氏云：「不稱行人，罪之也。」非也。傳云：「誘祭仲而執之。」此乃非行人。

❶「猶」，明抄本作「然」。

假令仲無罪，猶不書行人也，何足以效其褒貶哉？

突歸于鄭。杜氏云：「爲宋所納，故曰歸。」非也，自祭仲君之爾。若宋納之，何不言納乎？又曰：「不稱公子，從告也。」亦非也。諸侯之子未爲大夫，自不稱公子也。稱公子皆已爲大夫，貴者也。又曰：「文連祭仲，故不言鄭。」亦非也。此下有「鄭忽出奔衛」，文亦與祭仲相連，何故獨言鄭乎？

鄭忽出奔衛。杜氏云：「莊公既葬，不稱爵者，鄭人賤之，以名赴。」非也。諸侯在喪，於其封内，三年稱子。又，一年不二君。故逾年改元，此通制耳，豈有既葬稱爵者乎？杜氏見春秋亂世，諸侯既葬，稱爵者多，意以謂禮當若此矣，獨不顧一年不二君、逾年改元之義乎？且苟以《春秋》諸侯既葬，稱爵爲非失禮者，彼臣弑其君、子弑其父亦常常有之，寧復可信其爲禮哉？❶ 又曰：「鄭人賤忽，以名赴。」亦非也。《春秋》之褒貶，仲尼蓋自謂「丘有罪焉」，豈專從赴而已？假令實賢，而不令之臣污毁其君以赴諸侯，《春秋》固亦從之邪？且以義觀之，忽正，突不正，而突篡忽，二者孰爲可賤乎？何以顛倒若此哉？

十二年，及鄭師伐宋。丁未，戰于宋。《左氏》曰：「宋無信也。」杜氏云：「尤其無信，故以獨戰爲文。」非也。且上三國伐魯，魯有辭，故三國以獨戰爲文。今尤宋無信，反使魯以獨戰爲文，何哉？向令不以獨戰爲文者，可云「及鄭師、及宋人戰于宋」乎？又可云「及鄭師伐宋，宋人及我師、鄭師戰」乎？❷ 要是魯、鄭

❶ 「可」，明抄本作「何以」。

❷ 「鄭師」，原無，今據明抄本補。

伐宋，戰于其國，宋人不出主名，故文須先言伐，後言戰耳。此與「齊人伐衛，衛人及齊人戰」相類也。所緣之端，内外異故，❶故如此爾，豈苟欲尤宋哉？且凡《春秋》盟會未嘗不惡也，又非獨於此尤宋無信而已也。

十三年，公會紀侯、鄭伯。及齊侯、宋公、衛侯、燕人戰。齊師、宋師、衛師、燕師敗績。《左氏》曰：「宋多責賂於鄭，鄭不堪命，故以紀、魯及齊與宋戰。不書所戰，後也。」杜氏云：「公後其地期而及其戰。」非也。若宋、鄭相怨，鄭爲此戰者，鄭當序紀上，宋當序齊上，何故反顛倒之乎？公雖不及其會期而及其戰期，自當没會地而舉戰地，今何故反没戰地乎？以例理推之，前年我師及鄭人伐宋，戰于宋地，故宋人今歲來報怨也。宋雖報怨，齊實主之，故齊序上也。戰于宋時，在其城下，可得言戰于宋，今亦戰于城下，不可得言戰于魯，故不舉地也。豈鄭以紀、魯戰者乎？豈有魯不及其會地者乎？❷《左氏》又曰：「鄭人來修好。」按魯、鄭同好，未嘗有隙，何故忽修之？是見明年會于曹，因説此爾。

十四年，乙亥，嘗。《左氏》曰：「書，不害也。」非也。記災而書其不害，何益於教乎？火不害粟，此亦物之不爲災者，於例當不書，何故自書於上，又自解釋於下乎？苟令御廩災在乙亥之後，當不復見其不害矣。

十五年，鄭世子忽復歸于鄭。杜氏曰：「稱世子者，逆以太子之禮。」非也。忽出奔時非君也，又不言世

❶「故」，明抄本無此字。
❷「豈有」，明抄本作「又豈」。

子，則讀《春秋》者未知忽之爲正歟，突之爲正歟。然而突稱鄭伯矣，突之稱鄭伯，非正也。謂忽世子者，所以見正也，豈以其用太子之禮逆忽哉？鄭人雖以太子之禮逆忽，及忽之至，豈不君忽乎？其赴於諸侯，故當謂忽歸爲君也，豈曰忽歸爲太子也？《春秋》欲貶忽者，寧在其以太子之禮逆忽乎？蓋不知而言之。

郲人、牟人、葛人來朝。杜氏云：「皆附庸世子也。」非也。世子不當攝君朝，凡《春秋》所書世子朝皆貶也，❶應不没其名。

十六年，伐鄭。按傳例「與謀曰及，不與謀曰會」。此稱公會則不與謀者也。而正月會于曹，傳云「謀伐鄭」乃是與謀。與謀而稱會，何邪？杜云：「魯諱納不正。」非也。本説與謀與不與謀之例者，欲以微文見褒貶也。所謂主人習其讀而問其傳，未知己之有罪者也。而又反易事實，以會爲及，以及爲會，則奚知本不設會、及例邪？❷《春秋》，王法也，非苟徇人之情而已。如魯人自知其罪而諱避不言，此固《春秋》所當正也，何故緣其不肖之意與之比周掩匿邪？且魯人唯不知義故伐鄭，豈復稍避與謀之名哉？伐鄭故不恥也，與謀何足恥乎？

十七年，公會邾儀父，盟于趡。按隱元年，傳曰嘉之也。❸彼時嘉之，似云隱公初即位，繼好息民耳。

---

❶「書」，明抄本作「記」。
❷「知」，明抄本作「如」。
❸「嘉」，《春秋經傳集解》隱公元年傳作「貴」。

今與桓公盟，❶則亦何嘉？若諸侯盟會，每輒見褒，是《春秋》不譏盟也，何爲獨儀父受褒，他國未嘗受褒乎？明此不知《春秋》之意謬説之耳。且鄧、穀皆大國，身自朝魯，反以爲僻陋，名而賤之；邾，附庸也，亢魯而盟，盟輒見褒，何《春秋》之難曉若此？❷

蔡季自陳歸于蔡。《左氏》曰：「蔡人嘉之也。」按：此蔡人嘉之，則必蔡人逆之矣。蔡人逆之，於《左氏》例當言入，不當言歸，何故言歸乎？

葬蔡桓侯。杜氏云：「稱侯，蓋謬誤。」❸豈非不知而作者邪？讀聖人所爲書，己所不曉，因以爲謬矣，苟非不知而作，何以及此？

---

❶「今」，明抄本作「令」。
❷「此」下，明抄本有「哉」字。
❸「誤」，原作「語」，今據明抄本、四庫本、薈要本及《春秋經傳集解》改。

春秋權衡卷第三　左氏第三

莊公

元年，正月。《左氏》曰：「不稱即位，文姜出故也。」非也。此年三月，文姜始遜於齊，此時未出，何故不即位？原傳此意，當爲文姜與桓俱行，未有至文，故云出耳。不知夫人行不以正者，至皆不書也。且文姜弑君，自絶於魯，莊公何故不忍即位乎？莊公不忍即位，文姜感之而還，則莊公已忘文姜弑其父矣，❶何以文姜又遜於齊乎？實説桓公薨于齊，禍起於文姜，而成於齊侯，而死於彭生。魯人知彭生之殺公，而不知齊侯之怒公，故於赴齊日，請以彭生除之。齊人殺彭生，魯人則以謂怨已報矣。❷久之，事泄，乃始責讓文姜，文姜用是遜于齊也。若桓公之喪獨歸，文姜不隨，❸則魯人固以知文姜之殺其君，❹何有獨請於齊誅彭

❶「弑」上，明抄本有「之」字。
❷「怨」，明抄本作「怒」。
❸「隨」，明抄本作「歸」。
❹「之」，明抄本無此字。

生而已？又何能遷延明年三月乃始責文姜而出之？

夫人孫于齊。《左氏》曰：「不稱姜氏，絶不爲親，禮也。」杜氏云：「姜氏，齊姓。於文姜之義，宜與齊絶而復奔齊，故於其奔，去姜氏以示義。」非也。尋《左氏》之意，似云魯絶文姜，不以爲親，乃中禮。尋杜氏之意，則云文姜絶齊，不以爲親，乃中禮。杜氏非也。夫文姜親弒其君，今事覺出走。假令不奔齊，猶不足以自贖，《春秋》豈爲此示法哉？今復有一文姜通其兄弟，❶謀殺其夫而出奔異國者，寧可爲禮邪？宋襄之母獲罪於君，歸其父母之國，及襄即位，❷欲一見之而義不可得，作《河廣》之詩以自悲。然宋襄亦不迎而致也，爲嘗獲罪於先君，不可以私廢命也。孔子論其詩而著之，以爲宋姬不爲不慈，襄公不爲不孝。況文姜之罪大，絶不爲親，何嫌於義哉？

單伯送王姬。杜氏云：「命魯爲主，故單伯不稱使也。」非也。若命魯爲主，單伯稱使，以見王命之來，乃宜矣。不稱使，非義也。又，十四年經：「單伯會齊侯、宋公、衛侯、鄭伯于鄄。」稱單伯會諸侯，單伯則爲魯人明也，猶曰「叔孫豹會晉趙武、楚屈建」矣。若單伯爲周大夫，❸則應書「單伯、齊侯會於鄄」，不得屬「會」於單伯也。屬會於單伯，單伯非周人審矣。

❶「今」，明抄本作「令」。
❷「襄」下，明抄本有「公」字。
❸「周」，原無，今據明抄本補。

築王姬之館于外。《左氏》云：「爲外，禮也。」非也。爲讎主婚而不知辭，乃以築外自誣，曰「我庶幾得禮哉」，是何足以言禮也？按《公羊》以爲主王婚者必改築，❶則館爲王姬之舍矣。而據杜氏之説，則館爲親迎之所。二者雖所見不同，竊以謂如《公羊》之説是，何者？路寢則不可，小寢則嫌，群公子之舍則已卑，其道必爲之改築，此理之必然者。

王使榮叔來錫桓公命。杜云：「褒稱其德也。」非也。若實然者，王何以去「天」乎？

王姬歸于齊。杜云：「不書逆，公不與接。」非也。若不與接，則向者何得云「慮其親迎」「築館於外」乎？築館於外，本慮其親迎，故避廟中相接耳，非都不與接也。如實都不與接，則「慮其親迎」「築館於外」之説爲虛；如「慮其親迎」「築館於外」之説爲實，則「公不與接」之説爲謬。

三年，溺會齊侯伐衛。《左氏》云：「疾之也。」杜云：「疾其專命。」非也。若專命者，固應如公子豫之例不書于經矣。公子豫何以都不書？溺何以書名而去氏？賞罰不可知，誰能通之哉？柔會宋公非專命也，俠卒非專命也，又何以不氏邪？如本自當不氏，何以獨謂溺專命邪？

四年，紀侯大去其國。杜氏曰：「以國與季，季奉社稷，故不言滅。」非也。紀國未滅，紀侯去之，勢不得言滅，非爲季也。又曰：「不見迫逐，故不言奔。」亦非也。若不見迫逐，何故去乎？所以去者，正爲齊所迫

❶「爲」「婚」，明抄本作「謂」「姬」。

耳。又曰：「大去者，不返之辭。」亦非也。大去即奔耳，義有所詭，故曰「大去」，❶非大去之外別有奔也。

齊侯葬紀伯姬。杜云：「齊侯加禮初附，以崇厚義，故攝伯姬之喪，以紀國夫人禮葬之。」如杜此説，謂《春秋》褒齊得禮也，非也。逐人之君，葬其夫人，此正《春秋》所貶者，何謂「以崇厚義」固若此乎？凡葬者，臣子之事也，稱齊侯葬伯姬，其貶已見矣。

五年，郳犂來來朝。《左氏》曰：「名，未王命也。」若然，則未王命者當名，何以儀父不名乎？若曰「儀父與公盟，繼好息民，故字以貴之」，則來朝者，豈不欲繼好息民乎？獨不貴之，何哉？豈謂朝者不如盟者乎？且禮，諸侯有朝禮，無盟禮，則朝宜受褒過於盟，今反不及盟乎？

六年，衛侯朔入于衛。杜云：「朔爲諸侯所納，不稱歸者，朔懼失衆心，以國逆告也。」非也。當是時，公親納朔。朔之入國，公所親也。假令衛不來告，史猶自書之也，何待衛告哉？且衛人惡朔，而諸侯强納之，其赴於諸侯，固當從諸侯納之之例，以「歸」爲文，明此諸侯之力也，何敢忘諸侯之力而以國逆誣諸侯哉？且令朔懼失衆心，故改「歸」爲「入」者，徒足以罔諸侯耳，何足以結衆心乎？衆心之得失，不在於改「歸」爲「入」也。設令以入赴諸侯，而能使衆心安之，猶有可諉。今雖以入赴諸侯，實無預於得衆心也。衛又何爲忘諸侯納己之惠，改「歸」爲「入」乎？用此言之，歸不主於諸侯，入不主於國逆，故使其説錯亂而不可訓曉者也。

---

❶「曰」，明抄本作「云」。

傳曰：「君子以二公子之立黔牟爲不度。」非也。王人子突救衛，《春秋》貴之，則是黔牟王所欲立也。篡王所立，朔則有罪。今朔不見貶，而黔牟顧先蒙惡，豈《春秋》意哉？又，朔比衎、黔牟比剽，兩兩相似，而《左氏》君剽而退黔牟，存朔而絶衎，賞罰無章，莫此甚焉。

七年，星隕如雨。《左氏》曰：「與雨偕也。」非也。吾於《穀梁》既言之矣。

無麥、苗。《左氏》曰：「不害嘉穀也。」非也。「大水，無麥、苗」，此聖人爲記災而書耳，言其不害嘉穀，何益於教乎？且隱元年例曰：「凡物不爲災，不書。」今不害嘉穀，是水不爲災也。水不爲災，不應書「大水」也。大水矣，無麥、苗矣，❶而猶謂不害嘉穀，罔也。❷

八年，師次于郎，以俟陳人、蔡人。甲午，治兵。《左氏》曰：「治兵于廟，禮也。」非也。凡出曰治兵，入曰振旅，是以秋治兵，春振旅。今魯以春治兵，治兵非其時，何以爲禮乎？且若中禮，是則常事爾，亦何足書乎？又言於廟，夫廟中嚴矣，非治兵之地也。若師之出，先謀於廟，是則可爾。於是焉習號令、鐘鼓、丁寧、旌旗，不乃太瀆乎？又，郎者，魯邑。師次于邑，則其無廟明。是爲已次于郎，又復入城，治兵于廟者乎？

九年，公及齊大夫盟于蔇。《左氏》曰：「齊無君也。」杜氏曰：「大夫非一，故不稱名。」非也。大夫雖衆，

❶ 「麥苗」，原作「苗麥」，今據明抄本改。

❷ 「罔」，明抄本作「妄」。

固應名其貴者一人而已。經曰「及諸侯、晉大夫盟」，豈晉國大夫皆在邪？❶

齊小白入于齊。八月，及齊師戰于乾時，我師敗績。杜云：「小白既定，公猶不退師，歷時而戰，戰遂大敗。」未必然也。夏伐齊納糾，八月復戰耳，何必一事乎？又曰：「不言公敗，諱之。」亦非也。《春秋》記內戰，惟此不諱敗，當言不諱敗之由，不當言諱敗也。

齊人取子糾，殺之。杜云：「公子爲賊亂則書。」非也。子糾豈賊亂者乎？又曰：「書齊取殺者，時史惡齊志在譎以求管仲。」亦非也。此乃仲尼之意，時史豈暇爲之哉？

十年，公敗齊師于長勺。《左氏》曰「戰于長勺，曹劌請見」云云。杜氏曰：「齊人雖成列，魯以權譎稽之，列成而不得用，故以未陳爲文。」非也。傳本説皆陳曰戰、未陳曰敗之例者，見正、不正也。此既皆陳矣，是正也。雖復鼓之有先後，❷亦何謂之「以權譎稽之，列成而不得用」乎？要是，傳所據者，當時雜記，妄出曹劌及戰事耳，不足以爲據。

齊師、宋師次于郎。杜氏曰：「不言侵伐，齊爲兵主，背蒧之盟，義與長勺同。」長勺之傳曰：「齊師伐我。」杜氏曰：「不書侵伐，齊背蒧之盟，我有辭。」皆非也。凡諸侯爲盟，不曰繼好息民乎？今春盟于蒧，夏公伐齊，秋與戰，其背盟多矣。且蒧之盟，齊大夫之盟也，長勺之師，齊桓之師也，公與齊桓怨讎已深，責齊

❶「豈」上，明抄本有「彼」字。
❷「鼓」，明抄本作「戰」。

背盟，非事之理也。且謂「我有辭」，則不書侵伐乎？我無辭，宜書侵伐矣？十一年，公敗宋師于鄑。魯有何辭而不書宋侵伐邪？僖元年，公敗邾師于偃。傳曰：「虚丘之戍，將歸者也。」將歸之戍，非所得罪於魯，魯無故背檉之盟，要而敗之，然亦無侵伐之文，安知長勺之敗非偃之敗也？❶長勺之敗不書侵伐，謂有辭可也，偃之敗不書侵伐，謂之有辭可乎？今吾試謂：長勺真偃也，❷偃真長勺也，有以辨之乎？苟無以辨，何得謂我有辭則不書侵伐乎？❸

荆敗楚師于莘。杜氏曰：「楚始通上國，告命之辭猶未合典禮，故不稱將帥。」非也。楚來告命，苟不言將帥，當如何爲告命之辭乎？無告命則已，若有告命，勢不能無言將帥也。

十一年，王姬歸于齊。杜氏曰：❹「不書齊侯逆，不見公。」非也。魯爲王主婚，若齊侯來逆女而公輒不見，何謂主婚矣？乃常事自不書者也。

十二年，宋萬弑其君捷，及其大夫仇牧。杜氏云：「仇牧書名，無善可褒。」非也。吾於孔父既言之矣。

十四年，單伯會齊侯、宋公、衛侯、鄭伯于鄄。杜氏曰：「齊卒平宋亂，宋人服從，欲歸功天子，故赴以單

❶「敗」，明抄本作「類」。
❷「真」，明抄本作「直」。下句「真」同。
❸「得」，明抄本作「故」。
❹「曰」，明抄本作「云」。

伯會諸侯爲文。」非也。本單伯者，魯之孤也。《左氏》見周有單子，遂誤以單伯亦爲周大夫。凡王人出會諸侯，無不序公侯之上者，宰周公、劉子之類是也。既序公侯之上，則是主會之人矣，何必赴以單伯會諸侯乃成主會乎？彼見《春秋》記外之盟會，無分別主會之人者，唯魯公及大夫會之則分別焉。《左氏》既誤以單伯爲周大夫，杜氏因爲之飾説，欲證單伯使必爲周人而委曲求合，非解經之體也。

十五年春，齊侯、宋公、陳侯、衛侯、鄭伯會于鄄。《左氏》曰：「齊始霸也。」非也。凡霸者則當主諸侯，諸侯莫先焉。此年秋伐郳，宋序齊上，明年夏伐鄭，宋亦序齊上，齊之未主諸侯明矣。然則齊始霸在十六年十二月，九國同盟于幽之時也，自此始爲諸侯主矣。

十六年，同盟于幽。杜氏云：「言同者，服異也。」按：《春秋》書同盟者凡十餘，或服異，或未嘗服異，大約相半，若一以服異解之，則不可通者多清丘、斷道之類是矣。此吾所不曉也。

十七年，齊人執鄭詹。杜云：「不稱行人，詹有罪也。」非也。凡使而被執稱行人可也，非使人而被執不可稱行人也。稱行人，欲以明使與非使，非以正有罪與無罪也。❶鄭詹之不稱行人，猶蔡仲之不稱行人也，不得以行人爲解。

十八年，公追戎于濟西。《左氏》曰：「不言其來，諱之也。」非也。杜云：「戎來侵魯，魯人不知，去乃知之。」非也。戎來侵魯，必有兵衆，魯何由不知其來，不見其來乎？若戎能傅羽翼不踐地，忽然從空而下，魯

❶「與」，明抄本無此字。

可不知耳。若但旅進旅退，魯無緣不知也。凡事有害於義，有恥於國，諱之可也。戎狄無義，以侵伐爲常，魯安得恥之，而安得諱之？郎之戰，不言侵伐，以爲我有辭也，❶今此不言侵伐，又以爲諱之也。❷若實我有辭乎，實諱之乎？戰與追之一也，不言其伐而言戰與不言其侵而言追，何以異而相反若此哉？

十九年，公子結媵陳人之婦于鄄。遂及齊侯、宋公盟。杜云：「大夫出境，有可以安社稷、利國家者，則專之可也。結在鄄，聞齊、宋有會，權事之宜，去其本職，遂與二君爲盟，故備書之。本非魯公意，而又失媵陳之好，故冬各來伐。」然則杜氏謂結所行是乎？非乎？以爲是，不得云「本非魯公意而失媵陳之好」也。以爲非，不得云「大夫出境，有可以安社稷、利國家者，專之可也」。且齊、宋有會，結權事之宜而與二君盟，何事之權也？安社稷、利國家，專之爲可，今結與二君盟而三國來伐，是社稷不安、國家不利，❸而結去其本職，是專命矣。翬、溺專命，《春秋》貶去其族，結亦專命，今何故不貶其族也？然則杜氏欲言結之行事，而不得其義者也，是非不決，難以教後世矣。

二十二年，陳人殺其公子禦寇。《左氏》曰：「殺其太子。」杜云：「陳人惡其殺太子之名，故不稱君父，以

---

❶「爲」，明抄本作「謂」。
❷「爲」，明抄本作「謂」。
❸「利」下，明抄本有「也」字，並重「社稷不安國家不利」八字。

國討公子告。」皆非也。陳若惡之，自不以告諸侯矣。❶且苟殺其太子而赴以公子，則仲尼安得不改而正之？此豈非教之所存、文之所害而可示勸戒者邪？其即用舊史何哉？

及齊高傒盟于防。杜氏曰：「高傒，齊之貴卿，而與魯微者盟，齊桓謙接諸侯，以崇霸業。」非也。齊桓雖欲謙下諸侯，寧將謂魯人曰「吾請以貴大夫從子微者盟」乎？此理之不然者。則實公盟也，❷所謂卿不可會公侯，故没公爾。齊桓必不故遣其貴大夫從魯微者盟，亦不請魯遣微者與其貴大夫盟，以邀謙巽之名也。

二十三年，祭叔來聘。杜云：「祭叔爲祭公來聘。」非也。此乃祭叔使人來聘耳。祭叔無臣，故不得言使人也。若曰祭叔爲祭公來聘，雖不言使，而叔稱已尊，非祭公所宜也。

荆人來聘。杜云：「不書荆子使某來聘者，楚始通，未成禮。」非也。若楚禮不備，妨於聘爾。稱荆子使某人者，此魯國史氏所當書也，彼來使者，豈其自稱荆子使某人乎？

蕭叔朝公。杜云：❸「叔者，蕭君名。」非也。郳、蕭同是附庸，郳與魯盟得褒稱字，蕭來朝公猶不免名，何哉？且叔之爲字，可不疑矣，專以名解，不亦泥乎？凡《春秋》褒貶，自有輕重，聖人所以教後世賞罰也。

❶「告」下，明抄本有「于」字。
❷「則」上，明抄本有「然」字。
❸「杜」下，明抄本有「氏」字。

若盟而會加等之賞，朝而無勞來之意，則賞罰已亂於《春秋》，何能教人？

二十四年，公如齊逆女。杜氏云：「禮也。」非也。若其當禮，則常事爾，法當不書。書之，是非常者也。

丁丑，夫人姜氏入。杜氏云：「丁丑入，而明日乃朝廟。」非也。即朝廟，何以不書「至自齊」乎？文姜初歸，書「至自齊」，此朝廟之文也。哀姜歸寧，而復書「至自齊」，亦致廟之文也。凡公行而書至，皆告廟者也，無有言「入」。言「入」，非告於廟之意矣。

二十五年，陳侯使汝叔來聘。《左氏》云：「嘉之，故不名。」非也。諸侯相聘，常事耳，亦何可嘉而不名乎？蓋疑書汝叔有若字者，因爲此説爾。若使諸侯其卿大夫來聘輒受一褒，《春秋》之中來聘魯者不可勝紀，則何不一一褒也？

日有食之，鼓，用牲于社。《左氏》曰：「非常也。唯正月之朔，慝未作，於是用幣於社，伐鼓于朝。」非也。《夏書》記日食之變，季秋月朔亦有伐鼓之事，豈必正陽之月哉？儻夏禮與周不同乎，然日有食之，變之大者，人君當恐懼修省，以答天意，豈但非正陽之月則安而視之哉？《左氏》之説繆矣。《春秋》所以書者，蓋譏其不鼓于廟朝而鼓于社，❶又用牲耳。

二十七年，公子友如陳，葬原仲。《左氏》曰：「非禮也。原仲，季友之舊也。」杜云：「季友違禮會外大夫葬，故具見其事。」皆非也。季友則莊公母弟，度其年不能三十餘，未嘗去魯，何故得與陳國大夫有舊也？

---

❶「而」，明抄本作「乃」。

且季友違禮，逾國以葬其故人，事非公命，應如公子豫不書于策，不然則如叔孫豹、翬、溺之類貶去其族。今一無所貶，何也？且文稱「公子友如陳」，此常使文也，季友爲受命而行，非自行也，何以得貶之？

二十八年，衛人及齊人戰。杜氏云：「實齊侯，稱人者，以賤者告。不地者，史失之。」皆非也。稱人則謂之從赴，不地則謂之史失之。如此，無復有《春秋》矣，何貴於仲尼之爲《春秋》也？天王狩于河陽，獨非晉諱召王，以王狩告乎？故《春秋》之作，正褒貶是非而已。褒貶是非之不能正，而以謂之從赴，❶亦不足已。

築郿。《左氏》曰：「邑曰築，都曰城。」非也。築者，作邑耳。《詩》曰「築室百堵」，❷「百堵皆興，鼛鼓弗勝」，不謂城邑也。邑之與都相較無幾，欲差邑與都而殊築城之名，❸則國亦當殊，京師又當殊。而自都以上，通以城名之，何邪？

大無麥、禾。《左氏》曰：「饑。」杜云：「書于冬者，計食不足而後書也。」則未知魯何故饑邪？水當曰水，旱當曰旱，蟲當曰螽，三者不作，❹無緣忽饑。無饑而言「大無麥、禾」，此何故也？以謂「計食不足，而

❶「之」，明抄本無此字。
❷「曰」，明抄本作「云」。
❸「與」，明抄本作「於」。
❹「三」，原作「無」，今據明抄本改。公是本、四庫本、薈要本作「數」。

後書之」，然則當云「少麥、禾」，不得云「大無」也。夫「不足」者，未盡之稱，「大無」者已盡之稱，仲尼豈於此錯亂之哉？

二十九年，春，新延廄。《左氏》云：「不時也。」非也。廄有壞爛，及民之閑暇，新之是也，何害于出入馬乎？杜云：「欲馬未入前修之。」如此，固當在夏末秋初，百姓未去田畝時也，又當勞民，妨其農時，反謂之宜哉？

紀叔姬卒。杜氏曰：「紀國雖滅，叔姬執節守義，故繫之紀，賢而録之。」非也。叔姬，魯女。死當有服，禮宜録之，不以賢也。❶又，諸侯雖失國，謂之寓公，寓公自繫其國而稱之，此紀叔姬則寓公之妻，繫紀常事耳，又何見其執節守義乎？

三十二年，子般卒。杜云：「先君未葬，故不書葬。」❷非也。未逾年則不成君，不成君則不書葬。❸苟逾年矣，先君雖未葬，固當君之。苟未逾年，先君雖已葬，猶非君也。君則葬之，❹非君則不葬之，❺所謂一年不二君也。然則以年爲限，不以先君葬爲限。

❶「以」，明抄本作「必」。
❷「書葬」，四庫本及《春秋經傳集解》作「稱爵」。
❸「書葬」，四庫本作「稱爵」。
❹「葬」，四庫本作「爵」。
❺「葬」，四庫本作「爵」。

公子慶父如齊。杜云：「慶父殺子般，懼而適齊，欲以求援。時無君，假赴告之禮而行。」非也。傳云：「成季奔陳。立閔公。」然則立閔公者，必慶父也。慶父雖殺子般，未敢便取其國，利閔公之幼而立焉。其如齊者，真告立君也，又何假矣？若慶父自見無君，假赴告而出，欲以求援，《春秋》當微著其罪，不當徇賊子之志，書「如齊」也。又，魯既無君，慶父託事而出，非公命審矣。以《左氏》例考之，非公命應不書，書之應去其族，不得一無所貶也。

閔　公

元年，春，王正月。《左氏》曰：「不書即位，亂也。」杜云：「國亂不得成禮。」皆非也。去年十月，子般卒。子般卒，則閔公立。至今已三月，亂亦定矣，言「亂不得成禮」，非也。且必若云，何以能朝廟乎？朝廟豈非即位乎？

季子來歸。杜氏曰：「齊侯許納，故曰歸。」非也。向者，公及齊侯盟于落姑，請復季子，齊侯許之，然則本復季子者，公也。季子前有位于國，以《左氏》例考之，應曰「復歸」，不應曰「歸」也。若以「齊侯許納」，故得言歸，向使魯獨召季子，不因齊侯者，用《左氏》例，當云「季子來入」乎？「入」不可施於季子，來歸亦不緣齊侯也。以此知《左氏》之例，未可用也。

齊仲孫來。杜氏云：「齊大夫。以事出疆，因來省難，非齊侯命，故不稱使。」非也。若仲孫無君命而來，是私行也，《春秋》豈宜賢之？大夫而謀諸侯，禮乎？若以不稱齊侯使即自來者，楚屈完豈亦因事私行者乎？❶杜氏又謂：「仲孫者，湫之字。湫者，仲孫之名。」不審湫者，何氏乎？《春秋》書人之字，則不繫其氏乎？邾儀父也，原仲也，蕭叔也，蔡季也，何以皆氏也？

二年，吉禘于莊公。杜云：「時莊公别立廟。」非也。此直就莊公主耳，即别立廟，無緣不書。

公薨。杜氏曰：「實弑，書薨又不地者，皆史策諱之。」然則杜意以謂，史當諱國惡矣，諸稱公薨者，皆時史之文，仲尼因之也。非也。古者，史不諱國惡，惡有不記者，其罪死，以直爲職者也。女史典彤管之法，記宫中之事，事有不記者，其罪亦死。明史之任，一也。董狐書趙盾弑君以示於朝，仲尼謂之良史，以其書法不隱。若史本當諱國惡者，董狐不應明趙盾之罪以示朝衆也。董狐明趙盾之罪以示朝衆，而仲尼謂之良史，是史不諱國惡也。崔杼弑其君，太史書之以示於朝，崔子殺之，其弟又書，書而死者三人，然後舍之。若史本當諱國惡者，齊太史爲繆妄輕死、干禮之人也，崔杼殺之是矣。然爲《左氏》者，皆以齊太史非謬妄輕死、干禮之人，守職之士也，崔杼殺之虐也。以崔杼殺齊太史爲虐，齊太史又非謬妄輕死、干禮之人，是史不當諱國惡也。齊、晉皆大國，史官皆良士，❷見稱于聖賢，以不諱國惡爲是，知魯之史亦不諱國惡也。魯之史不諱國惡，則所諱由仲尼新意，非史策舊文也。謂之史策舊文，❸仲尼因之，非也。

❶「亦」，明抄本作「以」。
❷「史」上，明抄本有「其」字。
❸「謂」，原作「諱」，今據明抄本改。

甯殖將死，謂其子曰：「吾得罪於君，名藏在諸侯之策，曰：『孫林父、甯殖出其君。』」夫甯殖所謂「諸侯之策」則諸侯之史也，諸侯則齊、魯是矣，史則《春秋》是矣。今驗《春秋》，絶不言「孫、甯出君」而云「衛侯出奔」者，❶仲尼改之也，復可謂史策諱之乎？然則魯史實書「公弑」，仲尼改云「薨」；魯史實書「孫、甯出君」，仲尼改云「衛侯出奔」矣。魯史一官之守，而《春秋》之法、聖人之志，此其所以不同也。謂諱國惡爲史官之事，是謂董狐非良史也。古者非正直之臣亦不爲史。公子鰌，邦有道如矢，邦無道如矢，衛人命爲史焉。史之以直爲職，又可知矣。

夫人姜氏孫于邾。杜氏曰：「哀姜外淫，故孫，稱姜氏。」非也。文姜殺其夫，哀姜殺其子，罪有輕重，故文不得一，不爲分别其内淫與外淫也。婦人内夫家而外父母，以文姜爲内淫，哀姜爲外淫，是亂内外之實矣。昭公娶于吴，諱同姓，謂之孟子，匿其氏也。以文姜淫其兄，則不稱姜氏，是《春秋》爲齊襄公諱同姓也。夫弑君之賊而援吴孟子之意，❷諱其同姓而已，何《春秋》不知類而擬人失其倫乎？

❶「絶」，明抄本作「實」。
❷「意」，明抄本作「義」。

春秋權衡卷第四　左氏第四

僖　公

元年，正月。傳曰：「不稱公即位，❶公出故也。」非也。去年八月，閔公遭弒，僖公自邾入爲君，至此久矣。國内已釐定，不應猶以出奔之故不行即位禮也。即位與朝廟相較何如？朝廟則得，即位則不得。皆非《春秋》本意，妄釋之者也。

傳曰：「公出復入。不書，諱之也。諱國惡，禮也。」杜氏曰：「掩惡揚善，義存君親，皆當時臣子率意而隱，故無淺深之準。」非也。傳所云者，似言仲尼作《春秋》改舊史有所不書之意也，非當時史官以諱爲禮也。何以知之邪？按御孫謂莊公曰：「君舉必書，書而不法，後嗣何觀？」以御孫之説論之，君之不法，無所不書也。既無所不書，則是諱國惡者，非史官之事，《春秋》之意也。謂之臣子率意爲君父諱，❷非也。臣之意

❶「公」，明抄本及《春秋經傳集解》無此字。

❷「謂」，原作「爲」，今據明抄本改。

莫不欲尊其君，子之意莫不欲美其親。如此，國史爲無有實事，皆虛美也，謂之史，可乎？故《春秋》一也，❶魯人記之則爲史，仲尼修之則爲經。經出于史，而史非經也。史可以爲經，而經非史也。譬如攻石取玉，玉之産於石必也，而石不可謂之玉。披沙取金，金之産於沙必也，而沙不可謂之金。魯國之史，賢人之記，沙之與石也。《春秋》之法，仲尼之筆，金之與玉也。金玉必待揀擇追琢而後見，《春秋》亦待筆削改易而後成也。謂《春秋》之文皆舊史所記，無用仲尼者，是謂金玉不待揀擇追琢而得，非其類矣。

獲莒挐。《左氏》曰：「非卿也，嘉獲之也。」非也。莒挐與鄭詹，二者何異哉？何以必其非卿邪？就令非卿，但是主將，亦當書也。若非卿，又非主將，徒一賤者，亦何可嘉而《春秋》詭正法書之乎？

夫人氏之喪至自齊。杜氏曰：「不稱姜，闕文。」非也。《春秋》之義以一字爲褒貶，苟所不通者則謂之闕文，《春秋》何文不闕也？「夫人孫于齊。」不稱姜氏，亦闕文邪？知不稱姜氏之爲貶，而不知不稱姜之爲貶，❷此猶知二五而不知十者也。

二年，❸城楚丘。杜氏曰：「不言城衛，未遷也。」❹非也。傳云：「封衛于楚丘。」《詩序》云：「文公徙居

---

❶「一也」，明抄本作「以」。
❷下「不」字，原無，今據明抄本補。「姜」下，原衍「氏」字，今據明抄本删。
❸「二年」，明抄本作「正月」。按：城楚丘，事在僖公二年正月。
❹「未」上，明抄本及《春秋經傳集解》有「衛」字。

楚丘，始建城市而營宫室。」然則先徙而後築城明矣。且《詩》云：「定之方中，作于楚宫。」定星之中，十月也。夏之十月，周十二月也。今經書「正月，城楚丘」，傳曰：「不書所會，後也。」然則衛人以十月築城，而魯以十一月會之，後其期也。魯雖後其期，然衛必先徙而後築城，先城而後營宫室，故詩人美其得時也。營宫室得十月之時，則其徙都在十月前明矣。徙都在十月前，則十一月城楚丘，不得言「未遷」也。

虞師、晉師滅下陽。杜氏例云：「用大師曰滅。」非也。滅國曰滅，君死其位曰滅，非此二者，則不可以滅書之，别國、邑也。若滅邑與滅國同稱，則滅邑與滅國亦同其罪乎？君子之所慎，正名而已矣，安可亂哉？

三年，徐人取舒。杜氏例曰：「勝國而不用大師，亦曰取。」非也。成國重於附庸，附庸重於都邑，《春秋》凡記禍亂宜分别此三等之異，知其罪有大小輕重淺深者也。今顧不然，反爲不道者記師行難易而已，何益於褒貶哉？吾又驗之於事，按衛侯滅邢，因禮至昆弟殺其守臣而取之，可謂易矣，何以不書取邪？公以楚師伐齊取穀，以魯之衆又加以楚，而公親將，可謂用大師矣，何以不書滅邪？然則滅、取之名不爲難易出可也，可知矣。

四年，許男新臣卒。《左氏》云：「卒于師。」非也。若實卒于師，經何以不記邪？召陵地屬潁川。潁川，今許昌郡也。許昌，許國矣。明許男有疾，歸其國而卒，故不得書「卒于師」也。其云「葬之以侯」者，似當時臣子欲歸美君父，❶故引許男方會諸侯而卒，私以加等之禮葬之。猶漢時群臣議成帝謚，引其欲作明

❶「歸」，明抄本作「追」。

堂、辟雍以褒之矣。其實非禮，《左氏》謬以爲禮。何以言之？許男卒于師，是則可褒，今卒于國，不足褒也。卒于師者，言其圖義忘身，❶知義不惑也。❷已去師而歸其國，此則貪生徇私、不知命人矣，與公子遂至黄乃復專恣廢命何異，而妄以爲褒之得禮邪？

及江人、黄人伐陳。杜氏曰：「受齊命討陳，而以與謀爲文者，時齊不行，使魯爲主。」非也。與謀曰及，不與謀曰會，或實與謀而不曰及，或實不與謀而不曰會，皆妄也。又所謂謀者，何謀乎？奇衺之謀乎？謀所侵伐之謀乎？若奇衺之謀也，《春秋》之中會、及多矣，不必盡謀奇衺也。若謀所侵伐而已，凡諸侯之會將有所討，在會之國皆與之矣，又安有不與者乎？故曰妄也。

五年，晉侯殺其世子申生。❸《左氏傳》：去年十二月，太子縊于新城。杜云：「書春，從告。」非也。告雖後時，猶當舉其實月，此則丘明所據史書是用夏正記時者。夏十二月，於周爲春，本當書於春，誤之於冬也。

杞伯姬來朝其子。杜云：「朝其子者，因有諸侯子得行朝義，而卒不成朝禮。」非也。若不成朝，何以得書朝邪？又，諸侯之子雖有攝其君之説，殆非謂厭事而朝者矣，乃若周公使伯禽就封而身留周者爾，或者

❶「忘」，明抄本作「終」。
❷「義」，明抄本作「命」。
❸「世」，原作「太」，今據明抄本及《春秋經傳集解》改。

父老傳政其子，猶宗子傳家也。堯老使舜攝，舜老使禹攝之類，是乃可爾。苟厭政事，以國與子，不可也。

晉人執虞公。《左氏》曰：「晉襲虞，滅之。而修虞祀，且歸其職貢于王，故書曰『晉人執虞公』。罪虞，且言易也。」非也。虞、晉同姓，滅之，大罪也。雖其自欲文飾，修祀、歸貢不足以掩其大惡，《春秋》曷爲聽之邪？滅人之國，廢王者所封，絶先祖之體，苟能修祀、歸貢者可無譏矣，天下之强，誰不暴弱？天下之衆，誰不暴寡哉？此無他，左氏本不受經，不知其義，怪其文理異常，因彫琢遷就爲此爾。

傳曰：「正月，辛亥朔，日南至。公既視朔，遂登觀臺以望，而書，禮也。凡分、至、啓、閉，必書雲物，爲備故也。」然則舊史蓋記公之書雲物矣。傳所言「凡」，是解舊史者也。仲尼修《春秋》而去之，以謂常事不足書也。以是觀焉，常事不書，於三傳爲通。

六年，圍新城。《左氏》曰：「鄭所以不時城也。」非也。齊桓公會諸侯于首止，正王太子之位，尊王太子而不敢與盟。其禮甚恭，其義甚高，諸侯莫不受盟。❶ 獨鄭逃歸，伐之不爲無辭，❷豈强取新城然後達其罪哉？❸ 蓋疑伐不言圍者，横出此説。

諸侯救許。《左氏》云：「許男降楚，楚子赦之。」實無此事，皆妄也。何以言之？諸侯救許，許圍已解，

❶「受」，明抄本作「與」。
❷「辭」，明抄本作「名」。
❸「豈」上，明抄本有「此」字。

何苦自辱追降于楚哉？此非人情也。又，是後許男常與諸侯會，亦足以知其初不降楚也。

七年，盟于甯母。按傳：「鄭伯使太子華聽命於會，言於齊侯曰：『洩氏、孔氏、子人氏三族，實違君命。君若去之，我以鄭爲内臣。』齊侯將許之。管仲曰：『會而列姦，何以示後嗣？記姦之位，君盟替矣。君其勿許！』齊侯辭焉。子華由是得罪於鄭。」尋此諸文，則齊桓爲用管仲之言不與子華盟也。今甯母之盟實有子華，與傳異矣，是何故哉？

八年，鄭伯乞盟。杜云：「新服，未與會，故不序列，别言乞盟。」非也。若已與盟，文自當序；若盟畢乃至，當言如會，不當但云乞盟。又不見諸侯與之盟也，明此乃約之耳。且《左氏》亦但言請服，不言其來。

禘于太廟，用致夫人。《左氏》云：「致哀姜也。」哀姜之死，以夫人之禮舉之，諸侯莫不聞，曷爲更八年乃致于廟哉？又曰：「凡夫人不薨于寢，不殯于廟，不赴于同，❶不祔于姑，則弗致也。」按：哀姜於此四者，唯不薨于寢爾，其餘皆備矣。則是凡國君夫人於四者一不備，則不致于廟也。設令夫人歸寧而死，亦將不致乎？

天王崩。前年傳曰：「惠王崩，襄王惡太叔帶之難，懼不立，不發喪而告難于齊。今年盟于洮，謀王室也。」然則盟于洮之時，諸侯已知王崩矣，不應練而告諸侯也。假使當時有難，亦不能匿喪彌年，況實無難但

❶「同」下，四庫本、薈要本有「姓」字。

欲假外援者乎？然則洮之會本不謀王室也，《左氏》既誤謂王以前年閏月崩，則遂謂洮之會謀王室矣。❶以洮之會謀王室，見經書王崩在今年十二月，則謂襄王定位而後發喪矣，❷皆不可信。

九年，會于葵丘。按：去年十二月，王崩，此會宰周公臨之。然則七年傳所云告難于齊者，實八年十二月事也。八年會于洮謀王室者，實今葵丘事也。古記不同，以故差互云。

十年，正月，晉里克弑其君卓。《左氏傳》：❸去年十一月，里克弑卓子。此據夏正，十一月即周正月矣。采、獲兩書，誤其前後爾。杜云：「從赴。」非也。❹

及其大夫荀息。杜氏曰：「荀息稱名者，雖欲復言，本無遠謀，從君于昏。」亦非也。南容三復白圭，孔子以其兄之子妻之。徒口誦之爾，猶見褒擇，況如荀息身踐之者乎？夫復言者，信也。責其遠謀，非也。又曰「從君于昏」，若謂息從君殺申生之昏邪，殺申生時，荀息但傅奚齊爾，非執政大臣也，息不當坐其責。若謂息從君立奚齊之昏邪，申生已死，國無冢嗣，君命立奚齊，❺是則君矣，何以爲昏？然則荀息之名，非貶之也，吾既言之矣。

---

❶「矣」，明抄本作「也」。
❷「謂」，原作「會」，今據明抄本改。
❸「傳」下，明抄本有「云」字。
❹「也」，明抄本無此字。
❺「命」，明抄本作「明」。

晉殺其大夫里克。杜云：「稱名，罪之。」按：里克弑君，不宜與申侯、國佐等同例，何不若欒盈、無知之類稱人以殺之乎？

大雨雪。杜據傳例云：「平地尺也。」非也。平地尺雪，常事耳，何足稱大而異之乎？

十一年，晉殺其大夫丕鄭父。按傳：去年冬，晉殺丕鄭。今經不同者，杜云「從赴」，非也。傳所據者簡牘所記，以夏正記時，故使春冬錯。不自知誤矣，乃復以爲晉晚來告。來告雖晚，史所書自應正之，不容顛倒時月也。

十四年，季姬及鄫子遇于防，使鄫子來朝。《左氏》曰：「鄫季姬來寧。」❶非也。按經，季姬不繫「鄫」，此未嫁之文也。又，是後有「季姬歸于鄫」，始嫁之文也。若實來寧，何故再書其歸乎？杞伯姬來，亦來寧也，何以不書歸乎？

十五年，公孫敖帥師及諸侯之大夫救徐。按傳例：「與謀曰及，不與謀曰會。」而叔孫僑如會士燮、齊人、邾人伐郯，本實與謀，杜云受盟主之命，「非匹敵和成之類」，不得言及也。然則此公孫敖亦受盟主之命，應不言及者，何故獨言及邪？

季姬歸于鄫。杜云：「來寧，不書。此書者，明中絶。」非也。去年傳云：「公怒，止之。」止之者，豈絶之

---

❶ 「鄫」，原作「鄭」，今據明抄本、四庫本、薈要本及《春秋經傳集解》改。

哉？魯人爲國諱醜，彭蜞止之之説，以求掩其迹。❶仲尼之作經，推例以知義，因文以盡情，繁而不憂亂，變而不憂惑者也。主人習其讀而不知，學者原其事而知之，此類是也。傳既不可信，注因追其妄，皆非矣。

震夷伯之廟。《左氏》云：「展氏有隱慝。」如此則夷爲展氏之謚，非也。《春秋》，國史也。君前臣名，縱不可名之，猶當繫字於氏，寧有稱其謚遂舍其族哉？經曰「葬桓王」，不繫周者，王至尊也。又曰「吉禘于莊公」，不繫魯者，君至尊也。唯此二者，可以爵謚通。其餘雖大國，必繫謚於國，別内外也。雖貴臣必繫字於氏，別尊卑也。齊桓、晉文皆繫國，原仲、高子皆繫氏，臣無舉謚於君側者也。君之謚通於國，臣之謚通於家。魯非夷伯之國，夷伯非魯國之君，《春秋》非展氏之私譜，仲尼非展氏之家臣，如欲記夷伯之事，應舉其氏而繫字焉，不應直著謚去族，以侵亂至尊之名稱也。

戰于韓，獲晉侯。杜云：「得大夫曰獲。」貶晉侯，故下從衆臣之例而不言以歸。」非也。獲者，獲得之也。以歸者，非獲得之也。觀文自了矣。「以歸」何可以「獲」言之？「獲」何可以「以歸」言之？大凡君死其位曰滅，生得曰獲，大夫生死皆曰獲。此所以異君臣之詞也，不限獲於臣也。杜氏又云：「不書敗績，晉師不大崩。」亦非也。君將，不言帥師者，君重於師也。君傷，不言師敗績者，亦君重於師也。君獲，不言師敗績者，亦君重於師也。此三者，異文同義。杜氏信其一，不信其二，亦不知類矣。且傳曰「三敗及韓」，又曰「寇深矣」，庸非大崩乎？

❶「求」，明抄本作「救」。

十六年，公子季友卒。杜云：「稱字者，貴之。」非也。前此，公子友見經者多矣，何不悉貴乎？《春秋》褒貶各以其事，故獲莒挐雖有功猶不稱字。季子來歸，以知權見褒。其餘無稱字者，死何獨貴乎？若以友賢，故當貴之，則仲遂又何賢矣而貴之乎？若以謂時君賢之，故史字之。按：公子彄卒，隱公曰「叔父有憾於寡人，寡人不敢忘」，葬之加一等。是隱公賢彄也，何以不字之乎？季文子卒，大夫入斂，公在位，宰庀家器爲葬備，無衣帛之妾，無食粟之馬，無藏金玉，無重器備，君子是以知季文子之忠於公室也，最賢矣，亦何以不字之乎？

十七年，夏，滅項。《左氏》曰：「淮之會，公有諸侯之事，未歸，而取項。齊人以爲討，而止公。」按：此自相伐也。去年十二月，會于淮。傳曰：「城鄫。役人病，有夜登丘而呼曰：『齊有亂！』不果城而還。」則是諸侯之事已畢矣。諸侯已歸矣，滅項在今年夏，何故云「有諸侯之事未歸」乎？即此傳是，彼言「不果城而還」非也。即彼傳是，此言「有諸侯之事未歸」非也。然則公自會還，過項，因而擊取之，事定乃還也。《春秋》諱其惡，故滅不言公，非不言滅矣。❶

十八年，邢人、狄人伐衛。杜云：「狄稱人者，史異詞，傳無義例。」非也。自是傳無義爾，何足爲史異詞乎？

❶「非」，原作「至」，今據明抄本、四庫本、薈要本改。

十九年，宋人執滕子嬰齊。杜云：「稱人執者，宋以罪及民告。」非也。宋爲無道，❶誣人之君以告諸侯，而《春秋》不爲辨，則是《春秋》同其惡也。若苟赴者而書之，不擇真僞焉，又何以爲孔子？又曰：「傳例不以名爲義。書名及不書名，皆從赴。」亦非也。自是「傳例不以名爲義」爾，何足謂「書名、不書名皆從赴」乎？按：穀伯綏來朝，鄧侯吾離來朝，傳曰：「名，賤之也。」衛侯燬滅邢，傳曰：「同姓，故名。」尋此二者，傳亦以名爲義也。記事駁雜，是非混淆，例不能推，此傳之大病。所以自伐賊其學，其本在不受經於仲尼也。學者因謂傳不以名爲義矣，不亦妄乎？

鄫子會盟于邾。己酉，邾人執鄫子，用之。《左氏》曰：「宋公使邾文公用鄫子于次睢之社。」此大妄也。六月，會于曹南，此自一會。是時雖有邾人，即非邾子。今此會盟于邾者，詳驗經文，是邾國自爲盟會，鄫子往參之，因見執耳，非復會向者曹南之盟也。若即會向者曹南之盟，應但云如會，實未嘗盟，何得言會盟邪？又，宋爲伯主，而使邾子用鄫之君，罪乃在宋，不在邾也。杜氏以爲「不書宋使邾者，南面之君，善惡自專，不得託之他命」。非也。季姬使鄫子來朝，鄫子亦南面之君，《春秋》著季姬使之者，兩見其惡也。今《春秋》亦宋公使邾人執鄫子用之，亦兩見其惡，豈不可乎？以此推之，知宋公未嘗使邾人執鄫子也。若實宋公使邾人執鄫子者，理無不書宋公也。若宋公使邾人執鄫子，而《春秋》越宋理邾者，是爲首惡者不誅，而脅從者見討也。夫邾之於宋，可謂脅從矣。宋能執人之君而用之，其暴强孰甚焉？邾，微國也，不得不畏而

❶「無」，明抄本作「不」。

從之。即有不畏不從者，宋能用鄫之君，❶獨不能用邾之君乎？以是觀焉，邾乃所謂脅從也。夫脅從者，坐應輕，不得反重而代宋受惡也。《春秋》原心定罪，豈其若是哉？吾固曰：宋不使邾用鄫子也。杜氏又云：「稱人執者，宋以罪及民告。」吾向者既言之矣。

二十一年，楚人使宜申來獻捷。杜氏云：「不言宋捷者，從可知。」非也。齊侯伐山戎後來獻捷，間亦無戰事，則曷爲不從可知而復云戎捷乎？又曰：「不稱楚子，使來不稱君命行禮。」亦非也。若不稱君命，則賓主如何爲詞？楚人者，即楚子爾。稱使者，即君使臣爾。若本不稱君命，當曰「楚宜申來獻捷」而已，不當復加「楚人使」也。加「楚人使」，爲楚子明，豈不稱君命者乎？

傳曰：「邾人滅須句，須句子來奔。」若然，經何以不書邪？杜氏曰：「須句雖别國，而削弱不能自通，爲魯私屬，若顓臾之比，謂之社稷之臣，故滅、奔及反其君，皆不備書。」非也。顓臾雖謂之社稷之臣，然受王命爲魯附庸，自不得見經爾。須句非附庸，又傳曰：「實司太皞與有濟之祀，以服事諸夏。」非魯私屬明矣。假令爲魯私屬，亦不得稱來奔。奔者，皆列國也。今傳稱「須句子來奔」，是非私屬也。且魯亡其私屬，則自宜救之，又何待成風爲之言哉？成風爲之言，是又見非魯私屬也。須句非魯私屬，其國滅，其君來奔，經不宜不書也。以經不書，知無有此事也。然則是須句前滅於邾，其國爲邑矣，其民不服，故魯人往伐取之爾，無他也。

❶「能」上，明抄本有「猶」字。

二十二年，公伐邾，取須句。《左氏》曰：「反其君焉。」非也。若誠有之，經何以不書哉？得國而反其君，義事也，齊桓、晉文所難也。今而不書，是不將順其美乎？

及邾人戰於升陘。杜云：「邾人獲公胄，懸之魚門，故深恥之，不言師敗績。」非也。如杜所説，苟不深恥，則不諱敗矣，所以深恥者，以公喪胄，危辱切近也。然則乾時之戰，公喪戎路，左右皆止，反獨不恥而書敗績，何哉？喪胄之辱孰與喪路之深？升陘之恥孰與乾時見逼脅之急？是大不然者也。

宋師敗績。按傳：「宋公傷股，門官殲焉。」然則當書「宋公敗績」，不當云「宋師」也。成十六年，楚子敗績。杜云：「楚師未大崩，以楚子傷目而退，故曰：『楚子敗績。』」若是，則楚子身敗，楚師不敗，猶曰「楚子敗績」。今宋公身敗，宋師又敗，何以但記「宋師敗績」邪？即以謂楚師不敗，楚子身敗，得言「楚子敗績」，宋師既敗，宋公亦敗，不得言「宋公敗績」者。按傳例「大崩曰敗績」，楚子雖傷，實非大崩。大崩者，師衆之稱，不得施於楚子之身。今施於楚子之身者，明是乃楚衆敗也。且楚師豈非大崩者乎？其言曰「敗者壹大」，又曰「薄於險」，又曰「覆師徒」，又曰「臣之卒實奔」，微大崩也，胡以當之？然則宋、楚大崩類也，宋、楚之傷亦類也，一言師敗，一言君敗，❶其不類何也？妄謂君敗師不敗，是反於傳而謬於經。經之言敗績乃大崩也，若謂君敗師不敗者，是未嘗大崩，豈得云敗績哉？

❶ 「言」，明抄本作「書」。

二十三年，杞子卒。《左氏》云：「杞，夷也。」杜云仲尼以文貶之，❶非也。仲尼作《春秋》，雖以文褒貶乎，猶不擅進退諸侯也。諸侯之惡有甚於杞者，仲尼無所貶，蓋不以匹夫侵天子之事，豈若是顚之亂名實哉？

二十五年，衛侯燬滅邢。《左氏》曰：「同姓也，故名。」非也。晉滅虢，又滅虞，齊滅紀，楚滅夔，皆同姓也，何以皆不名邪？

公會衛子、莒慶盟于洮。杜云：「衛文公既葬，成公不稱爵者，述父之志，降名從未成君，故書子以善之。」非也。諸侯踰年即位，即位稱君，不即位不稱君，❷此乃常禮。以年爲限，不以葬爲限。若即以葬爲限，葬畢可以稱君，何待明年乃改元邪？春秋之時，禮法放絶，見諸侯葬畢輒稱君，因謂禮矣。此衰世習俗之敝，何足據邪？諸杜所言，❸天子諸侯喪制皆若此，非古法也，吾向者既言之矣。

二十四年，楚人滅夔。杜云：「夔有不祀之罪，故不譏楚滅同姓。」非也。夔雖有罪，楚亦非得專滅也。如此，是征伐自諸侯出乃可矣。且楚乃使人滅夔，勢不得比衛侯。衛侯燬滅邢，此親之之文也。且夔不祀祝融、鬻熊，禮也，非所以爲罪也。衛祖康叔不敢祀后稷，魯祖周公不敢祀公劉，祝融猶后稷，鬻熊猶公劉

❶「貶」，明抄本作「賤」。
❷上「不」字，明抄本作「未」。
❸「諸」，明抄本作「如」。

矣，寧可復責此二國邪？

二十七年，楚人、陳侯、蔡侯、鄭伯、許男圍宋。杜云：「子玉也，書人者，恥不得志，以微者告。」非也。傳云：「楚子及諸侯圍宋。」此則非子玉矣。杜又云：「楚人序上者，主兵故。」亦非也。趙盾主兵，序諸侯下。凡云主兵序上者，皆謂列同者爾。❶如侯、伯與大夫，其尊卑不嫌，雖伯主之卿，猶序君下也。又，按經：「公會諸侯，盟于宋。」若楚人非楚子者，應如扈之盟，書云「公會諸侯、楚大夫」，乃可矣。

二十八年，晉侯侵曹，晉侯伐衛。杜云：「再舉晉侯者，曹、衛兩來告。」非也。使晉人又自來告者，❷寧可復書晉侯「侵曹」「伐衛」乎？

公子買戍衛。不卒戍，刺之。《左氏》曰：「公懼於晉，殺子叢以説焉。」然則魯公妄以罪惡誣殺買耳，非買之實不戍也。則《春秋》曷爲遂從其誣辭，真以不卒戍罪買哉？疑買見機設權，不卒戍事。而公貪與楚歡，遂以不卒戍罪買，不復計其有權也。按此經，殺公子買畢，楚人乃救衛，而傳云「楚人救衛，不克，公乃殺子叢」。與經相背也，其言詎可盡信哉？

及楚人戰。杜云：「楚子玉恥敗，告文略，故稱人。」非也。赴告者豈有常哉？或以白爲黑、曲爲直，寧可亦不正邪？又，此下有「楚殺其大夫得臣」，此必楚人來告其敗軍違命也。尚告子玉之罪，豈諱子玉之敗

❶ 「列」上，明抄本有「班」字。

❷ 「使」，明抄本作「若」。

乎？足知子玉稱人非從赴而已。

盟于踐土。《左氏》曰：「王子虎盟諸侯于王庭。」今按：經無王子虎。如《左氏》之説，則爲天子已在是也，諸侯應先朝後盟。今按：盟訖，公乃朝于王所。用此推之，必知盟時王未來也。若盟時王已來者，諸侯豈得先盟後朝哉？其所言作王宫及王子虎要言之事，皆虚也。

衛侯鄭自楚復歸于衛。《左氏》曰：「晉人復衛侯。」然則於例爲諸侯納之也，當曰「歸」，不當曰「復歸」。書「復歸」，是衛人復之，非晉人也。杜氏以謂：❶「晉人感叔武之賢，故復衛侯。衛侯之復，由於叔武，故以國逆爲文。」然則蔡季自陳歸于蔡，由蔡人召之，傳有明文，何故不曰「入」而從諸侯納之之例書「歸」也？晉人感叔武之賢而復衛侯，有以異於陳人順蔡人之召而納季乎？書蔡季則遺其本意，書衛侯則探其本情，又未必與傳合也。傳無「晉人感叔武」之語，杜氏何由知之乎？❷然則傳與注皆謬亂，不足以解經。

元咺出奔晉。《左氏》曰：「叔武聞君至，喜，捉髮走出，前驅射而殺之。公知其無罪也，枕之股而哭之。歂犬走出，公使殺之。元咺出奔晉。」非也。如傳此言，殺叔武者，衛侯爲不知情，又以爲叔武報殺其讎，又親枕之股而哭之，兄弟之恩篤矣，元咺何緣奔晉愬其殺弟乎？假令咺欲誣其君，至其訟也，咺當不勝，衛侯何故反不勝乎？假令咺爲人矯虔强辯，足以飾非，晉人豈不知其嘗爲叔武殺歂犬乎？用此推之，衛侯真

❶「氏」，明抄本作「云」。
❷「由」，明抄本作「用」。

殺叔武者也，故元咺往愬于晉矣，故衛與之訟而不勝矣。不然，則咺無義以愬其君。就令愬之，必無説以勝其君，不亦顯然乎？

天王狩于河陽。《左氏》曰：「晉侯召王，且使王狩。仲尼曰：『以臣召君，不可以訓。』故書曰：『天王狩于河陽。』」吾謂左氏迷惑此説，心未能了。何者？本但晉侯召王，自嫌不順，故使王狩，以匿其罪耳。狩不當書，今故書者，所以起狩爲晉侯召也，其義已足。而《左氏》既云晉侯使王狩矣，又云仲尼爲其不可以訓，故書狩。即實使王狩，非仲尼故書也；即實仲尼書之，非使王狩也，其言首尾相反，由迷惑故也。又曰：「言非其地，且明德也。」亦非也。晉文召王，意在尊周，❶其禮雖悖，其情甚順，仲尼原心定罪，故寬其法耳，亦何德之明？然則左氏固暗于王道，而非仲尼之徒者邪？吾聞仲尼之徒，乃恥言五伯。

元咺復歸于衛。杜云：「從國逆例者，明衛侯無道於民，國人與元咺。」非也。假令國人與元咺實非國逆，從諸侯納之例自足，何强變易彼此哉？且《左氏》本説此納入例者，非爲褒貶也，乃以存事實也。今更事實，❷横就褒貶，誰能知之哉？

二十九年春，介葛盧來。按隱元年傳：改葬惠公，衛侯來會葬，不見公，故不書。然則葛盧來亦不見

❶「意」，明抄本作「亦」。

❷「更」下，明抄本有「棄」字。

公，❶何以反書邪？杜云：「雖不見公，國賓禮之，故書也。」然則當隱元年，衛侯來會葬，都不賓禮之邪？所謂賓禮之者，即傳所云「饋之芻米」者也。方衛侯之會葬也，魯之臣子曾不誰何聽其所爲乎？如是何謂「會葬」矣？吾以此推之，❷隱元年之説妄也，非實事也。

會王人、晉人、宋人、齊人、陳人、蔡人、秦人，盟于翟泉。《左氏》曰：「公會王子虎，卿不書，罪之也。」非也。若公不應會王大夫，爲之諱者，没公可矣，乃貶王大夫，使從人稱，何哉？且是會也，必王子虎受王命而盟矣，是則非魯侯所能制。❸魯侯能身從之，方存乎見褒，又曷爲諱貶？

三十年，衛殺其大夫元咺及公子瑕。《左氏》云：「元咺立公子瑕。」然則瑕已爲君，當與衛剽同，不當冠公子而名之也。即以謂國人不與、諸侯不助者，當與陳佗同，不當仍冠公子也。瑕冠公子，此其不君明矣。假令元咺實立瑕者，猶當書云「衛殺其公子瑕及其大夫元咺」。元咺以瑕爲君，瑕以元咺爲臣，正其君臣，則非罪惡明矣，無爲先咺以及瑕也。❹衛剽稱侯，陳佗不氏，皆出《左氏》義，何忽至此而迷亂其説哉？

衛侯鄭歸于衛。杜氏云：「魯爲之請，故從諸侯納之例。」今按傳文，魯但能請免衛侯於獄，而周歂、冶

❶「葛」上，明抄本有「此」字。
❷「吾」，明抄本作「若」。
❸「所」上，明抄本有「之」字。
❹「也」，明抄本作「者」。

匱逆衛侯歸耳，遂從諸侯納例，與傳不合，傳又與其例不合。要之，《左氏》歸、入之例，蓋不可通。其幸而合則説曰「例如此」，其有不合則説曰「從其例」。❶假令本書「衛侯鄭入于衛」，吾知杜氏必曰「周、冶納之，故書入」矣。苟以是推之，則何不可通哉？衛侯衎復歸于衛，事又與此相類。彼言「復歸」，此獨言「歸」，了不可知也。

公子遂如京師，遂如晉。杜氏云：「公既命襄仲聘周，又令自周聘晉。」非也。凡言「遂」者，皆大夫生事專命耳，❷非素受命者也。即以「遂」爲受命之辭者，公子結亦爲受命行，非權事也。一以爲權，一以爲非權，何哉？

三十一年，取濟西田。《左氏》曰：「使臧文仲往。」非也。若實臧文仲往，不應不書。注謂：「文仲但請田，非聘饗會同，故不書。」亦非也。告糴、乞師、弔葬、致女皆書。不獨彼四事書，請田非常，自應書。又，叔孫豹、鄫世子巫如晉亦書，即請田之比也。《禮》曰：「卿非君命不越境，越境則書之。」何限請田獨不書哉？明此，請田者，即去年公子遂，非臧文仲也。遂既聘周，聞晉人頒諸侯之田，因便宜聘晉，以故得濟西田也。魯人憎遂而好臧文仲，推遂之美附著臧氏，左丘明承虚記之爾，不然經無緣不言臧孫辰如晉也。又曰：「分曹地自洮以南，東傅于濟。」若然，當謂之「取曹田自濟水」，不得云「取濟西田」而已。

---

❶ 下「其」字，明抄本作「某」。

❷ 「命」，明抄本作「行」。

四卜郊，不從，乃免牲。《左氏》曰：「非禮也。禮不卜常祀，而卜其牲日。」按：如此説是也，所謂不從者，即謂日不吉耳。不吉，則不敢郊，❶故免牲也。❷又曰：「牛卜日曰牲，牲成而卜郊，上怠慢也。」非也。繫者即牲，牲之名久矣，豈必卜日哉？且魯人亦必不先卜牲日而後卜郊。卜郊者，卜其日吉否也，非卜其郊可否也。《左氏》疑魯之卜，卜郊可否也，是以誤之爾。

三十三年，晉人及姜戎敗秦師于殽。杜云：「晉諱背喪用兵，以微者告。」非也。若亂常廢禮而諱可以免，則《春秋》褒貶安所施哉？又曰：「晉人角之，諸戎犄之，不同陳，故言『及』。」亦非也。戎子駒支雖爲此語，正以捕鹿爲譬耳，非必異地而戰也。且凡戰者，豈嘗同陳乎？❸成十六年，戰于鄢。傳曰「鄭陳而不整」，是異也，然而經書楚子、鄭伯，不加「及」以絶也。

晉人敗狄于箕。《左氏》曰：「晉侯敗狄于箕。」又曰：「先軫入狄師，死焉。」然則敗狄者，晉侯、先軫也，其曰「人」，何邪？杜氏曰：「郤缺稱人者，未爲卿。」杜之此言，據傳有「郤缺獲白狄子」耳。按：經不言白狄，又不言獲狄子也，傳既與經違，注又與傳違。經但云「狄」，傳云「白狄」；經但云「敗」，傳云「獲其君」；傳謂「襄公、先軫親之」，注乃引郤缺而已，皆二三不可曉者也。

❶「則」，明抄本作「故」。
❷「免」上，明抄本有「須」字。
❸「嘗」，明抄本作「常」。

傳曰：「葬僖公，緩作主，非禮也。」杜氏讀「緩」字以上爲一句，「作」字下爲一句，非也。僖公以十二月薨，以明年四月葬，凡五月也，不得云「緩」。杜氏本欲遷僖公之薨在十一月，僖公之薨在十一月，則除喪在文二年十一月，因以文納幣爲十二月。文納幣爲十二月則與傳合矣，而不顧理乖也。傳云「葬僖公，緩作主」者，「緩」以下乃當爲一句，言葬僖公而作主緩，即文二年經書「作僖公主」是也。今欲屬緩於葬僖公，以明僖公爲十一月薨，獨不顧「作主，非禮也」之語無所繫，是傳譏葬緩又譏不當作主乎？苟欲遂己之説，黨其所附，不求之道，❶真可怪也哉！

❶ 「之」，原爲空格，今據明抄本補。四庫本作「於」。

春秋權衡卷第五　左氏第五

文公

元年，公即位。杜氏曰：「先君未葬而公即位，不可曠年無君。」然則稱公者，固以年爲限，不以葬爲限審矣。何獨至於他國則云以葬爲限乎？

天王使毛伯來錫公命。杜氏云：「諸侯即位，天子賜以命圭，合瑞爲信。」然則杜氏謂「禮然也」，❶非也。諸侯喪畢，以士服見于王，王乃於廟命之。古者五十而命，至周喪畢則命矣。喪未畢而命，非禮也。

晉侯伐衛。按傳，實伐衛者，先且居也。衛人伐晉。按傳，實伐晉者，孔達也。杜氏曰：「先且居而稱晉侯者，從告辭也。孔達而稱衛人，❷貶之也。」安知「衛人」非當時之告乎？一則云告，一則云貶，苟便其說而已，何經之有？

公孫敖如齊。《左氏》曰：「始聘焉，禮也。」杜云：「明諸侯諒闇，則國事皆用吉禮。」皆非也。《左氏》見

---

❶「謂」，原作「爲」，今據明抄本改。

❷「人」下，明抄本有「者」字。

時諸侯廢喪而聘，故推以爲禮。杜氏見《左氏》有得禮之言，❶遂推以爲當喪而吉，皆反經越禮，不可以教後世者也。此又明丘明不聞道於仲尼矣，仲尼不云乎：「三年之喪，自天子達。」

傳曰：「晉師獲衛孫昭子，衛人使告于陳。陳共公曰：『更伐之，我辭之。』衛孔達帥師伐晉。君子以爲古。古者，越國而謀。」非也。古者雖越國而謀，所謀者必義事也。今陳與衛何謀哉？謀畔命侵小者也。謀畔命侵小，是非古矣，何以謂之古？

二年，及晉處父盟。杜云：「處父不能匡君以禮，而親與公盟，故貶其族。」非也。既没公如晉，又没公於盟，諱義備矣。復去處父氏，反不明，豈其然乎？

晉人、宋人、陳人、鄭人伐秦。《左氏》曰：「卿不書，爲穆公故，尊秦也。」非也。於經何以知其非微者稱人乎？

公子遂如齊納幣。《左氏》曰：「禮也。」則是以喪娶爲禮，不亦悖乎？杜預遷僖公薨月以就傳説，然文公此年大事于太廟，則已自除喪矣。彼尚能逆祀，何故不能於此娶乎？明此傳誤，無爲歸過于經而疑之也。

四年，逆婦姜于齊。《左氏》曰：「卿不行，非禮也。」非也。假令卿行，獨可謂之禮乎？

❶「得」，明抄本無此字。

五年，王使榮叔歸含且賵，王使召伯來會葬。《左氏》曰：「禮也。」非也。庶子爲君，❶爲其母無服，不敢貳尊者也。妾母稱夫人，王不能正，而又使公卿會之葬，何禮之有？

六年，晉殺其大夫陽處父。《左氏》曰：「侵官也。」按《左氏》，此事始末罪處父，獨有稱趙宣子爲能耳。改蒐易將，凡出晉侯，何以謂處父侵官邪？人君任賢不稱，必將致敗。苟食禄者，舉當諫君，❷況處父晉國太傅邪？事有不便言之宜矣，❸以此爲侵官，是教大臣拱默也。《左氏》又曰：「陽子，成季之屬也，故黨於趙氏。」此欲致其法，必以侵官塗污處父耳。❹凡言黨者，謂其陰私比周，不以正舉者也。若舉不失人，亦何謂黨乎？如處父之舉趙盾，趙盾卒爲良大夫；其退賈季，賈季卒爲亂而奔，皆可謂當矣，非故有所厚薄也，《春秋》豈忽于此貶之邪？如使大臣見賢而舉謂之侵官，見賢而不舉乃其職矣，不亦謬乎？

七年，公伐邾，取須句。《左氏》曰：「寘文公子焉。」非也。僖公取須句，反其君，義事也，經不褒。今文公取須句，以封叛臣，惡事也，經不貶。不唯不褒貶而已，又略無所見，豈《春秋》之實邪？

晉人及秦人戰于令狐。杜氏曰：「趙盾廢嫡而外求君，故貶稱人。晉諱背先蔑而夜薄秦師，以戰告。」

❶「庶」，明抄本作「妾」。
❷「君」，明抄本作「争」。
❸「宜」，原無，今據明抄本補。
❹「以」「耳」，明抄本作「於」「且」。「塗」上，明抄本有「以」字。

按：如此説，安知稱晉人者，非趙盾諱無信而以微者告乎？在《春秋》中，杜氏所注若此者多矣，何獨至此「晉人」而謂之《春秋》貶乎？此乃見事在可以説之域則説之，事在不可説之域則不説也。智足以紿學者矣，亦何解經之有？❶

公會諸侯、晉大夫，盟于扈。《左氏》曰：「公後至，故不書所會。」非也。按經，公與盟矣，何謂後會乎？杜云：「公後其會而及其盟。」此飾非之言爾。會盟同地，所以爲盟也。今及其盟，不得云後會。且盟重會輕，不當獨責其輕。❷又，已稱公會諸侯矣，豈不及其會者乎？若實不及其會而及其盟者，書「公及諸侯、晉大夫盟」乃可耳。《左氏》又曰：「凡會諸侯，不書所會，後也。」按：十五年，會于扈，亦不序諸侯，寧復魯侯後會邪？未可以類推也。

徐伐莒。杜云：「不書將帥，徐夷，告辭略。」非也。傳云：「徐伐莒，莒來請盟。」然則莒來告也。且徐不來告則已，苟其來告，若不稱君，必當稱將帥，豈亦自云「徐」而已乎？杜氏之意固以謂從赴告而已，向者晉人戰于令狐，又何以云貶趙盾稱人哉？

八年，公子遂會雒戎，盟于暴。《左氏》曰：「珍之也。」言遂權與戎盟，得事之宜，故褒稱「公子」，非也。若兩稱公子爲褒者，僖三十年「公子遂如京師，遂如晉」則貶矣。彼不謂貶，何邪？

❶「亦」，明抄本無此字。
❷「獨」，明抄本作「稱」。

公孫敖如京師，不至而復。丙戌，奔莒。杜云：「不言出者，受命而出，自外行。」按：敖以乙酉出，以丙戌奔，此豈自外行者邪？又，歸父還自晉，至笙，❶遂奔齊。杜云：「笙在境外，故不言出。」然則境内者當言出矣。❷敖之奔，未能出境，曷爲不言出乎？昭十二年，公子慭及郊而奔，亦言出也。

宋人殺其大夫司馬，宋司城來奔。《左氏》云：「司馬握節以死，司城效節以出，❸公以其官逆之，故皆書官。」非也。許司馬握節未如仇牧之手劒，司城奉身以退不及荀息之死之，而《左氏》推彼二人爲貶，申此兩人爲賢，輕重貿易，賞罰昬錯，莫甚于此。且身居亂兵之中，苟棄節偷生則爲大罪，握節而死，人臣之常耳。❹既無智力以禦亂，又欲負節而私逃，亦大罪也。效節而出，自求免罪而已，未見可貴之美也。魯公庸人，不識大義，則妄以其官逆之，《春秋》亦何爲珍之邪？

九年，毛伯來求金。傳云：「王未葬也。」杜云：「雖逾年而未葬，故不稱王使。」非也。諸侯逾年尚稱公，王者逾年不宜反不稱王。毛伯來求金，非王命可知也。《書·顧命》曰「伯相命士須材」，此則冢宰當國之文矣。

---

❶「笙」，原作「檉」，今據四庫本、薈要本改。
❷「境」上，明抄本有「在」字。
❸「城」，原作「成」，今據明抄本、四庫本、薈要本及《春秋經傳集解》改。
❹「人」，明抄本作「大」，「耳」上有「事」字。

二月辛丑，葬襄王。杜云：「卿共葬事，禮也。」非也。諸侯爲天子三年，《禮》無「使卿共葬」之文。使卿共葬，周末之凌替也，非典之正也。

秦人來歸僖公成風之禭。杜云：「追贈僖公，并及成風。」非也。僖公成風即妾母繫子而言耳。❶ 諸侯無二嫡，故妾母繫子爲重，所謂母以子貴者也。必謂僖公、成風二人也者，則是母序子下，亂上下之次，豈《春秋》之情邪？

十一年，叔孫得臣敗狄于鹹。傳以爲「長狄也」。按：經無「長」字，安知其是長狄哉？赤狄也，白狄也，山戎也，姜戎也，陸渾戎也，《春秋》書之未嘗略，何至於長狄而獨不書哉？傳又曰：「鄋瞞由是遂亡。」杜云：「長狄之種絶。」按《外傳》：仲尼對吴使者云：「周爲長狄，今爲大人。」今即孔子時也。孔子之時，長狄更爲大人，大人、長狄一意也，不得云亡，不得云絶。❷ 杜氏云絶，據何見哉？《左氏》云亡，則自相反也。

十二年，郕伯來奔。《左氏》曰：「郕太子以夫鍾與郕邽來奔。公以諸侯逆之，故書曰：『郕伯來奔。』不書地，尊諸侯也。」皆非也。即實郕伯來奔，又何以辨哉？且魯但以諸侯逆之，便謂之郕伯，《春秋》又遂没其專土叛君之罪，反謂之諸侯而尊之，則何以稱不登叛人哉？意者，先郕伯以去年卒，太子即位而不能自

❶「風」下，明抄本有「者」字。
❷「不」上，明抄本有「亦」字。

安，❶遂出奔，此乃真郕伯矣。以其即位日淺，或謂之太子，而《左氏》則誤以爲太子出奔也。

子叔姬卒。《左氏》云：「不言『杞』，絶也。書『叔姬』，言非女也。」此事當在成九年而誤置于此，陸淳已言之矣。

秦伯使術來聘。杜氏云：「術不稱氏，史略文。」非也。内大夫不氏，或以爲貶，或以爲未賜族。未賜族者，在内猶不氏，安知此術非未賜族者而以爲史文略也？若有以明術非未賜族者，吾聽其説。若無以明之，直妄説耳，非實論也。

十四年，晉人納捷菑于邾，弗克納。《左氏》云：「晉趙盾以諸侯之師八百乘，納捷菑。」按：如傳説，經不應但言「晉人」也。杜云：「趙盾雖有服義之善，然所興者廣，所害者衆，故貶稱人。」又安知非趙盾恥不能納而以微者告乎？

甲申，公孫敖卒于齊。按傳例曰：「公不與小斂，則不書日。」今敖卒于齊，公之不與小斂審矣，何爲反日邪？敖本有罪出奔，幸而死得復録，公又實不與其小斂，何足謹詳其日月而書乎？

單伯如齊。《左氏》云：「王使單伯如齊。」非也。若單伯爲周大夫，何以明年書「單伯至自齊」乎？

十五年，宋司馬華孫來盟。《左氏》云：「宋華耦來盟，其官皆從。書曰：『宋司馬華孫』，貴之也。」杜云：「華孫奉使鄰國，臨事制宜，至魯而復定盟，故不稱使。」皆非也。周之《禮經》，諸侯相聘，其使介有常數

❶「即」上，明抄本有「今」字。

矣，不聞其官皆從以爲典也。又宋、魯無怨，華孫無故不待君命而自來，以爲臨事制宜，❶則當先有可制之事。今此安平無變，❷多從官屬而自尊大者也，何云制乎？以此爲貴，豈《春秋》意哉？

曹伯來朝。《左氏》曰：「禮也。諸侯五年再相朝，以修王命，古之制也。」非也。按《尚書·周官》：「六年，五服一朝。又六年，王乃時巡。」則諸侯於天子，五年一朝矣。於天子五年一朝，不得於諸侯亦五年一朝也。且以春秋時事考之，曹小國也，魯既當朝，晉亦當朝，宋、衛亦當朝，楚、鄭、秦、杞、陳、齊、蔡、滕又皆當朝，朝無已乎？其禮安在？❸其制安在？《周禮》大行人之職曰：「凡諸侯之邦交，歲相問也，殷相聘也，世相朝也。」此爲得中焉。

齊人歸公孫敖之喪。《左氏》曰：「齊人送之。」非也。若實齊人送之，應曰「齊人來歸」矣。杜云：「大夫喪還不書。書者，善魯感子以赦父。」亦非也。若如杜言，但書「公孫敖之喪至自齊」以善魯可耳，今書「齊人歸公孫敖之喪」，豈善魯者乎？

諸侯盟于扈。傳曰：「無能爲也。」又曰：「凡諸侯會，公不與不書，諱君惡也。」予謂若諱而不書，與貶而不書同，則二者相亂，不復可辨矣。

❶「爲」，明抄本作「謂」。

❷「安」，明抄本作「按」，且乙置爲「今按此平無變」。

❸「在」，明抄本作「出」。

十六年，公四不視朔。杜云：「十二公以疾不視朔，非一也，義無所取，故特舉此，以表行事，因明公之實有疾，❶非詐齊。」非也。若史欲爲公解紛于齊而書此，乃可云爾已矣。今史雖書「公不視朔」，齊侯未之曾見，則其書之無以異於不書。又，❷齊侯唯不信公，故不肯盟，今魯史雖書公不視朔，齊侯亦未肯信也。縱史書之，欲以取信齊侯爲可，仲尼亦何爲書之乎？

宋人弑其君杵臼。《左氏》曰：「宋昭公無道，國人奉公子鮑，因襄夫人殺之。」如傳所説，則公子鮑爲不臣，襄夫人爲不母，而宋公未有無道之實也。且公子鮑欲盜其國而先施於民，襄夫人欲通于鮑而遂殺其君，《春秋》宜推公子鮑使首惡，不得輕此兩人之罪，反專惡宋公也。傳曰：「君雖不君，臣不可不臣。」於此，何獨異哉？晉靈公、楚靈王皆極惡而貪殘，然其弑也，《春秋》明書趙盾、公子比之名，何者？盾、比皆賢，賢宜責之備，以謂賢而弑君，則開簒亂之門也。今鮑私爲惠以結民情，僞爲禮以事公卿，如此而弑其君，《春秋》忽其罪，則亂臣賊子無所懼而勸矣。

十七年，晉人、衛人、陳人、鄭人伐宋。《左氏》曰：「卿不書，失其所也。」按：襄二十五年，齊崔杼弑其君光，公會晉侯、宋公、衛侯、鄭伯、曹伯、莒子、邾子、滕子、薛伯、杞伯、小邾子于夷儀，以伐齊。齊人賂晉，晉師遂解。杜云：「不譏晉受賂者，齊有喪，師自宜退也。」與此相反矣。夫宋、齊俱弑君，而一以不伐喪，雖受

---

❶「因」，原作「以」，今據明抄本及《春秋經傳集解》改。

❷「又」，明抄本作「之」，屬上讀。

賂猶免於譏；一以不伐喪，雖不受賂不免于貶，是受賂者賢乎？何其頗哉！

葬我小君聲姜。傳云：「有齊難，是以緩。」今按：聲姜薨後乃無齊難，聲姜既葬而有齊師耳，且何用爲若解？

十八年，子卒。杜云：「先君既葬，不稱君者，魯人諱弑，以未成君書之。」非也。假令不諱，遂書「公薨」乎？一年不二君之義，何所施？此乃明稱君者之不以葬爲限者，❶果矣。

莒弑其君庶其。《左氏》云：「莒太子僕因國人弑之。」如傳所言，則子弑其父也。父雖無道，子可弑乎？子之弑父，可匿其罪乎？宣公賴僕之賂，則欲授之邑而寵之，《春秋》亦豈賴僕之賂哉？曷爲蔽其惡名？曾謂仲尼不如季孫行父乎？其以君無道書庶幾也。❷

宣　公

元年，公子遂如齊逆女。三月，遂以夫人婦姜至自齊。《左氏》曰：「遂不稱族，尊夫人也。」非也。此所謂一事而再見，卒名耳。君之使臣，固有稱族不稱族，史之書之，所謂實録也，非尊君命夫人之謂也。且必若云公子結媵陳人之婦，遂及齊侯、宋公盟，此權事而非受命者也。非受命何以亦稱族邪？豈尊以爲君命

❶ 下「者」字，明抄本無此字。

❷ 「幾」，明抄本作「譏」，且無「庶」字。

哉？豹、婼、意如其往也氏，其至也皆不氏，無有夫人居閒也，何以亦舍族邪？豈尊以敵夫人哉？杜云：「不稱姜氏，史闕文。」亦非也。寧知莊元年不稱姜氏，非闕文者乎？以莊元年推之，寧知闕文非仲尼意乎？

二年，趙盾弑其君夷皐。《左氏》叙孔子之言曰：「惜也，越竟乃免。」非也。君臣之際當以義爲斷。使盾遂去晉國，雖未越竟，不能討賊，非其責也。今盾還爲大夫，雖已越竟，❶苟不能討賊，此則罪矣。然則盾之免與不免，在乎討與不討，而不在越與不越也。杜云：「越竟則君臣義絶，可以不討賊。」如杜此言，於《左氏》之説未能自合，何也？❷哀八年，公山不狃曰：「君子違，不適讎國。未臣而有伐之，奔命焉，死之可也。」安在越竟則君臣之義絶乎？吾以爲此非仲尼之言。❸

七年，公會齊侯伐萊。《左氏》曰：「凡師出，與謀曰『及』，不與謀曰『會』。」非也。古者行師，非無奇術秘策以給人者也，❹諸侯相率而討罪伐畔，則是與謀已焉。有連兵合衆，人君親將，而曰不與謀者哉？且用《左氏》考之，凡先謀而後伐者稱會多矣，不必云「及」也。此其自相反者，吾既言之矣。

❶「已」，原作「以」，今據明抄本改。
❷「何」，明抄本作「例」。
❸「爲」，明抄本作「謂」。
❹「非」，明抄本作「初」。

八年，仲遂卒于垂。杜云：「稱字，時君所嘉。」非也。《春秋》之作，褒貶出于仲尼，故曰：「其義則丘竊取之。」未有窺時君之意，以爲上下也。如《春秋》之作，褒貶無所在，苟唯時君所悦而已矣，又何以爲仲尼？

九年，取根牟。《左氏》曰：「言易也。」非也。根牟雖小，不以兵革，不能取也。能取其國，何謂易乎？不分别國、邑、取、滅之名，而苟記其難易而已，豈《春秋》意哉？

十年，崔氏出奔衛。《左氏》云：「書曰『崔氏』，非其罪也。且告以族，不以名。」非也。齊雖告以族，《春秋》固當正之。若曰「崔杼無罪，又舉族出奔，故《春秋》因舊史而書之」，則欒盈亦無罪亦舉族出奔，何以不曰「欒氏出奔」邪？且《春秋》所記，大事而已，故使舉上介，❶戰舉元帥。雖有衆，大夫不與焉者，略所微也，今何爲區區崔氏之族邪？

天王使王季子來聘。杜云：「季子，字也。」非也。審季子爲王之母弟字季子者，宜若叔服稱季子而已。即欲分别其爲王母弟者，宜冠弟于字，不當冠王也。王者尊稱，非所以冠大夫之字也。冠大夫者，稱王子、王孫，以屬爲重，不以王爲貴。去屬而著王，是季子王也。妨於文而害于實，不可爲教矣。

十一年，晉侯會狄於欑函。杜云：「晉侯往會之，故以狄爲主。」非也。文不可得言「晉侯、狄會于欑函」，故云「會狄」耳。譬如曰「公會戎于潛」，尚何可疑哉？而以謂使狄爲主也？即以此爲使狄爲主者，公會戎于潛，亦使戎爲主乎？

❶「介」，明抄本作「人」。

十二年，晉荀林父帥師及楚子戰于邲，晉師敗績。按經文，晉、楚爲成列而戰者也。今《左氏》以謂晉人自使輀車逆趙旃，而楚人疑以爲晉師且至，遂車馳卒奔而乘晉軍，晉中軍桓子不知所爲，士争渡河，而遂大敗耳。若此，則晉軍未嘗成列，何以得書「戰」邪？杜氏雖云：「晉上軍成陳，故得書『戰』。」按傳文所叙，無上軍成陳之事，惟云「使帥七覆于敖前」。又云「晉師右移，上軍未動」，是則上軍深溝高壘，備不虞耳，蓋未嘗出陳也。且經云「荀林父及楚子戰」，若緣上軍不動，故得稱戰，則經又不應指言荀林父也。荀林父實不戰，隨會自戰。戰之事，當舉隨會，不當舉荀林父也。今經稱「荀林父及楚子戰」，若林父之師初不成陳，何得書「戰」乎？又，長勺之役，齊、魯成列，唯以魯侯鼓之差後，《左氏》謂《春秋》惡其譎，譏不以偏戰爲文」。今此楚師乃出不意以乘晉師，其譎甚矣，反謂之「戰」，何邪？

晉人、宋人、衛人、曹人同盟于清丘。《左氏》曰：「卿不書，不實其言也。」予謂春秋之世，不實其言者衆矣，奚獨此邪？設本微者，又何以辨之？且華椒無惡，不宜被貶。杜氏云：「華椒承群僞之言，以誤其國，故亦不免于譏。」予以謂凡盟誓者，所以結信也，寧能早知彼將背之乎？背盟者自當貶爾，守盟者亦何貶乎？

十三年，楚子伐宋。《左氏》曰：「清丘之盟，唯宋可以免焉。」然則十二年不當貶華椒稱人也，以謂「不實其言」，又曰「唯宋可以免」，自相伐矣。

十五年，宋人及楚人平。杜氏曰：「平者，總言二國和，故不書其人。」非也。凡平者，舉國而已。「公及齊侯平莒及郯」、又曰「暨齊平」、又曰「及鄭平」，無稱人者。今此獨稱人，是書其人矣。固當解「書其人」

之意，❶不得反謂之「不書其人」也。若平莒及郯、曁齊平、及鄭平，此三者乃可云「不書其人」耳。

螽生。《左氏》云：「幸之也。」杜云：「幸其冬生，不爲物害。」若然，則有蜚不爲災，亦何不幸而書之乎？且經之書之，固爲其害也，而傳以爲不害。所以爲害者，固爲其生也，而注以爲死矣，是何其戾也！❷

十七年，公弟叔肸卒。傳曰：「凡太子之母弟，公在曰公子，不在曰弟。」如傳此言者，是謂母弟稱弟也。母弟稱弟，公子友如陳，不稱弟，何邪？

成公

元年，作丘甲。杜云：「長轂一乘，戎馬四匹，牛十二頭，甲士三人，步卒七十二人，此甸所賦。而魯今使丘出之。」予謂：丘者十六井爾，甸乃六十四井。使丘供甸賦，是加四倍之歛，魯亦必不爲也。且經當云「丘乘」，不當云「丘甲」。

二年，季孫行父、臧孫許、叔孫僑如、公孫嬰齊會晉郤克、衛孫良夫、曹公子首，及齊侯戰于鞌。杜云：「魯乞師於晉而不以與謀之例者，從盟主之令，上行於下，非匹敵和成之類。」非也。魯雖從伯主之命，其實

---

❶「解」，明抄本作「辨」。
❷「何」，明抄本無此字。

與謀矣，且本殊會。及者，非爲襃貶，正爲與謀不與謀耳。❶今真與謀者，又以不與謀書之，誰能辨哉？❷宋公使邾人用鄫子，《左氏》以謂：「南面之君，善惡自專，故不貶宋公也。」晉雖盟主，然魯亦其等儕耳，❸以與謀書之，尚何不宜，而必推而遠之乎？「臧孫辰如楚乞師」，此内接外之辭也。「晉郤錡來乞師」，此外接内之辭也。聖人作《春秋》，無不輕外而重内，至於乞師，則内外同之者，以兵爲重也。伯主之尊，猶以乞師爲文，則其記師行與謀曰及，何足多嫌哉？

六年，立武宫。《左氏》曰：「聽於人以救其難，不可以立武，立武由己，非由人也。」然則丘明以武宫爲武軍矣。杜氏知其謬妄，因護曰：「既立武軍，又作先君武公之宫。」然傳無先君武公之語。要之，二説者皆非是。《左氏》欲解經，誤以武宫爲武軍。杜氏欲解傳，遂取武軍爲武宫，此難以通者也。

傳曰「晉遷于新田」，又曰「季孫如晉，賀遷」。然則晉之遷也，必告于魯，魯則往賀矣。使晉不告魯，魯安得而賀之？今晉告遷而經不書，何邪？衛遷于帝丘，蔡遷于州來，魯無賀者，猶書于策。晉爲盟主，魯所服事，遷國而賀，何以不書也？意者，晉實無遷事乎？

八年，宋公使公孫壽來納幣。《左氏》曰：「禮也。」予謂若誠禮者，常事耳，《春秋》何書乎？

---

❶「爲」，原作「謂」，今據明抄本改。
❷「哉」上，明抄本有「之」字。
❸「儕」，明抄本作「齊」。

晉殺其大夫趙同、趙括。《左氏》曰：「趙莊姬譖之。」杜云：「原、屏，咎之徒。明本不以德義自居，宜其見討。」予謂《春秋》聖人所作也，襃貶進退，不宜不明；浸潤之譖，膚受之愬，不行焉，乃所謂明矣。今二子者，既已罹於讒佞之口，而《春秋》又不察焉，苟縱莊姬之賊，横被原、屏之咎，《詩》云「取彼譖人，投畀豺虎」，曷其然哉？

天子使召伯來賜公命。❶ 杜云：「諸侯即位，天子賜之命圭。八年乃來，緩也。」非也。諸侯喪畢，以士服見王，乃受命於廟耳。不親受命，諸侯之汰也。賜以命圭，天子之弱也。即欲責其緩者，當責諸侯之不往，不當責王賜之晚來也。且此又非錫命。❷ 按：桓公、文公皆稱天王錫命，唯此言天子，又言賜命。聖人以一字爲襃貶者也，其必異物矣。不原其異，而以謂通耳，若是其汰哉，我則不敢。

衛人來媵。《左氏》曰：「凡諸侯嫁女，同姓媵之，異姓則否。」非也。諸侯三歸，歸各一族，自同姓耳。若嬴、曹、郳姓。嬀、弋之君嫁女者，必同姓媵之，則諸侯之媵或不能備矣。天子之妃百二十，又可一姓乎？

九年，二月，伯姬歸于宋。杜云：「宋不使卿逆，非禮也。」非也。凡《春秋》諸侯逆女而不書者，君自逆也。君自逆則常，常則不書矣。王姬歸于齊，齊侯實來而不見于經，是其明驗也，豈以卿逆爲禮乎？

十年，公會晉侯、齊侯、宋公、衛侯、曹伯伐鄭。《左氏》曰：「晉侯有疾，立太子州蒲以爲君，而會諸侯。」

❶ 「子」，四庫本作「王」。「賜」，原作「錫」，今據明抄本、四庫本改。
❷ 「錫」，原作「賜」，今據明抄本改。

予謂：今按經但言「晉侯」也，無以明其是州蒲。若欲貶晉，其名乃明耳。❶ 此大事也，仲尼豈忘之哉？

傳曰：「鄭伯討立君者，殺叔申、叔禽。君子曰：『忠爲令德，非其人猶不可，況不令乎？』」予謂：君子之言陋矣，叔申豈能忠者哉？君執而立其子，反使晉人得緣其隙，❷以殘其國。爲叔申謀者，不若謹修守備，而和其民人，❸以義讓晉，使曲在彼，諸侯之好我者，莫不動心，則君必歸矣。若是，奚有殺身之禍歟？

十一年，晉侯使郤犨來聘。己丑，及郤犨盟。《左氏》曰：「郤犨來聘，且涖盟，季孫行父如晉。」《左氏》曰報聘且涖盟，然則經何以不云「涖盟」邪？❹ 杜云：「郤犨、文子交盟，晉、魯之君，其意一也。故但書『來盟』。」舉重略輕，不識聘禮重邪，❺盟禮重邪？若聘禮重、盟禮輕，略盟可也，向者郤犨之盟又何故不略乎？若盟禮重、聘禮輕，是不得略盟矣。若盟與聘均重，書「如晉涖盟」豈不明白哉？❻

十二年，公會晉侯、衛侯于瑣澤。《左氏》曰：「宋華元克合晉、楚之成。鄭伯如晉，聽成會于瑣澤，成故

---

❶「其」上，明抄本有「書」字。
❷「緣」，明抄本作「言」。
❸「民人」，明抄本作「人民」。
❹「則」，明抄本無此字。
❺「識」，明抄本作「知」。
❻「盟」，原無，今據明抄本補。

也。」然則瑣澤之會，本以合楚、鄭也。今楚、鄭不至，魯、衛自盟，❶何邪？且合晉、楚者宋也，宋亦不與，又何邪？凡晉、楚爲平，則應大合諸侯，以申成好。今三國會而已，又何邪？然則傳之言未足信也。

十三年，公自京師，遂會晉侯伐秦。《左氏》亦有劉康公、成肅公而經不書，又云「戰于麻隧，秦師敗績」而經不説，皆虚也。❷

❶「自」，明抄本作「是」。

❷「皆」上，明抄本有「然則」二字。

春秋權衡卷第六　左氏第六

十四年，叔孫僑如如齊逆女。九月，僑如以夫人婦姜氏至自齊。《左氏》曰：「稱族，尊君命也。舍族，尊夫人也。」非也。一事而再見者卒名之，此《春秋》之常耳，非爲尊君命故舉氏，尊夫人故舍族也。杜氏：❶「成公逆夫人，最爲得禮。」亦非也。諸侯親迎，今成公使卿，豈曰禮乎？且使得禮，則應不書，書者以其非常者也。

十五年，晉侯執曹伯，歸于京師。《左氏》云：「書『晉侯執曹伯』，不及其民也。凡君不道于民，諸侯討而執之，則曰『某人執某侯』，不然則否。」非也。負芻殺太子而篡之，國人不義，舉欲隨公子欣時而亡，❷此非不道而何？且大者天地，其次君臣，有人殺其君反輕於不道其民乎？有忍其君而非不道其民乎？夫負芻之惡未見於經也，晉侯執之，然後可見其罪。今以《左氏》例推之，則負芻非不道其民，❸而晉侯妄執之爾，豈其然邪？

❶「氏」，明抄本作「云」。
❷「公」，明抄本作「太」。
❸「其」，明抄本作「於」。

宋華元自晉歸于宋。杜云：「華元欲挾晉以自重，故以外納告。」非也。如《左氏》之説，則魚石止華元耳。大凡奔者在外，而内無形援，❶則有挾大國之勢，以重其身，求入而已。今華元内有魚石之援，則不待挾晉以爲勢而自入也，尚何求而挾晉哉？杜氏嫌傳與經牾，❷故左右遷就，以成其説，此可謂信傳，未可謂通經也。

宋殺其大夫山。《左氏》曰：「不書氏，言背其族也。」非也。柔折、鄭詹、莒慶、紀履緰皆直舉名，若其見殺者則亦背其族乎？《左氏》又曰：「華元自止魚石五大夫。」予謂此傳未可信也。華元賢臣，討其一族，何乃及彼五子？且經又無之，非必信之語也。

會吴于鍾離。杜氏曰：「晉帥諸侯大夫而會之，故殊會，明本非同好。」非也。當是之時，晉爲伯主，雖齊、秦、楚之强皆畏焉，其肯帥諸侯大夫以就吴會乎？蓋不知文不可直稱吴耳。

十六年，楚殺其大夫公子側。按《左氏》：「楚師既敗，王使讓子反，子反因自殺。王使止之，弗及。」此則非楚殺之，經何以書楚殺乎？

曹伯歸自京師。《左氏》以晉侯赦之，予謂經云「歸自京師」，則非晉侯專之矣。杜云：「或書名，或不名，或言歸自某，或言自某歸，傳無義例，從告辭。」予謂傳自無義例爾，何必從告辭邪？

---

❶「形」，明抄本作「引」。

❷「經」，原無，今據明抄本補。

晉執季孫行父，舍之于苕丘。《左氏》以舍之者，處之云爾。按：昭二十六年，晉執叔孫婼，囚之于箕。共是晉地，共是魯卿，共是執之，彼何以不云「舍之于箕」？此何以獨云「舍之于苕丘」乎？

叔孫僑如出奔齊。《左氏》云：「出叔孫僑如而盟之。」若然者，乃當書「放叔孫僑如」，不當書其自奔也。

十七年，九月，辛丑，用郊。杜云：「書『用郊』，從史文。」非也。史之記事雖甚質，不應加「用」於郊。雖史加「用郊」，仲尼猶當削筆焉，不然則是苟因史之謬也。苟因史之謬，又何以稱「游夏之徒不能措一辭」？

十八年，宋魚石復入于彭城。《左氏》曰：「凡去其國，國逆之曰入。本無位者。復其位曰復歸。亦國逆。諸侯納之曰歸，以惡曰復入。」今按《左氏》，國逆之未必言入，言入者未必國逆，復其位者未必言復歸，諸侯納之者未必言歸。以惡入者，或言復入，或不言復入。事與例合者少，而與例違者多，不託之從赴，則諉以從某例，唯注者推言之而已，不復可信也。

襄　公

元年，圍宋彭城。《左氏》曰：「非宋地，追書也。」由是言之，則孔子作《春秋》所筆削多矣，豈專用舊史者乎？

四年，冬，十月。傳曰：「邾人、莒人伐鄫，臧紇救之，敗於狐駘。」❶然則經何以不書邪？杜曰：「敗不

❶「狐」，原作「壺」，今據四庫本、薈要本及《春秋經傳集解》改。

書，魯人諱之。」非也。升陘之戰，邾人獲公胄，至恥矣，諱公不諱戰。乾時之戰，公喪戎路，左右皆止，至危矣，諱公不諱敗。彼皆公親之，猶著其文，不喪其實，此乃臧紇耳，何足諱之而都不書乎？意者，《春秋》爲君諱淺爲臣諱深乎？不然，喪胄、逃遁之恥，不若直敗者甚乎？何其詳略異也？

五年，楚殺其大夫公子壬夫。傳曰：「楚人討陳叛故，曰：由令尹子辛，實侵欲焉。乃殺之。書曰『楚殺其大夫公子壬夫』，貪也。」此傳解經所以書壬夫名之意，言壬夫貪，殺之當也。又曰：「君子謂『楚共王於是乎不刑』。」夫共王殺壬夫，《春秋》謂之「貪而當」，是共王之刑無失也。如令共王之刑有失，則《春秋》不應名壬夫以見其罪。傳指言貪以著其惡也，《春秋》名壬夫以見罪。傳指言貪以著其惡，共王殺之，何謂「不刑」乎？然猶謂共王不刑，則是《春秋》亦不刑也，解經若此，取舍安從哉？

六年，季孫宿如晉。《左氏》曰：「晉人以鄫故來討，曰：『何故亡鄫？』季武子如晉見，且聽命。」非也。五年夏，叔孫豹、鄫世子巫如晉，鄫始屬魯。其年秋，穆叔以屬鄫爲不利，使鄫人聽命于會，故經書「吳人」「鄫人」。是則魯已辭鄫矣，晉已知之矣。今鄫之滅非魯責也，晉人何以來討邪？又曰：「莒人滅鄫，鄫恃賂也。」若鄫與魯有屬無絶，❶或恃賂慢莒以取滅亡。今魯已絶鄫，❷鄫無賦於魯矣，尚何所恃而取滅邪？然則傳所言，皆不實也。

❶ 「與」，明抄本作「於」。

❷ 「已」，原作「以」，今據明抄本改。

七年，會鄬。鄭伯髡頑如會，未見諸侯。丙戌，卒于鄵。《左氏》曰：「子駟使賊殺之，而以瘧病赴於諸侯。」言經所以從赴而書也，非也。凡議《春秋》者，必曰「亂臣賊子懼」。亂臣賊子懼者，以其書法不隱而善惡明也。《左氏》亦云：「求名而亡，欲蓋而彰，善人勸焉，淫人懼焉。」夫臣殺其君，欲蓋者也，《春秋》順其欲而不彰，則何懼矣？彼亂臣賊子，知僞赴之可以免於貶絶，則又毋乃勸乎耳？❶是由《春秋》啓之也，奈何哉？

八年，鄭人侵蔡，獲蔡公子燮。杜云：「鄭，子國。稱人，惡其無故生患。」以佗日合之，安知非告辭略乎？

會于邢丘。《左氏》云：「大夫不書，尊晉侯也。」安知非貶大夫會公侯者乎？爲例若此，誰能識哉？

九年，公會晉侯、宋公、衛侯、曹伯、莒子、邾子、滕子、薛伯、杞伯、小邾子、齊世子光伐鄭。十有二月，己亥，同盟于戲。杜云：「伐鄭而書同盟，則鄭受盟可知。」未必然也。成公十七年，公會單子、尹子、晉侯等伐鄭，而同盟于柯陵。如杜此注，則柯陵之盟，鄭亦受盟矣。考之《左氏》，鄭實未服，不得云同盟也。且《春秋》記同盟甚多，而《左氏》以謂「書同者，由服異也」，服異雖似可信，校之前後，則不能盡通。宣十二年，同盟于清丘。是時無新服者。十七年，同盟于斷道，亦無新服者。成九年，同盟于蒲，亦無新服者。十五年，

❶「耳」，明抄本作「且」，屬下讀。

同盟于戚，亦無新服者。十八年，同盟于虚朾，亦無新服者。僖七年，盟于甯母，鄭始服于晉而不言同。❶二十八年，盟于踐土，諸侯始服于晉而不言同。襄二十年，❷盟于澶淵，齊請成，而亦不言同。如此者衆甚，❸則同不爲服異發，明矣。他日稱同盟，其新服之國猶列於會，至伐鄭，則但以同盟見鄭亦與盟而已。設令鄭不與盟，如柯陵者又不可知。❹襄公二十五年會于夷儀，無伐齊之文也，盟于重丘而稱同，若以同爲齊受盟出乎，則未有伐齊之文。若以爲服異出乎，則諸侯無新服者。書「同盟」，何哉？

傳曰：「晉侯以公宴于河上，問公年。季武子對曰：『會于沙隨之歲，寡君以生。』晉侯曰：『十二年矣！大夫曷爲冠具？』武子對曰：『君冠，必以祼享之禮行之，以金石之樂節之，以先君之祧處之。今寡君在行，未可具也，請及兄弟之國而假備焉。』晉侯曰：『諾。』公還，及衛，冠于成公之廟。假鐘磬焉，禮也。」夫武子言君冠必具禮樂可矣，言及兄弟之國，假具而冠，無乃亟乎？衛與魯壤地相接，能冠于衛，不能冠于魯乎？衛君之廟，非先君之祧也，成公之神，非祼享所宜也，則武子所得者，金石而已矣，魯豈無金石乎？何亟于冠而以他國之廟爲己君之祧、他廟之神爲己君之先？而傳又謂之禮，不亦過乎？

---

❶「晉」，原作「齊」，今據明抄本改。按：鄭子華與齊桓之會，無服齊之文。

❷「十」下，原衍「五」字，今據明抄本删。按：澶淵之盟在襄二十年。

❸「如」，明抄本作「知」。

❹「如」，明抄本作「與」。

十年，會吴于柤。杜云：「吴子在柤，晉以諸侯往會之，故曰『會吴』。」非也。晉爲伯主，悼公其賢君也，軍師方强，豈肯帥諸侯以會吴乎？黄池之會，晉弱于吴，猶争盟焉，况其方强哉？又曰：「吴不稱子，從所稱也。」亦非也。吴子豈自稱吴而已乎？❶凡吴子、鄭伯之類，亦皆人稱之爾，非其君自稱也。且若從其所稱而稱之，❷則吴當稱王，楚亦當稱王，必不但曰吴也。

遂滅偪陽。❸《左氏》曰：「以偪陽子歸，獻于武宫，謂之夷俘。偪陽，妘姓也。使周内史選其族姓，納諸霍人，禮也。」夫偪陽子竟何罪乎？欲取其國以封向戌耳。既已擅滅諸侯，又擅以其地予人，罪孰大焉？謂之禮，何哉？即以選其族姓、納諸霍人爲禮者，諸侯誰不樂滅國乎？苟滅國矣，取其子孫，償以一邑，誰不樂爲此乎？且經書「滅偪陽」，君死其位也，傳云「以偪陽子歸」，安得此子乎？偪陽一國有二君，可爾？

十一年，公會晉侯、宋公、衛侯、曹伯、齊世子光、莒子、邾子、滕子、薛伯、杞伯、小邾子伐鄭。秋七月，同盟于亳城北。杜氏曰：「伐鄭而書『同盟』，鄭與盟可知。」非也。吾於九年既言之矣。

十二年，吴子乘卒。《左氏》曰：「臨於周廟，禮也。凡諸侯之喪，異姓臨於外，同姓於宗廟，同宗於祖廟，同族於禰廟。」杜氏曰：「周廟者，文王之廟。」皆非也。禮：諸侯不祖天子，大夫不祖諸侯。則文王之廟，

❶「乎」，明抄本無此字。

❷「之」下，原衍「乎」字，今據明抄本删。

❸「偪」，原作「逼」，今據明抄本、四庫本、薈要本及《春秋經傳集解》改。

魯何得以有之？❶ 孔子曰：「公廟之設於私家，非禮也，自三桓始也。」然則魯君僭上而立周廟，三桓僭魯而設公廟矣。丘明不知，又習見之，遂真謂禮然，豈不誤哉？ 以實言之，凡諸侯之喪，異姓臨於外，同姓於祖廟，同族於禰廟，於義足矣。❷

十三年，取邿。《左氏》曰：「凡書『取』，言易也。用大師曰『滅』，❸弗地曰『入』。」非也。《春秋》之興，褒善貶惡，所以示後世法，非記難易而已也。❹ 難易何足紀乎？❺ 且滅國言滅者，言既殺其君，又泯其社稷，故君死其位亦曰滅。如滅國而謂之取，則未知君死其位歟？ 如取邑而謂之滅，則未知邑安取君死其位乎？ 如是，是《春秋》記滅國也略，記用師難易也詳，豈然也哉？❻

十四年，會于向。傳曰：「將執戎子駒支，范宣子親數于朝，曰：『今諸侯之事我寡君，不如昔者，則言語漏洩，職汝之由。』」此皆不實也。諸侯解體，非此戎之過審矣。范宣子豈不知邪，何以誣之哉？ 去年，蒐于

---

❶「得以」，明抄本作「以得」。
❷「足」，明抄本作「是」。
❸「曰」上，明抄本及《春秋經傳集解》有「焉」字。
❹「記」上，明抄本有「以」字。
❺「乎」，明抄本無此字。
❻「豈」，明抄本作「其」。

緜上。傳曰：「晉國由是大和諸侯，遂睦。」到此一年爾，❶何故遽有言語漏洩不如昔者之事邪？言與事不相應矣。又曰：「宣子辭焉，使即事於會，以成愷悌。」然則是姜戎列于會矣，經何以不序乎？杜氏曰：「戎爲晉屬，不得特達。」非也。近上魯人請屬鄫，已而以爲不利，使鄫大夫聽命于會，則經亦書鄫人。誠以鄫既與會，則列國故也。今范宣子亦使戎子即事於會，去私屬，比諸侯矣，❷與鄫人相似，何故不書乎？即以姜戎微，法不當書者，殽之戰何以書也？即以殽戰時，姜戎未爲晉屬，故得書者，按戎子自云「爲先君不侵不叛之臣」，乃在文公之前，不得云殽戰未屬晉也。❸推此數者，知傳所叙，都非信實。❹

伐秦。《左氏》曰：「齊、宋大夫不書，惰也。北宮括書於伐秦，攝也。」非也。於《春秋》何以辨之？且又無大體，非《春秋》本意也。

衛侯出奔齊。按《左氏》云：「名藏在諸侯之策，曰『孫林父、甯殖出其君』。」今經書乃如此，❺此明仲尼作《春秋》皆刪掇大義，❻不與衆史同也。然則謂《春秋》即用舊史、從史文、從赴告者，皆繆妄矣。

❶「到」，明抄本作「則」。
❷「比」，明抄本作「此」。
❸「戰」下，明抄本有「時」字。
❹「信實」，明抄本作「實信」。
❺「書乃」，明抄本作「乃書」。
❻「此」，明抄本無此字。

十六年，公會晉侯、宋公、衛侯、鄭伯、曹伯、莒子、邾子、薛伯、杞伯、小邾子于溴梁。《左氏》曰：「宴于温，使諸大夫舞，曰：『歌詩必類。』齊高厚之詩不類，荀偃怒，使諸大夫盟高厚。」然則高厚在會矣，經何以不序邪？❶ 杜氏云：「高厚逃歸，故不書也。」按：僖五年，夏，公及齊侯、宋公、陳侯、衛侯、鄭伯、許男會王世子于首止。八月，諸侯盟于首止，鄭伯逃歸，不盟。夫鄭伯之逃與高厚之逃無以異也，鄭伯逃盟猶記其會，高厚逃盟何以不記其會邪？或者鄭伯逃盟不逃會，故得記其會，高厚乃逃會者，故不得記其會。近上七年，公會晉侯、宋公、陳侯、衛侯于鄬，陳侯逃歸，亦逃會者，何以得會記邪？且驗傳文，高厚非逃會也，已與於會矣，忿荀偃之盟己，故逃盟耳。然則方其會時，厚不得不書也。然而不書，獨奈何哉？

晉人執莒子、邾子以歸。《左氏》曰：「以我故執之，且曰：『通齊、楚之使。』」然則非爲不道於其民矣。❷ 以《左氏》例考之，當云「晉侯執」耳，何以得稱「晉人」邪？杜氏患苦其不合，因以不道誣二國之君，文過乎哉？罔人乎哉？

叔老會鄭伯、晉荀偃、衛甯殖、宋人伐許。《左氏》云：「書曰『會鄭伯』，爲夷故也。」言諸侯之卿可以會伯、子、男，故示之義云爾。非也。主兵者居上，自其班列同者也。諸侯與諸侯相從，卿大夫與卿大夫相從。若名位不敵，卿雖主兵，猶序諸侯之下，貴王爵也。去諸侯而言主兵者，自可見爾。何疑哉？

❶ 「序」，明抄本作「書」。

❷ 「不」，明抄本作「無」。「矣」，明抄本無此字。

十八年，白狄來。杜云：「不言朝，不能朝也。」非也。聖人固不責夷狄，禮耳。來朝者則謂之朝，何待其與中國均然後謂之朝哉？且若必待其與中國均然後謂之朝，是無賓享也。

十九年，晉人執邾子。杜云：「稱人以執，惡及民也。」予謂傳叙其事，自爲伐我故執之耳，未嘗有惡及民之實也。杜氏惡其與例不合，則以惡及民罔之，非誠然也哉。❶

二十年，仲孫速帥師伐邾。《左氏》曰：「邾人驟至，以諸侯之事弗能報也。孟莊子伐邾以報之。」按：邾人驟至，謂十五年、十七年也。至十九年，盟于祝柯。晉人執邾子，又取邾田，自漷水歸之于我，則亦報舊怨矣，❷何謂未報乎？然則仲孫速自以他故伐邾，不爲報其驟至也。

二十三年，陳殺其大夫慶虎及慶寅。《左氏》曰：「慶氏以陳叛。役人相命，各殺其長。」然則何以不曰「陳人殺慶虎」邪？又，稱「及」者，杜氏云「史異辭」。則是《春秋》非復仲尼之法也，專用史而已。豈其然哉？

叔孫豹帥師救晉，次于雍榆。杜云：「待命于雍榆，故書『次』。」非也。救者，赴急之師也。受命以出，又何待焉？即待晉命者，豈救人之急方待命而行哉？言之遠理，莫甚於此矣！

十月乙亥，臧孫紇出奔邾。杜氏云：「書名者，阿順季氏，爲之廢長立少，以取奔亡，罪之。」非也。如杜

---

❶「非誠然也哉」，明抄本作「非也」。

❷「報」上，明抄本有「既」字。

之意，以爲名則貶矣，❶字則褒矣，獨不計名不必皆貶、字不必皆褒乎？謂字者皆褒，猶之可也，顧不當引凡無罪者一以字見之耳。且褒者當字，貶者當名，如善不足褒、惡不足貶者，奈何？

二十四年，會于夷儀。楚子、蔡侯、陳侯、許男伐鄭。《左氏》曰：「諸侯還救鄭。」然則何以不書於經邪？諸侯相會而救患，義事也，《春秋》豈諱之哉？且必若云，❷救許、救徐何以得書也？

二十五年，會于夷儀。《左氏》有「晉侯伐齊，慶封如師」之文，而經無之，何邪？又言：「齊人賂晉侯，及其六正、五吏、三十帥、三軍之大夫、百官之正長、師旅及處守者，皆有賂。」是成亂也，亦不譏，❸何邪？杜氏曰：「不譏受賂者，齊有喪，師自宜退。」非也。若齊侯以壽没，師退可也。今臣弑其君，爲惡大矣，何故退乎？假使晉遂討齊，破其城，殺其賊，❹汙其宫，未可謂之伐喪也。且夫弑君而謂之喪，諸侯其無討賊者矣？

鄭公孫舍之帥師入陳。《左氏》曰：「陳侯免，擁社，使男女别而纍，以待於朝。子展執縶而見。子美入，數俘而出。祝祓社，司徒致民，司馬致節，司空致地，乃還。」若是，❺則陳已服罪矣，何爲其冬公孫夏復

❶「爲」，明抄本作「謂」。
❷「云」，原無，今據明抄本補。
❸「譏」，明抄本作「及」。
❹「殺」，原作「弑」，今據明抄本、四庫本改。
❺「若是」，明抄本無此二字。

帥師而伐陳乎？且數俘而出，是無獲虜也，則子産何用獻捷乎？捷者，俘獲也，何以知之哉？成二年傳曰：「蠻夷戎狄，則有獻捷。兄弟甥舅，告事而已，不獻其功。」今傳謂「子産獻捷」，則非告事矣。如曰「數俘而出」，是安得捷而獻歟？❶

二十六年，公會晉人、鄭良霄、宋人、曹人于澶淵。《左氏》曰：「趙武不書，尊公也。向戌不書，後也。鄭先宋，❷不失所也。」予謂此皆不足信，於經無以見之。

晉人執衛甯喜。《左氏》云：「使女齊以先歸。」若實爾者，❸經何故不云以歸乎？

二十七年，豹及諸侯之大夫盟于宋。《左氏》曰：「不書其族，言違命也。」非也。蔡、沈失位，《左氏》貶之。今魯欲自同人之私，❹失位甚矣。貢賦雖重，所不得已也。大夫出境，有可以重社稷，猶曰「專之」，今命出季氏，而以爲不可違，❺何哉？誠使豹徇季氏之命，輕貢賦之數，雖偷得一時之益，而其貶魯國之秩已多矣，反不當疾之邪？又，是會也，楚先晉歃，❻而經先書晉，《左氏》以謂仲尼追正之也。今此視邾、滕之

❶「得」，明抄本作「取」。
❷「宋」下，明抄本有「書」。
❸「爾」，明抄本作「然」。
❹「人」，明抄本作「邾滕」。
❺「爲」，明抄本作「謂」。
❻「先」，明抄本無此字。

事，仲尼亦必知其非公命，審矣。苟舊史不知而貶豹焉，仲尼猶宜正之，況知之乎？夫知其非公命且辱國，而猶責豹以不從命者，是開强臣挾君以令於國而莫之亢也，❶不亦悖乎？

十二月，乙亥，朔，日有食之。《左氏》曰：「於是辰在申，司曆過也，再失閏矣。」明年春，無冰。杜氏曰：「頓置兩閏，以應天正，故正月建子，得以無冰爲災。」皆不然也。曆家之術，求閏餘易，求交朔難。今司曆能正交朔，反不能置閏乎？此非人情也。閏有常準，率三十二月必一逢之。如傳所言再失閏者，則司曆廢閏殆七十月，彌五年矣，亦非人情也。頓置兩閏，詭聽駭俗，亦非人情也。且必若云，其亂天時多矣，《春秋》何能不譏乎？故曰未然。

二十九年，公在楚。《左氏》曰：「釋不朝正於廟也。」非也。苟爲不朝正而書乎，他日公在外，不朝正多矣，何爲不悉書邪？去年公如楚，未有至之文也，公之不朝正亦審矣。雖不釋於此，猶足知也。曾何《春秋》之憚煩？

三十年，宋伯姬卒。《左氏》曰：「君子謂：『宋共姬，女而不婦。女待人，婦義事也。』」非也。如共姬之守禮死義，不求生以害仁，❷亦可免矣，反謂之不婦乎？《易》曰：「恒其德，貞，婦人吉。」共姬恒之矣，❸所

---

❶「亢」，明抄本作「違」。
❷「仁」，原作「生」，今據明抄本改。
❸「矣」上，明抄本有「謂」字。

謂婦也。

鄭良霄出奔許，自許入于鄭。《左氏》曰：「伯有聞鄭人之盟己也，怒。聞子皮之甲不與攻己也，喜。曰：『子皮與我矣。』晨自墓門之瀆入，因馬師頡，介于襄庫，以伐舊北門。」然則是惡入也。惡入之例當書「復入」，曷爲但書「入」乎？杜氏云：「不言復入，獨還，無兵。」非也。所謂以惡入曰復入者，以其意害也。意害矣，以兵入與雖不以兵入而盜兵作亂等耳，豈特以兵入者惡而盜兵鬭者無惡乎？即以爲獨還無兵得不稱復入者，❶是良霄之入爲直入國中，無有惡也。夫伯有入鄭與欒盈入晉有以異乎？欒盈空身，因曲沃之兵以與君鬭，伯有徒還，資馬師之衆以伐國門，竟無異也？欒盈書「復入」以明其惡，伯有獨不言，何哉？

會于澶淵，宋災故。《左氏》曰：「謀歸宋財，既而無歸，故不書其人。」非也。他日會而匱盟，雖惡之，未有舉其事者直貶其人而已矣。今獨舉其事，又貶其人，何邪？由是論之，此非特惡失信而已也。失信者，如清丘及蜀之盟是也。

三十一年，莒人弑其君密州。《左氏》曰：「莒犂比公生去疾及展輿。既立展輿，又廢之。犂比公虐，國人患之。展輿因國人以攻莒子，弑之，乃立。」如是，則子弑其父也。子弑其父，《春秋》不書乎？又曰：「書曰『莒人弑其君買朱鉏』，言罪之在也。」如是，則父有罪，子得而弑之也。蔡世子般弑其君固，固之惡最甚矣，何以亦貶乎？且經曰密州，傳曰買朱鉏，吾誰適從哉？亂天地之性，莫甚於斯言矣！此固左氏不受

❶「爲」，明抄本作「謂」。

經之蔽也。

傳曰：「鄭裨諶能謀，謀於野則獲，於邑則否。」此不然也。語曰：「爲命，裨諶草創之，世叔討論之，行人子羽修飾之，東里子産潤色之。」亦朝廷之常耳。傳者不知，以爲「草野」之「草」。❶記者不辨，遂增適野之事。

昭公

元年，三月，取鄆。傳曰：「季武子伐莒，取鄆。」杜氏注經云：「不稱將帥，將卑師少。書『取』，言易也。」此則注與傳異矣。經但言「取」，傳又言「伐」，此則傳與經異矣。紛錯如此，誰能聽之哉？

秦伯之弟鍼出奔晉。《左氏》曰：「其車千乘。」又曰：「后子享晉侯，歸取酬幣，終事八反。」予謂：出奔者，勢不以千乘行，❷又一日之享，取幣八反，非朝夕所可望，❸皆不近事實者也。蓋舊説秦伯以千乘之富而不能容其母弟，傳者不知，則以謂鍼以千乘出奔矣。記者不辨，又增取幣八反之事。

莒展輿出奔吴。《左氏》曰：「展輿立，而奪群公子秩。公子召去疾於齊。齊納去疾，展輿奔吴。君子

❶「以爲草野之草」，明抄本作「以爲草也」。

❷「不」下，明抄本有「得」字。

❸「望」，明抄本作「至」。

曰：『莒展之不立，棄人也！』」若是末哉，君子之言也！夫展輿親弑其君而不譏，棄人而譏之，是謂棄人重於弑父也。藉使展輿但勿棄人，以濟其不義之身，❶則固以爲賢矣，不亦害天下之教乎？

楚子麇卒。《左氏》曰：「公子圍入問王疾，縊而殺之。」❷杜云：「楚以瘧疾赴，故不書弑也。」楚公子比出奔晉。《左氏》曰：「遂殺其二子幕及平夏。右尹子干出奔晉。」杜云：「書名，罪之。」皆非也。若臣弑其君，託於瘧疾而可以免，則亂臣賊子何懼矣？而公子比又何罪哉？❸彼君弑國亂，不忍其惡而出奔者也，方存乎見褒，又何貶焉？且如傳言，則是公子圍罪大而經爲之諱，公子比無罪而經致其貶，輕重失序，非仲尼意矣。

三年，北燕伯款出奔齊。杜氏曰：「不書大夫逐之而言奔，罪之也。」非也。如傳言者，款多嬖寵，欲去諸大夫而立其寵人，故大夫比而殺其外嬖，公懼而奔齊耳。❹此則公之自奔焉，有逐之者乎？又曰：「書名，從告。」亦非也。穀伯綏、鄧侯吾離以名爲賤，衛侯燬、楚子虔以名爲貶，此傳又云：「書曰『北燕伯款出奔齊』，罪之也。」是爲款之名者乃罪矣。❺杜氏獨以爲從赴，何哉？即以名爲從赴而已，衛侯燬何用知其

❶「濟」，明抄本作「齊」。
❷「殺」，《春秋經傳集解》作「弑」。
❸「何」，明抄本作「奚」。
❹「耳」，明抄本無此字。
❺「爲」，明抄本作「謂」。

非從赴乎？

四年，大雨雹。《左氏》曰：「季武子問於申豐：『雹可禦乎？』對曰：『聖人在上，無雹。雖有，不爲災。古者日在北陸，而藏冰西陸，朝覿而出之。其藏之也周，其用之也徧，則冬無愆陽，夏無伏陰，春無淒風，秋無苦雨，雷出不震，無災霜雹，癘疾不降。今藏川池之冰，棄而不用，雹之爲災，誰能禦之？』」夫豐言「聖王在上無雹」，可也，言雹之爲災由藏冰故，非也。魯雖藏川池之冰，未爲不藏冰。如今之天下莫有藏冰，何故雹不輒降乎？且豐之爲人，姦佞人也，黨於季氏，不敢端言其罪，故推雹災歸之藏冰，欲以諂媚强臣，抹摋災異，此與張禹、谷永何異哉？所以使昭公死于外者，未必非此人也。

楚人執徐子。杜云：「稱人以執，以不道於民告。」非也。《春秋》爲褒貶是非作也。如苟從赴而已矣，是誣善者無所理也，賊亂之人何所懲而畏乎？

遂滅賴。《左氏》曰：「賴子面縛銜璧。」非也。經所謂滅者，固謂君死其位者矣。既曰死其位，尚能面縛乎？又曰：「成王克許，許僖公如是。」是亦不然，吾既言之矣。

取鄫。《左氏》曰：「莒亂，著丘公立而不撫鄫，鄫叛而來，❶故曰『取』。凡克邑，不用師徒曰『取』。」非也。若鄫自來，則非魯取，不可書「取鄫」矣。且鄫之叛者誰乎？❷上大夫也，固當見經。下大夫，微

❶「叛」，原作「亂」，今據明抄本、四庫本、薈要本及《春秋經傳集解》改。
❷「叛」，原作「亂」，今據明抄本、四庫本、薈要本改。

者也，❶亦當如邾庶其書之，何故匿其名也？杜氏曰：❷「不書奔者，潰散而來，將帥微也。」亦非也。杜惡傳所説不與例合，又恥《左氏》有不傳《春秋》之名，遂爲文飾爾。❸且傳言叛不言潰，潰者在下，叛者在上，可知也。縱其微甚，猶當書之，❹所謂雖賤必書，重地也，何遽違例而掩叛人乎？所謂不登叛人之義安在哉？❺

五年，舍中軍。《左氏》曰：「卑公室也。毁中軍於施氏，成諸臧氏。」然則非公意也。以《左氏》凡例推之，非公意者則當不書。就令書之，猶應有貶。今《左氏》言作三軍、舍中軍之事，可謂甚害矣，而經無所貶，何也？杜氏又云：❻「季氏稱左師，❼孟氏稱右師，叔孫氏則自以叔孫爲軍名。」如是，竟未嘗舍中軍也，徒以軍爲師，名號之少異耳，何謂「舍中軍」乎？❽

---

❶「者」，明抄本無此字。
❷「氏」，明抄本無此字。
❸「爲」下，明抄本有「之」字。
❹「猶」，明抄本無此字。
❺「義」，明抄本作「黨」。
❻「云」，明抄本作「曰」。
❼「氏」，《春秋經傳集解》作「孫」。
❽「乎」，明抄本無此字。

六年，宋華合比出奔衛。杜云：「合比事君不以道，自取奔亡。書名，罪之。」非也。杜氏信以謂苟無罪而出者舉字之乎，則彼有殊絶之美者宜以何書？❶夫《春秋》非其所褒不加字焉，非謂苟奔而無罪者皆字之也。

叔弓如楚。《左氏》曰：「楚令尹子蕩帥師伐吴，師于豫章。吴人敗其師于房鍾，獲宫廄尹棄疾，❷子蕩歸罪于薳洩而殺之。叔弓如楚聘，且弔敗也。」非也。若如傳言，吴真敗楚，經何以不書乎？杜氏曰：「歸罪於薳洩，不以敗告，故不書。」非也。若楚不赴於魯，則魯亦不敢弔矣。今魯弔之，是楚嘗赴敗於魯也，經何得無其事乎？

七年，暨齊平。《左氏》云：「齊求之也。」杜云：「齊伐燕，伐燕在六年末。❸燕人賂之，反從求平也。」予謂：杜氏之説與傳意錯，傳所云「齊求之」者，似指齊求與魯爲平也，其下乃云「癸巳，齊侯次于虢，燕人行成」。若謂齊已暨燕平，則齊侯無緣更進次虢，而燕乃行成也。且齊侯伐燕，燕人賂之，則傳當云「燕求之」，經當書「暨燕平」，不當反云「齊求之」「暨齊平」也。杜又注經曰：「前年冬，齊伐燕，閒無異事，故不重言燕，從可知。」此杜欲引州公寔來爲比。彼「州公寔來」之文，卓詭非常乃可爾，非此之類也。試覆以事推之，自

❶ 「書」，明抄本作「謂」。
❷ 「宫」，原作「公」，今據明抄本及《春秋經傳集解》改。
❸ 「六」，明抄本作「去」。

昭公即位以來，未嘗與齊通好。此年三月，叔孫婼如齊莅盟，此則魯與齊平之驗矣。亦猶「定十一年，冬，及鄭平，❶叔還如鄭莅盟」云，其文也，其理也，其事也，三襲焉，章灼不疑。

八年，蒐于紅。傳云：「大蒐。」與經不合矣。

葬陳哀公。《左氏》曰：「輿嬖袁克，殺馬毁玉以葬。楚人將殺之，請寘之，既又請私。私於幄，加絰於顙而逃。」此則葬陳哀公者，袁克也，非諸侯也，何以得書於經乎？若曰魯往會之，是又不然，楚尚不聽袁克葬其君，豈聽諸侯赴其葬乎？且魯何能不畏楚也？

十年，季孫意如、叔弓、仲孫貜帥師伐莒。杜氏曰：「三大夫皆卿，故書之。」非也。使舉上客，師言元帥，此乃《春秋》之常，所謂尊無二上，❷亦此之謂也，豈卿則悉書之哉？晉嘗爲六軍，六軍之將，蓋命卿十有二人，未常有得並書者，何邪？

十一年，楚子虔誘蔡侯般，殺之于申。杜云：「蔡大夫深怨楚，故以楚子名告。」非也。即如所言，《春秋》爲無褒貶苟從赴告而已。衛侯燬滅邢，寧非邢大夫怨之邪？

十二年，公子慭出奔齊。杜云：「書名，謀亂故。」予謂：慭本患季氏强公室弱，是以與公謀去季氏也，此則季氏之仇，而魯忠臣矣。謀泄，事變，卒爲强臣所逐，豈謀亂者哉？苟使慭無罪而奔，遂書其字乎？黨

❶「鄭」，原作「齊」，今據四庫本及《春秋經傳集解》改。

❷「上」下，明抄本有「者」字。

於季氏，失君臣之義。❶

晉伐鮮虞。杜云：「不書將帥，史闕文。」予謂：以殽之戰推之，安知非晉恥以詐襲人而不以將帥告乎？在殽之戰，則以爲晉恥背喪用兵，❷在鮮虞，則以爲史自闕文。❸《春秋》之義，何其駮且至於此也！

傳曰：「公如晉，晉人辭公。公子慭遂如晉。」按：經無慭如晉之文也。杜云：「慭還，不復命而奔，故史不書於策。」非也。❹公孫歸父如晉，還自晉，至檉，❺遂奔齊。此亦不復命者，何以書其如晉乎？檉地在境外，❻慭奔在郊，不得獨不書也。公孫敖如周，丙戌，奔莒。此亦自外奔者也，亦先記其如周，不以不復命而略其出時也。且史之記事，始遣使則書矣，何待其復乃書於策邪？欲爲傳文過而不知例有相反不可通者，不亦誣乎？

楚殺其大夫成虎。傳曰：「或譖成虎於楚子，成虎知之而不能行，書曰『楚殺其大夫成虎』，懷寵也。」杜云：「解經所以書名。」皆非也。人譖成虎，成虎不行者，自恃無罪，或冀君不信讒也。但當譏楚子信讒專殺

❶「義」下，明抄本有「矣」字。
❷「爲」，明抄本作「謂」。
❸「爲」，明抄本作「謂」。
❹「非也」，明抄本作「如所云」。
❺「檉」，四庫本、薈要本作「筐」。
❻「檉」，四庫本、薈要本作「筐」。「地」，明抄本無此字。

大夫，❶不當貶成虎不能行也。成虎不能行，小過耳。楚專殺大夫，大罪也。大罪不見詰，小過先受貶，此豈《春秋》旨哉？傳徒以名爲貶，字爲褒，不知輕重有權，未可一槩也。

十三年，楚公子比自晉歸于楚，弒其君虔于乾谿。《左氏》曰：「觀從以蔡公之命召子干。」以傳例推之，則比宜以國逆例書「入」耳，今書「歸」，何邪？杜云：「依陳、蔡以入，言陳、蔡猶列國。」非也。陳、蔡是時滅而爲邑矣，楚公子守之矣，❷豈可復爲國哉？正令可號以爲國，其召公子比者實楚人也，書國逆而立當矣，書諸侯納之不亦放哉？❸以杜氏華元歸例推之，又安知非比欲假晉爲援以赴於諸侯者乎？

八月，甲戌，同盟于平丘。傳曰：「齊服也。」非也。在此以前，齊未嘗不服，以同盟之文，强云齊服，欲以成其説，妄矣。

蔡侯廬歸于蔡，陳侯吴歸于陳。杜氏不解二君稱名之意，直云：「受封于楚，故稱爵。諸侯納之，故曰歸。」予謂二國前滅，二君復封，義有卓詭，《春秋》所辨也。又，諸侯納之曰歸，謂本有國者爾。若社稷已除，一旦復立，此則非歸，不得以歸爲例也。

吴滅州來。《左氏》云：「州來，楚邑。用大師曰滅。」非也。國滅曰滅，君死其位曰滅，滅之名施於國，

❶「譏」，明抄本作「貶」。
❷「守」，明抄本作「依」。
❸「放」，明抄本作「悖」。

審也。國有宗廟社稷，此滅之義所爲施也。言若滅火，絶其後也，非縣、邑所得亢也。邑雖大必謂之邑，國雖小必謂之國。夫滅、取之不可貿易，乃國、邑之不可相亂也。州來小國，世服於楚，爲楚執事，未嘗特與諸侯盟會，世皆謂州來固楚邑也，以此而謂州來真楚邑，則背於經矣。且《春秋》記滅取者，爲褒貶也，正其所爲名者，所以正其罪也。取人之邑，滅人之國，是以爲罪，大師小師，何分别焉？

春秋權衡卷第七　左氏第七

十四年春，意如至自晉。傳曰：「尊晉罪己也。」以舍族。非也。此亦一事再見，卒名耳。魯本無罪，何罪己之有？且《春秋》假魯事以達王義，非專爲魯記其憂樂之情而已也。假使魯當時不敢怨晉，安於受辱，固非《春秋》所特書也，況魯本無罪乎？

莒殺其公子意恢。杜云：「意恢與亂君爲黨，故書名，惡之。」非也。傳所言意恢死時事，無有黨於亂君者，正爲君自與意恢善而亂臣忌之，欲先殺意恢，乃逐其君耳。且意恢與君，兄弟也，雖黨無惡。詩人同姓之義，猶曰「不能奮飛」，況但善之何傷？❶ 若君有小惡，不務親輔，而同姓之臣先懷異心，欲肆其虐，如是自謂不黨乎？宋督有無君之心，而後動於惡，故先書弑君。此親《左氏》義，非異人説也。今公子鐸及蒲餘侯亦皆懷無君之心，而先殺意恢者，《春秋》不録其罪，既異孔父矣，又專疾意恢，何哉？孤君之勢，成臣之亂，不亦甚乎？若曰「莒子不慼，國人不順」，❷此其罪有甚大者，則又不然：自殷祖甲不能無不順，故伊尹

---

❶「但」，明抄本作「且」。
❷「不」，明抄本作「弗」。

放諸桐宫，三年復歸于亳，卒爲興王。❶今鐸與蒲餘非有伊尹之心，欲其君善者也，直忮很犯上，出君以自便耳。如是，《春秋》不貶鐸與蒲餘乎？❷

傳曰：「南蒯奔齊，侍飲酒於景公。公曰：『叛夫。』對曰：『臣欲張公室也。』子韓晳曰：❸『家臣而欲張公室，罪莫大焉。』」又：「南蒯之初叛也，盟費人。司徒老祁、慮癸二人，南氏家臣。僞廢疾，使請於南蒯曰：『臣願受盟而疾興，若以君靈不死，請待間而盟。』許之。二子因民之欲叛也，請朝衆而盟。遂劫南蒯，復歸費於季氏。」然則南蒯以家臣張公室而爲罪，二子以私臣謀卿邑而爲功者也。若南蒯信有罪，則二子亦固有罪；若二子信有功，則南蒯亦固有功。今季氏專魯，南蒯叛；南蒯專費，二子叛，所以爲家臣同也，所以謀公室同也，一臧一否，孰爲合於義邪？曰：俱不合也。臣而叛之，則非所謂臣矣；❹從而爲惡，又非所以事君也。知其不善，則莫若正之，正之不能得，則莫若去之。君子之道，如此而已矣。叛，非義也。

十五年，蔡朝吴出奔鄭。杜云：「朝吴不遠讒人，所以見逐而書名。」非也。如傳所述，則無極讒之，蔡人妬之，朝吴非有罪也，乃所謂禍出於不意者，朝吴安能防之哉？且必若云是，管、蔡流言，周公居東，亦爲

❶「興」，明抄本作「賢」。

❷「不」上，明抄本有「何以」二字。

❸「晳」，原作「晳」，今據《春秋左氏經傳集解》改。

❹「臣」，原無，今據明抄本補。

有罪乎？夫《春秋》以字爲褒，褒者未必皆字也，字者亦未必皆褒也；以名爲貶，貶者未必皆名也，名者亦未必皆貶也。如謂字者皆褒，則邾儀父何褒矣？❶如謂褒者皆字，❷則凡諸侯之善，何不字而褒之也？如謂名者皆貶，則公子友及凡大夫之名，何貶矣？如謂貶者皆名，則仲遂之字何爲書也？夫諸侯之不以字爲褒，猶大夫之不以名爲貶，諸侯可以爵通，不可以字通；大夫可以名通，不可以字通故也。欲一以名爲貶、字爲褒則必不合。患其不合，則誣人之惡以納之，飾人之善以出之，可謂義乎？

十七年，六月，日有食之。傳曰：「唯正月朔，慝未作，日有食之，於是乎有伐鼓、用幣。」又引《夏書》以證之。今按《夏書》乃季秋月朔，非正陽之月。《詩》云：「十月之交，朔日辛卯，日有食之，亦孔之醜。」然則古人不獨以正月日食爲醜矣。傳之所言，未可信也。

十八年，傳曰：「鄭子産爲火故，簡兵大蒐，將爲蒐除。子大叔之廟在道南，其寢在道北，其庭小，使除徒陳於道南廟北，曰：『子産過女，而命速毁，❸乃毁於而向。』子産朝，過而怒之。除者南毁。子産及衝，使從者止之。」按：近上十二年，「鄭簡公卒。將爲葬除，及遊氏之廟，將毁焉。子大叔使其除徒執用以立，而無庸毁，曰：『子産過女，而問何故不毁，乃曰：「不忍廟也，諾，將毁矣！」』既如是，子産乃使辟之」。竊謂此

❶「矣」，原漫漶不清，今據明抄本補。
❷「褒」，原作「貶」，今據明抄本、四庫本改。
❸「毁」，《春秋經傳集解》作「除」。

兩傳，實一事也，魯、鄭異國，説者不同，或謂葬時事，或謂蒐時事，而丘明則兩記之。何以明其然邪？曰：其忸怵小數而不知已，非子大叔事也。前既不忍毁，以爲惠矣，俄而又自墮之，亦非子産事也。

二十年，曹公孫會自鄸出奔宋。按：春秋大夫之奔多矣，未有言其「自」者，獨此言「自鄸」，是變例也。而《左氏》無説，杜氏不解，何哉？

盗殺衛侯之兄縶。《左氏》曰：「齊豹殺之，求名而亡。」非也。齊豹不名者，儻未爲大夫耳。設《春秋》欲見豹罪而書其名，不愈於汎謂之盗乎？且豹，亦何求名之有？此夫殺人不忌者也，而曾以是爲名乎？❶

二十一年，宋華亥、向寧、華定自陳入于宋南里以畔。按《左氏》例，以惡入曰復入。此三大夫乃畔也，何故不書復入邪？豈以畔非惡之謂乎？

蔡侯朱出奔楚。《左氏》曰：「費無極取貨於東國，而謂蔡人曰：『朱不用命於楚，君王將立東國。若不先從王欲，楚必圍蔡。』蔡人懼，乃出朱。」此非必然也。君重矣，蔡人雖畏楚，獨能不審其同異是非，而信單辭無驗之語，以逐其君乎？若讒人之言一再至而君可逐也，方城以北無定君矣！此乃惡無極之爲人，而多爲之罪，以深其惡者，不然不至於此。

傳曰：「日有食之。公問於梓慎，梓慎對曰：『二至二分，日有食之，不爲災。』」非也。《詩》云：「十月之

❶ 「爲」，明抄本作「求」。

交，朔日辛卯，日有食之，亦孔之醜。」周之十月，夏之仲秋也。若不爲災，曷爲醜之？

二十二年，叔鞅如京師葬景王。王室亂。杜云：「承叔鞅之言而書之，未知誰是，故但曰『亂』。」非也。《左氏》凡例，常以據簡書赴告而録，故曰「滅不告敗」「勝不告克」，亦不書也，未有詢于使者之口而書之者也，此其説自相賊矣。且王室雖亂，景王已葬，王猛在喪位矣，叔鞅豈得不知其是非哉？又，傳稱：「閔子馬聞叔鞅之言，而稱曰：『子朝必不免。』」則是叔鞅已知子朝之非正矣。非獨叔鞅親見其事者知之也。閔子有言，是魯國之人亦通知之也，何謂「未知誰是」邪？

劉子、單子以王猛居于皇。杜氏曰：「王猛書名，未即位也。」是也。此明未即位，雖先君已葬，猶未得稱王者也。及其論諸侯之禮，則以謂先君既葬，其子得稱君矣，又何戾哉？夫諸侯稱君，猶天子稱王也，天子稱王必待踰年，諸侯稱君亦待即位。獨謂諸侯既葬可以稱君者，不識類也。

二十三年，正月，叔孫婼如晉。《左氏》曰：「取邾師，獲徐鉏、丘弱、茅地。邾人愬于晉，晉人來討。叔孫婼如晉。」此不然也。按：是年正月，有壬寅朔，有庚戌，有癸丑。傳敘邾事，在庚戌之後。經記叔孫如晉，在癸丑之前。夫庚戌、癸丑四日耳，邾人已能訴于晉，晉人已能來討，何其神速也？故曰不然。

吴敗頓、胡、沈、蔡之師于雞父。傳曰：「楚師大奔。」又曰：「不言戰，楚未陳也。」予謂楚未陳而吴以詭謀動之，使至於大奔，此乃正當從未陳而敗之例，不書戰而已，不書楚，何哉？杜云：「不書楚，楚不戰也。」非也。

傳曰：❶「薳越帥師及諸侯之師奔命救州來。」又曰：「七國同役而不同心。」然則楚與頓、胡等皆實在也，但自不得成列，爲吴所詐耳，法當不書戰，不當不書楚。向若楚師獨完，諸侯俱敗，書諸侯之敗而不書楚，猶有可諉。今楚等敗耳，吴之詐乘人，一也，曷爲偏有所遺乎？推驗事理，疑楚本與諸侯同救州來，既而令尹卒，楚軍留而諸侯先至，故吴得獨敗之，楚師實未與相接，則經無緣書楚也。傳所云「七國同役」「楚師大奔」「楚未陳」之類，皆不與經合，似是而非者也。

尹氏立王子朝。按：《左氏》諸稱氏者，皆曰舉族，此豈舉族立王子朝邪？何不云「尹圉立朝」乎？❷杜雖云「尹氏，周世卿」，亦不云氏爲世卿發也。意欲私取《公羊》之説，而又牽於《左氏》，不忍訟言之，❸説經者乃如此可憫笑也！

傳曰：「楚囊瓦爲令尹，城郢。沈尹戌曰：『子常必亡郢。苟不能衛，城無益也。』」或曰：昔子囊將死，遺言城郢，君子以爲忠。囊瓦，其孫也，城郢之意，亦豈易乎？❹而沈尹譏之，何哉？曰：子囊之時，其國事治，其民親上，其隣國無虞，所以城郢，欲防患也。今囊瓦之時，其國事不治，其民惎上，其鄰國多怨，所以

---

❶「曰」，明抄本作「云」。

❷「圉」，原作「園」，今據明抄本、四庫本、薈要本及《春秋經傳集解》改。

❸「訟」，明抄本作「誦」。

❹「易」，明抄本作「異」。

城郢，欲外民也，是善惡之趨異也。故設險者强，恃險者亡，子囊之慮安得不忠，而囊瓦之名安得不陋哉？

二十四年，吴滅巢。杜氏曰：「巢，楚邑。」非也。勝國曰滅，君死其位曰滅，國大而君重也。如取邑可以同滅國之號，是獲臣亦可同滅君之稱乎？❶《書》曰：「巢伯來朝。」巢爲諸侯審矣，非楚邑也。

二十六年，尹氏、召伯、毛伯以王子朝奔楚。傳曰：「召伯盈逐王子朝。」杜云：「召伯當言召氏，經誤。」皆非也。召伯既逐王子朝而歸敬王矣，又何爲以子朝奔乎？若云召伯當作召氏者，則又不與經合。且召伯既自歸周，則其族亦必隨之，何故猶奉子朝爲亂乎？且召伯尊也，召族卑也，今召伯不奔，召族自出，法不當書於經而敘毛伯之上也，又不得以尹氏爲比。尹氏所以書者，以有尹固也，固尊自得書耳。召族無盈則卑，❷卑何故書乎？❸

二十七年，楚殺其大夫郤宛。杜云：「無極，楚之讒人。宛所明知而信近之，以取敗亡，故書名，罪之。」非也。周公遭變，孔子被逐，如有不幸而死，則亦罪之乎？❹今讒人之惡不見理，而不幸之人反見收，非仲尼作《春秋》懲勸之本心也。

---

❶「可」下，明抄本有「以」字。
❷「卑」上，明抄本有「必」字。
❸「卑」，明抄本無此字。
❹「罪」上，明抄本有「且」字。

二十八年，公如晉，次于乾侯。傳曰：「公使請逆于晉。晉人曰：『君淹恤在外，亦不使一介辱在寡人。』」非也。去年，會于扈。傳曰：「謀納公。」若魯不告于晉，晉何納之謀？其謀納公也，是魯既告晉矣，晉且爲公謀納，豈得誣其不告哉？❶

三十年，公在乾侯。傳曰：「不先書鄆與乾侯，非公，且徵過也。」非也。向者公雖去國，然猶居鄆，古人所謂「若在境内，則猶君」者也，是以不歲歲書鄆耳。去年公如晉，次于乾侯，但是暫時止次之名，猶以鄆爲居，自然不得書「公在乾侯」也。今鄆又潰散，公無所入，羈旅他國，國非其有，故書「公在」以繫一國之事。是聖人至意深淺各有所出，豈但徵過哉？公雖有過，猶不若季氏之悖也，仲尼謂「八佾舞於庭，是不可忍」。《春秋》無不略外而詳内，❷尊君而卑臣，其寧縱失季氏專攻公身而已？

吴滅徐，徐子章羽奔楚。杜云：「徐子稱名，以名告也。」非也。若必從赴告者，安知衛侯燬非當時以名告諸侯？而《左氏》謂其滅同姓，何邪？

三十一年，黑肱以濫來奔。《左氏》曰此推言《春秋》之美，❸且衛齊豹欲「求名而不得」。❹非也。豹挾

---

❶「豈」，明抄本作「其」。

❷「無不」，明抄本作「之作」。

❸「曰」，明抄本作「因」。

❹「且」下，明抄本有「曰」字。

怨儲憤發泄爲亂耳，本無不畏强禦之名。不畏强禦之名，亦非豹所求也。欲言《春秋》之美，何患無有而正舉此難信不通之語乎？❶予謂齊豹作亂，不能不心媿，此正欲蓋者，非求名者。又曰：「若艱難其身，以險危大人，而有名章徹，攻難之士將奔走之。」予謂：設《春秋》書齊豹殺衛侯之兄縶，其貶甚於稱盜矣，人亦未肯奔走其名也。

三十二年，公在乾侯。傳曰：「言不能内外，❷又不能用其人也。」非也。公以三十年始居乾侯。《春秋》歲歲書之，傳亦歲歲爲説。説之盡異，此明不知《春秋》本意也。設公今歲未死，明年正月亦書之耳，復欲以何事爲解乎？

定公

元年，春，王。杜云：「不書正月，公即位在六月故。」然則正月，所以正即位也。即位則書正月，未即位則不書正月矣。如隱公初不即位，何故亦書正月邪？

三月，晉人執宋仲幾于京師。傳云：「執仲幾以歸。三月，歸諸京師。」杜云：「知不可，故復歸之京師。」

---

❶ 「正」，明抄本作「止」。

❷ 「内外」，《春秋經傳集解》作「外内」。

若然，❶則晉人求掩其不義於諸侯者也，何以不告於諸侯乎？

立煬宫。傳云「季平子禱于煬宫」，❷故立其廟。按《左氏》例，苟非公命，則事無載於策者。立煬宫既本由季孫，何以得書邪？

二年，楚人伐吴。傳云：「囊瓦伐吴，師于豫章。」杜云：「囊瓦稱人，見誘以敗軍。」非也。安知非囊瓦恥敗，以微者告乎？且經又不言其敗也，何以知經之貶其敗乎？

四年，三月，會于召陵。五月，公及諸侯盟于皋鼬。杜謂：「此共是一會，復稱公者，會、盟異處故也。」非也。襄二十五年，會于夷儀，盟于重丘，亦會、盟異處矣，何不别出「公及」邪？推驗傳文，召陵之會本爲蔡謀楚也，范獻子聽荀寅之言遂辭蔡侯，則諸侯亦自此散矣，不得至五月乃盟也。且既辭蔡侯，則亦無緣重盟。又，傳敘召陵之事曰：「反自召陵，鄭子太叔卒，趙簡子哭之。」言反自召陵，則無皋鼬矣。其下乃云：「沈人不會于召陵，晉人使蔡伐沈。」亦不言皋鼬及盟時事，明此非一會也，蓋傳不記皋鼬之盟耳。實説召陵之會，晉辭蔡人，不爲伐楚，故蔡人憤怒，伐滅沈國，并殺其君。晉見蔡侯怨，亦恐失蔡，故相與復爲皋鼬之盟也。今傳但云「伐沈」，經云「滅沈」，已自不同。傳云「晉辭蔡侯」，又云「晉使蔡伐沈」，復未可信。且沈又常役屬楚，未嘗通晉，晉不當責其不會也。反覆推之，沈所以滅者，由蔡侯怨楚而已。

---

❶ 「若」，明抄本無此字。

❷ 「宫」，明抄本及《春秋經傳集解》作「公」。

蔡侯以吴子及楚人戰于柏舉。杜云：「囊瓦稱人，貪以致敗。」是也。但於《左氏》例則無由知之。❶

吴入郢。杜云：「不稱子，史略文。」非也。《公》《穀》是矣。

六年，季孫斯、仲孫何忌如晉。《左氏》曰：「季桓子如晉，獻鄭俘也。陽虎强使孟懿子往報夫人之幣，晉人兼享之。」審如《左氏》言者，何忌之行，非公命也。非公命而行，以《左氏》例推之，不書於經矣。然且書經者，謂仲尼不惡陽虎，可視以爲公命乎？其異於公子豫奈何？

城中城。杜云：「公爲晉侵鄭，故懼而城之。」按：傳無此説。當時或自以他故築城，又可必乎？

八年，從祀先公。《左氏》曰：「陽虎欲去三桓，順祀先公而祈焉。」非也。傳有常例，非公命者，不書於策。若虎欲作亂而順祀，祀雖禮，非公命審矣，何以得書邪？且虎之謀三桓，宜使三桓不知，今明白而祈，三桓聞矣，虎何以能集其意邪？意者，虎實惡季氏，季氏以臣而陵君，猶僖公以子而先父矣，不敢察察言，故先正逆祀，以微諭其意，功成事立，而後其指可見耳。虎既敗走，魯人又薄其行，則謂虎之順祀祈作亂也。其實不然，何以知之？曰：祈則謀泄，謀泄則事危，虎必不爲也。

九年，齊侯、衛侯次于五氏。杜云：「不書伐者，諱伐盟主，以次告。」非也。春秋亂世，至於定、哀之間，又亂之尤也，至於弒君而無恥，何諱伐盟主之有？

得寶玉、大弓。《左氏》曰：「書曰『得』，器用也。凡獲器用曰得，得用焉曰獲。」非也。向曰「竊」者，失

❶「無」上，明抄本有「稱」字。

之也，今曰「得」者，得之也，失、得相對言，得所以見失也。若器必言得，郜大鼎何以云取乎？器用不專言得，亦明矣。

十年，宋公之弟辰暨仲佗、石彄出奔陳。杜云：「稱弟，示首惡也。」按隱元年之例：「段不弟，故不言弟。」然則辰亦不弟者，不稱弟可也，反以見首惡稱弟，何哉？段不言弟矣，❶反非首惡乎？

十三年，晉趙鞅入于晉陽以叛。傳云：「范氏、中行氏伐趙氏之宫，趙鞅奔晉陽。」然則鞅不叛也，范、中行逼之耳，經何以得言其叛乎？《春秋》之原情定罪，固有如此邪？

晉趙鞅歸于晉。杜云：「韓、魏請之，故曰『歸』。言韓、魏之强，猶列國。」非也。仲尼曰：「必也，正名。」韓、魏猶爲大夫，而列國視之，則何正名矣？《大雅》曰「不畏强禦」，如韓、魏以强而視列國，是畏之也。

傳云：「荀躒言於晉侯曰：『君命大臣，始禍者死。今三臣始禍，而獨逐鞅也，刑已不鈞。請皆逐之。』」予謂：尋傳前云董安于勸趙孟先爲備，孟不肯，曰：「不欲始禍。」則始禍者，非鞅也，可言二臣始禍，不可言三臣也。此是三傳説之雖各不同，❷然《公羊》似真。

十四年，衛世子蒯聵出奔宋。《左氏》敘蒯聵事曰：「蒯聵欲殺夫人，夫人啼而走，公執其手以登臺。太子出奔宋。」予謂：蒯聵雖不善謀，安有此事哉？且殺夫人，蒯聵獨得全乎？彼所羞者，以夫人名惡也。

---

❶ 「弟」，原無，今據明抄本補。「矣」，四庫本、薈要本無此字。

❷ 「是」，明抄本作「事」，四庫本、薈要本作「據」。

如殺其母，爲惡愈矣，反不知可羞乎？蓋蒯聵聞野人之歌，其心慙焉，則以謂夫人。夫人惡其斥己淫，則啼而走，言「太子殺余」以誣之。靈公惑於南子所言，必聽從，故外則召宋朝，內則逐公叔戍、趙陽。彼不恥召宋朝，固亦不難逐蒯聵矣。此其真也，不當如《左氏》所記。又，蒯聵出乃奔宋。宋，南子家也。蒯聵負殺南子之名，而走又入其家，使真有其事者，敢乎哉？此亦一證也。

郲子來會公。杜因上「大蒐」之文，而解之曰：「會公于比蒲。」非也。如杜之説，謂大蒐，則公在矣。按：昭十一年，齊歸薨，大蒐于比蒲。叔向譏之曰：「君有大喪，國不廢蒐，不忌君也。」以叔向之言觀之，大蒐之時，魯君不在明矣。桓四年，公狩于郎。隱五年，公觀魚于棠。漁獵之事，出非其地，皆明書公。而大蒐不言公，公不在故也，不得言郲子來會于比蒲。莊公遇齊侯于穀，蕭叔朝公，不言來者，朝在外也，杜已言此矣。設公在比蒲而郲子會之，其在外與穀等，固當言會，不當言來。言來，非在外辭也。

十五年，定姒卒。《左氏》云：「不稱夫人，不赴，且不祔也。」非也。安有夫人卒而不稱夫人者乎？❶凡夫人始卒，則史書之，書之固云夫人矣，不待赴、祔而書其夫人也。此姒氏要爲哀公之母，定公之妾，哀公未成君，故亦未敢謂其母夫人耳。❷

葬定姒。《左氏》云：「不稱小君，不成喪也。」非也。若姒氏實夫人者，固當書「夫人姒氏薨」。已而曰

❶ 「稱」，明抄本作「書」。
❷ 「謂其母」，明抄本作「母其」。

「葬定姒」，「不稱小君」，明不成喪，以責臣子可也。今曰「姒氏卒」，此非夫人也。非夫人而書「葬定姒」宜矣，何足以見不成喪乎？欲責不成喪而薨不稱夫人，是適足貶小君之尊，而不足見臣子之罪也。

哀公

三年，齊國夏、衛石曼姑帥師圍戚。杜云：「曼姑爲子圍父，知其不義，故推齊使爲兵首。」❶非也。虞師、晉師滅夏陽，《左氏》以謂虞受賄，有惡，故使首之。是《春秋》褒貶之辨也，今何故苟從赴？爲不義者飾非乎？

四年，晉人執戎蠻子赤，歸于楚。杜云：「晉恥爲楚執諸侯，故稱人以告，若蠻子不道於民也。」非也。❷晉苟不恥則已矣，若猶有恥，彼則諱而不告矣。不然，則雖告而匿其歸于楚矣，豈當誣人以不道而自發揚其歸于楚之恥乎？此事勢之不然。且凡告執諸侯者，必曰某侯爲某罪。既執之矣，而《春秋》考其真僞而爲之辭，或稱侯，或稱人，此皆出於孔子也，豈告者自稱某人執某侯哉？如之，何謂稱人以告也？且天下雖亂，不義者反取義者而執之，此《春秋》所當辨也。如苟取赴告而書之，彼不義者何難誣人以惡矣？

十年，吴救陳。《左氏》曰：「延州來季子也。」推驗其年，季子僅百歲矣。以彼其清高不污，寧貪將亂國

❶「首」，原作「者」，今據明抄本、四庫本、薈要本及《春秋經傳集解》改。

❷「非也」，原無，今據明抄本補。

之兵者邪？似異時事，傳附著其説耳。

十一年，公會吴伐齊。按《左氏》例，不與謀曰會。此則不與謀也。去年傳曰：「吴子使來儆師。」則是與謀矣，文不當稱會。然而稱會，傳與例乖也。

傳曰：「冉求帥左師，樊遲爲右。季孫曰：『須也弱。』有子曰：『就用命焉。』」按：「有子」當爲「子有」。子有者，冉求字也，仲尼門人字多云子某者，不得云有子也，傳寫誤之矣。

大率《左氏》解經之蔽有三：❶從赴告一也，用舊史二也，經闕文三也。所以使白黑混淆，不可考校。按：史雖待赴告而録，然其文非赴告之詞。《春秋》雖據舊史而作，然其義非舊史之文也。❷簡牘雖有闕失，其失非聖人所遺也。❸如謂史之記從赴告而已，則亂臣賊子何由而書？如謂《春秋》用舊史而已，則何貴於聖人之筆削也？且《春秋》書良霄入于鄭，鄭人殺良霄；欒盈入于晉，晉人殺欒盈，其文同也。至哀十四年，非仲尼所修矣，其記陳宗豎乃曰：「陳宗豎入于陳，陳人殺之。」明史之所記與仲尼之所修異矣。❹又，仲尼所修，無記内邑叛者，哀十五年獨記成叛，此亦史文不與仲尼相似、仲尼不專用史文驗也。如謂經之闕文

❶「蔽」下，明抄本有「者」字。

❷「非」，原無，今據明抄本、四庫本、薈要本補。

❸「失」，原作「史」，今據明抄本改。

❹下「之」字，明抄本無此字。

皆聖人所遺者，苟傳有所説而不與經同，盡可歸過於經，何賴於傳之解經哉？故《春秋》者，出於舊史者也，而《春秋》非舊史之文也。舊史者，出於赴告者也，而舊史非赴告之辭也。傳者出於經者也，而傳非經之本也。今傳與經違，是本末反矣，❶安得哉？明於此者，可以無惑於《春秋》矣。

❶「是」，明抄本作「者」，屬上讀。

春秋權衡卷第八　公羊第一

《公羊》之所以異二傳者，大指有三：一曰據百二十國寶書而作；二曰張三世；三曰新周，故宋，以《春秋》當新王。吾以此三者皆非也。以謂夫子作《春秋》，祖述堯舜，下包文武，又爲大漢用之訓世，故不專據魯史而已。然則齊高偃帥師納北燕伯于陽，《公羊》以爲公子陽生也，文當曰：「齊高偃帥師，納北燕公子陽生于北燕。」有所誤，有所闕，故云爾，不知百二十國寶書悉爾書謬乎？若悉爾書謬，信《公羊》之説可也。若百二十國寶書有一二不同，仲尼何不去彼取此乎？且百二十國之書衆矣，不容悉謬，又不宜悉同，今奈何不革？其不革也，然後知所據魯史而已。且《公羊》見晉晚入《春秋》，則曰「後治同姓」，同姓之先治者又不可遽數，皆泥于百二十國寶書，而不知本據魯史而作。魯史所書，有詳有略，仲尼止考核是非，加褒貶而已，非必百二十國書也。

又所謂張三世者，本無益于經也，何以言之？傳曰「所見異辭，所聞異辭，所傳聞異辭」，則是言仲尼作經，託記傳聞而已。説者乃分裂年歲，參差不同，欲以蒙湏其説，務便私學。假令推日月之例書之，詳而中其義則曰當若此矣，適不中義則猥曰此傳聞。❶若所聞，若所見，故略故詳也。以是通之，以是扶之，無往

❶「中」下，明抄本有「其」字。

而不入，要之，無益于經而便于私學而已。捨三世而言《春秋》，豈不明乎？又，傳曰：「隱亦遠矣，曷爲爲隱諱？隱賢而桓賤也。」然則本説三世，欲辨遠近，近者諱而遠者不諱也。今更不然，賢者諱之，不肖者不諱之，通《春秋》之内，無不如此，亦何用分三世乎？《公羊》以謂國君以國爲體，故先君之恥猶今君之恥，雖百世猶可復讎。而言《春秋》之義，❶遠則不諱，豈不横出三世反戾其言乎？

又，所謂新周、故宋、以《春秋》當新王者，亦非也。聖人作《春秋》，本欲見褒貶是非，達王義而已。王義苟達，雖不新周，雖不故宋，雖不當新王，猶是《春秋》也。聖人曰：「不怨天，不尤人，知我者其天乎！」今天不命以王天下之任，而聖人因懟而自立王天下之文，不可訓也。且周命未改，何新之説？傳既以百二十國寶書爲據，又見記成周宣榭火，則謂「外災不書，今忽書者，新周也」。既無足以輔經，而厚誣聖人，不亦甚乎！説者又謂作《春秋》爲漢制，迷惑讖書，以僞爲真，其端出于欲干合時君，排抵二傳也。今而觀之，而不掩口笑也，幾希矣！又曰：「變周之文，從殷之質。」夫《春秋》褒貶本也，文質末也，車服、器械、封建、制度皆《春秋》所後言也。居周之世，食周之粟，擅合其爵，伯子男。擅易其時，田獵用夏時孟。❷豈仲尼所謂非天子不制度、不議禮、不考文者乎？此不可通之尤者。而儒者世世守之，意乃欲尊顯仲尼，而不知陷于非義也。雖然，爲章句者則守之矣，爲道者則未之守也。

❶「而」，明抄本作「不」。

❷「孟」，蓋誤，明抄本作「立」。

隱公

元年者，《公羊》以謂：「諸侯不得改元，《春秋》王魯，故託稱元。」非也。元者，始爾。君之始年謂之元年，猶歲之初月謂之正月，非有天子、諸侯之辨也。説者以謂：變一爲元，元者氣也，言天地由之始生。夫人君即位，何乃遠及天地未生之前乎？又曰：「上無所繫，故使春繫之。」夫制元年者，人君也，非實太極也。以一爲元氣，何當于義哉？其過在必欲成五始之説，而不究元年之本情也。上無所繫者，文勢當然，聖人雖欲損之不可損，雖欲益之不可益，又何云云乎？

「王者孰謂？謂文王也。」亦非也。《公羊》言王者正受命是矣，其言文王則非矣。《春秋》者，王政之本，故假王以正萬事。置之春正之間者，明天子受命于天，諸侯受命于君，不但指文王也。又，《公羊》以謂「黜周、王魯」，即指文王，❶非黜周也。又《公羊》以謂王道三統，❷即指文王，非三統也，此其自相背也。

「曷爲先言王而後言正月？」此問之非也，文不可先正月而後王也。則問曰「曷爲先言春而後言王」，據春隨時王之正。則可謂云爾已矣。又，《公羊》以爲春者，天之所爲；正者，人之所爲，所以先春而後王也。亦非也。元年獨非人之所爲乎？何以獨在春上？大凡「元年，春，正月，公即位」，此八字者，文理相須，苟載

❶「指」，明抄本作「言」。

❷「以謂」，明抄本作「云」。

事者必皆庸焉，非聖人新意也。唯「王」一字在「春」「正」之間，爲聖人新意耳。則所謂五始者，殆虛言乎？何休又言：❶「諸侯不奉春王之正，❷則不得即位。」按：桓公書即位，非能奉王正也。此皆蔓衍其辭，飾《春秋》焉可矣，非傳道必信之語也。

「公何以不言即位？」《公羊》以謂：「桓貴隱卑。」然則國非隱公之國也，隱公亦僭而有之耳。始僭而有之，終辭而反之，可謂知過矣，未可謂能讓也。今《公羊》美隱公善讓，非其義矣。苟爲非己有而有之者，又可謂之讓，豈《春秋》之意乎？故讀《春秋》則多隱之讓，推《公羊》則所謂讓乃非讓也。然則《公羊》必欲謂隱公讓，則宜先正隱公始有國；必欲謂桓公賤，則宜先正桓公始無國，則隱得讓名，桓得賤號矣。今隱本無國，則讓非其名也。桓本有國，則賤非其號矣。隱無讓名，則何賢之有？桓無賤號，則何惡之紀？又，桓既本正，當與商人同例，不當《春秋》深絶之。又曰：「子以母貴，母以子貴。」何休因曰妾母得稱夫人。所以使漢室多母后之亂者，由此言也。嗚呼，可不慎乎！

公及邾婁儀父盟于昧。《公羊》以謂：「及，言汲汲也，我欲之也。」非也。按：公會齊侯，盟于柯。當是時，曹子手劍劫齊侯，以復汶陽之田，可謂我欲之矣，而反書會，則及者，非我欲之也。且《公羊》說《春秋》進儀父者，爲其慕義，首與公盟也。今按文：欲盟汲汲者，魯也；而受褒者，邾也，不亦反施之乎？且《公羊》

---

❶ 「言」，明抄本作「云」。

❷ 「奉春王之正」，明抄本作「上奉王之正」。按：《春秋公羊傳解詁》作「上奉王之政」。

謂「及者，我欲之」之辭，即外欲之，當如何書？外欲之，我不欲之，書暨容可。若外欲之，我亦欲之，當如何書？曰會者，無淺深之辭，書會容可，然而柯之盟則不通也。按：《春秋》有相與及者，此是也；有相次及者，「及其大夫孔父」是也；有逮及者，「公追齊師弗及」是也。文爲事出，不專汲汲而已，汲汲已無義矣。「儀父」者，《公羊》以謂「褒之也」，言以魯爲新王，故褒儀父于先至也。非也。假令《春秋》誠以魯爲新王者，儀父猶不應褒，何以言之？本汲汲者，魯也，非儀父也。魯汲汲，儀父不汲汲，如有新王，亦勿誅儀父則幸矣，又何褒之敢望？豈有王者作而汲汲從人盟乎？有汲汲從人盟而得爲王者乎？

鄭伯克段于鄢。克者，《公羊》以謂「殺也」，曰：「謂之克，大鄭伯之惡。」何休因云：「以弗克，大郤缺之善。知加克，大鄭伯之惡。」非也。彼弗克納者，猶曰「弗果納」云爾，非「克段」之比也。即以弗克爲善，弗克葬，有何善乎？即以克之爲惡，弗克葬，有何惡乎？大凡《春秋》之文，與事推移，非拘一而廢百也，是何異求鄭人之璞于周人者哉？鄭人謂玉之未剖曰璞，周人謂鼠之未腊曰璞，知其同名，而不知其異物也。故吾謂：克之者，戡之也。戡之者，殺之也。不直言殺而言克者，段有徒衆，非直殺一夫者也。

于鄢者，《公羊》謂當國而在外也，曰：「在内，雖當國，不地也。不當國，雖在外，亦不地也。」何休曰：「明當國者在外乃地爾。爲其將交連鄰國，復爲内難，故録其地，明當急誅之。」然則諸傳所稱者，討賊例也，地與不地，皆已殺而後見，又何説「將交連鄰國，復爲内難」乎？死乃復有爲難者乎？休又曰：「其當國者，殺于國内，禍已絶，故亦不地。」若然，殺于國外者，禍獨未絶乎？均之，禍絶而已，則國内猶國外也。

天王使宰咺來歸惠公仲子之賵。何休云：「稱天王者，王不能自正，而上繫于天。」非也。周雖微，豈自嫌于楚、越哉？周雖自嫌于楚、越，《春秋》亦豈嫌周于楚、越哉？楚、越稱王，《春秋》正之爲子，周自繫天，《春秋》可勿正乎？且理必無自稱天王之義，此乃諸侯尊天子之號耳，不如何休言也。宰咺者，《公羊》以謂「中士當以官録」，非也。宰者，尊稱，非中士所當冒。又設非宰，士可云司徒、司馬、司寇、司空咺乎？來歸者，《公羊》以謂：「來者，不及事也。」而分別之曰會葬、奔喪。稱來者，常文也；歸賵、含襚稱來者，不及事也。其及事者，宜去「來」。而王使榮叔歸含且賵者，又實不及事，則《公羊》所説，都不信也。吾以謂喪有早晚，著之于經，其及事、不及事可見也。假令去「來」而不及事，不可强通以及事。假令不去「來」而及事，不可强排以不及事。其情易明，何假委曲爲例乎？然則有來而歸者，有歸而不來者，此其所以文異也。會葬也，奔喪也，歸賵也，襚也，含也，衛竇也，公孫敖之喪也，濟西田也，有何異乎？

惠公仲子者，《公羊》以謂仲子，惠公之妾。非也。此與僖公成風同耳，成風豈僖公之妾乎？又曰：「兼之，非禮也。」是又以惠公、仲子分兩人也，亦非也。妾母因子而得賵，故舉母冠子，明其以子得賵，非兩人也。《公羊》以妾母得稱夫人，故爲此説。苟知道者，皆足以知其非矣，又足辨乎？

及宋人盟于宿。《公羊》以謂兩微者，非也。盟者，國之大事，豈兩微者所定乎？苟有兩微者盟，《春秋》固不書之。然則此自公也，諱之，没公矣。

祭伯來。《公羊》以謂「奔也」，不及奔者，「王者無外」也。非也。周人未滅，降以爲國，魯人不王，進以爲君，修虚文而害實義，仲尼豈爲之乎？❶且王者無外，言奔不言出足矣，亦猶言入不言歸也，又欲不言

❶「豈」，明抄本無此字。

奔，則與祭公來何以異乎？

公子益師卒。《公羊》以謂：「何以不日？遠也。」何休曰：「所見之世，恩己與父之臣尤深。大夫卒，有罪無罪，皆日録之。」吾謂己與父之臣雖誠有可恩者，若有罪如季孫意如者又可恩之，❶何以訓後世乎？彼實逐其君，得以小恩妨大義乎？又曰：「於所聞之世，王父之臣恩少殺。大夫卒，無罪者日録，有罪者不日。」吾謂：公孫敖非無罪者，實著甲申；叔孫得臣傳無罪惡，卒而不日。何休乃引公孫敖以爲諱耻，而排叔孫得臣以見知，不亦誣乎？又曰：「所傳聞之世，高祖、曾祖之臣恩淺，大夫有罪無罪皆不日。」吾謂《春秋》治十二世之事，善善惡惡，今如所言，是使善惡混淆，善不見旌，惡不見貶也。且《公羊》謂《春秋》以隱公當新王也。❷有王者作，方治内之時，而忘恩於其卿佐乎？故事在可以然之域則歸之三世，在不可以然之域則致之新王，使其言如循環而不可訓，❸以迷世罔民也，此學者之禍也。故辨者能惑人以言，而不能服人之心，此之謂歟！

二年，無駭帥師入極。《公羊》以謂：「入者，滅也。無駭不氏者，疾始滅也。」非也。《春秋》雖爲國諱，然皆使其文不害實。今更「滅」爲「入」，則是文害實也。且無駭不氏，亦非疾始滅也。滅人之國重矣，始滅

❶「意」，明抄本、四庫本、薈要本作「隱」。
❷「新」，明抄本作「所」。
❸「訓」下，明抄本有「矣」字。

終滅，其坐應同。且《公羊》以《春秋》王魯，「所傳聞之世，治起於衰亂之中，用心尚麤」，豈非謂刑新國用輕典乎？今貶無駭反特重，貶鄭游速反故輕，殊不可曉也。按：春秋之初，接近西周，先王餘法猶存，諸侯僭佚猶鮮，故魯卿執政多再命，翬、俠、無駭皆是也。《公羊》不知，見無駭不氏，因謂貶也。又惡貶之過例，因謂「入者，滅也」，此求其義不得而强爲之詞也。❶

紀履緰來逆女。《公羊》以謂：「不稱使，昏禮不稱主人。」非也。按《禮》，國君求昏之辭曰：「請君之玉女，與寡人共有宗廟之事。」豈非主人乎？又，《公羊》外使文稱使，内使文稱如。若昏禮不稱主人，履緰不稱使可也，爲養廉遠恥也，公子遂如齊逆女，何故稱使乎？❷豈聖人於佗國之君則欲使養廉遠恥，於己國之君則欲使勿養廉遠恥乎？此其不通也。

夫人子氏薨。《公羊》以謂：「隱之母也。」此《公羊》以妾母得稱夫人，故謂隱母爲夫人也。然妾母實不得稱夫人，當此之時，禮法尚少存，惠公仲子是也。❸而隱公又賢，豈其違禮私貴其母哉？

三年，二月，己巳，日有食之。《公羊》以謂：「或日，或不日，或失之前，或失之後。」非也。《公羊》以日月爲例，故爲此説。然聖人據魯史以作經，是以稱日，其事則史，其序則主會者爲之，其義則丘有罪焉。若

❶「此」下，明抄本有「皆」字。
❷「何」，原無，今據明抄本補。
❸「也」，明抄本無此字。

夫日月有詳略，此皆史文也，聖人所不得改之，又非不欲改也，無所據也。事有善惡，史文雖不實，聖人則正之，何則？事故與日月不同也。假令舊史無日月，今例當日，横增之則不信，不增之則反於例。如此者，聖人所無可奈何也，是以《春秋》不取日月也。若夫人事之善惡、政令之得失，聖人嘗上考三五之世矣，與天下共之，故加其意而損益焉，不疑故也。❶故吾論《春秋》不以日月爲例，豈不然乎？

天王崩。《公羊》以謂：「記崩不記葬，必其時也。」非也。《公羊》據百二十國寶書，故云「不及時書」「過時書」「我有往者書」。不知凡書者，皆爲我有往者耳。其名氏著者，命卿也；其名氏不著者，微者也；其不志葬，則公自往也。《春秋》常事不書，故奔喪、會葬、朝京師皆不書也。若以必其時則不書，是無以見公自往與不自往。

葬宋繆公。《公羊》以謂：「不及時而日，渴葬也；渴，急也。不及時而不日，慢葬也；過時而日，隱之也；過時而不日，謂之不能葬也；當時而不日，正也；當時而日，危不得葬也。」予謂：渴之與慢同施於葬，先時耳。若謂慢與渴有别，則何不出過時而慢之例？又，所謂過時而日者，直指齊桓公而言爾。當是時，公子争國，隱之可也。若夫衛穆公、宋文公，成三年。無齊桓之賢，無争國之患，過時而日，有何可隱之乎？若如傳所言者，衛穆公、宋文公無他患難，而過時乃葬，宜不日，以見其慢，無爲乃隱之也。又，所謂過時而不日

❶「疑」，明抄本作「擬」。

者，謂平安無故而懈緩不能葬者也。❶ 若國有憂亂，嗣子放弑，❷雖復過時，豈臣子本情，而當責以不能葬乎？ 諸如此義，不可勝紀，故稍舉焉。 其蔽在於以日月爲例也，吾既言之矣。

四年，莒人伐杞，取牟婁。《公羊》以謂：「外取邑不書，疾始取邑，故書。」非也。《公羊》以百二十國寶書言之，故云爾，不知佗國取邑有赴，❸有不赴也。 赴者，書之。 不赴者，不書之。 其書之，則《春秋》所有也。 其不書之，則《春秋》所無有也。 且伐人取邑，要爲不可，則疾始與久等耳，長葛爲久。 等爲取邑而書，何必分別外取邑哉？ 何休又云：「外小惡不書，故此處見疾始也。」然則傳聞之世外小惡不書，則所聞、所見之世應治外小惡。 諸取邑者何不據百二十國寶書悉書之，而獨汎謂「外取邑不書」乎？

衛州吁弑其君完。《公羊》以謂：「不稱公子，當國也。」非也。 諸弑君而稱公子，公子而爲大夫者也；公子而不稱公子，公子而未爲大夫者也。❹ 大夫弑君，其三命稱氏，其再命稱名，其不命稱盜，通乎《春秋》亦不説。❺ 已當國與不當國，何足辨乎？ 公子、公孫弑其君，有不當國乎？ 非公子、公孫弑其君，有當國乎？ 宋督、宋萬豈當國爲君者哉？ 公子商人豈不當國爲君者哉？ 乃曰宋督爲馮取國，故使氏國，然則齊

---

❶「者」，明抄本無此字。
❷「弑」，明抄本作「殺」。
❸「赴」下，明抄本有「也」字。
❹「而」，明抄本作「之」。
❺「不」下，明抄本有「待」字。

陳乞亦爲陽生取國，何不使乞氏齊哉？又曰「商人次正，當立」，故氏公子，然則陽生亦本正，當立，何不氏公子哉？以爲陽生爲諼，❶故去公子，商人豈不先諼舍而後弒之哉？其諼之同，而氏、不氏異，何也？以謂陽生諼成于乞，商人已自諼之，則是諼成他人者，不得次正之名而已。自諼之者猶冒次正之號，當使其罪差輕，不亦失輕重乎？且《春秋》書「陳乞弒君」，見諼成於乞足矣，何不氏陽生以公子，少明其次正乎？此皆非聖人本意也。

公及宋公遇于清。何休云：「言及者，起公要之。」其意謂及，汲汲也。非也。及者，與耳，義不可稱曰「公會宋公，遇于清」。若爾，便似遇者，❷別一朝會之名，非卒然相遇也。《公羊》既無以釋及，遂强云一君要之，必欲使有汲汲之意居間，以符元年之言，而何休因就成之，其去道不亦遠乎？

翬帥師，會宋公伐鄭。《公羊》以謂：「翬不氏者，與弒公，貶也。」非也。當此之時，翬未弒君，可得貶乎？且《公羊》説仲遂卒不於弒時貶者，曰「於文則無罪，於子則無年」，是明不貶人於無罪也。今此雖在隱年，而固在無罪之時，如何乃貶之乎？又，何休以謂，桓三年乃無王者。三年之前，未無王也。然則必及其已無王而後貶也，於此貶翬，可謂當乎？是皆《公羊》、何休之説，而忽自違之，謂他人何？

五年，考仲子之宫。《公羊》以謂仲子，桓母。非也。説已見元年歸賵。初獻六羽，《公羊》以謂「僭諸

❶ 上「爲」字，明抄本作「謂」。
❷ 「似」，明抄本作「以」。

公」，近之矣，而未合也。魯祭周公宜用八佾，祭魯公宜用六佾，祭群公宜四佾。今祭仲子用六佾，是以仲子僭魯公。以仲子僭魯公，則且以群公僭周公矣。言六羽之僭而不言八佾之僭者，在《春秋》之中而不可言也，此所以季氏得僭八佾也。

宋人伐鄭，圍長葛。《公羊》以謂：「邑不言圍。」非也。圍之爲義，施於塹守而已，無擇於國與邑也。苟有過告者則書之，何爲不言乎？❶且《春秋》之所以不擇於國與邑而悉書之者，有説爲害民傷財也，何謂「邑不言圍」？

❶「不」上，明抄本有「而」字。

春秋權衡卷第九　公羊第二

六年春，鄭人來輸平。《公羊》以謂是時「戰于狐壤，隱公獲焉。本當言獲，爲諱大惡，則當言戰。而君獲不言敗績，故不得言戰，而言輸平也」。非也。先是，翬與諸侯伐鄭，未有平文，何謂「吾成敗」乎？何休乃以「外平不道」。❶按：魯之公子與鄭爲平，理無不道者。且元年宰咺來歸賵，何休云：「外小惡不書，書『歸賵』者，接内故也。」今此翬及鄭平，可得不以「接内」書乎？又且置此平虚論之，戰而見獲而謂之輸平，喪失實，文與義乖，非聖人本心也。又曰：「稱人，爲共國辭。」且就《公羊》解之，何以能必其非將卑師少乎？文何以異于「齊人來歸衛寶」而横出於「共國」之語乎？大凡國君使卿大夫，嫌其逼君，故常加某君使某人以厭之。若使微者，位卑無嫌，故汎稱人耳。歸衛寶、歸成風之襚、歸汶陽田，皆與此一類也，汶陽田有不言來者，❷魯公及魯人自從齊國内受之也。何以異哉？

七年，叔姬歸于紀。《公羊》以謂：「叔姬者，伯姬之娣也。」❸非也。媵賤不書，《春秋》之通法。假令實

---

❶「以」，明抄本作「曰」。
❷「有」，明抄本無此字。
❸「娣」，《春秋公羊傳解詁》作「媵」。

後爲嫡有賢行者，書「葬紀叔姬」及「紀叔姬歸于酅」足以見矣。雖然，猶恐非也，何乃又爲書其初歸哉？且《公羊》以謂：「許人臣者必使臣，許人子者必使子。」今叔姬非實嫡也，伯姬死而攝嫡耳，於攝嫡之時，既以撓法書其賢，❶又欲上及初歸之日，文與伯姬並矣，無乃許人媵者乃不使媵乎？嫡、媵之法自《春秋》亂之，何哉？

滕侯卒。《公羊》以謂：「不名者，微國也。」非也。《公羊》説蔡侯考父卒，隱八年。曰：「卒從正，葬從主人。」然則滕雖小國，可獨不從正乎？計許與滕，大小猶等，許爵爲男，在傳聞之世，卒且書名，僖四年新臣。況滕侯乎？何休又云：「春秋王魯，託隱公以爲始受命王，滕子先朝隱公，《春秋》褒之以禮，嗣子得以其禄祭，故稱侯。」是何迂僻也！若嗣子得以其禄祭，則先君得稱侯，而嗣子豈不得以其禄傳世？而後君何以獨不得稱侯？迷妄至此，可悲也哉！且滕君猶以其子故故稱侯，則豈不得以其子故故書名哉？吾謂假令滕侯卒，忽有名，何休必且曰：「其子朝魯，其父應見録，❷故從大國例。」以是説經，又何往而不得？

齊侯使其弟年來聘。《公羊》以謂：「母弟稱弟，母兄稱兄。」非也。天子、諸侯絶期者，族人不得以其戚戚君也，致爲親親則有矣，何得以其屬通哉？公子慶父伐于餘丘、公子卒，❸則以謂貶不稱弟也，公子友如

❶「以」，明抄本作「已」。

❷「録」，原作「禄」，今據明抄本改。

❸「卒」上，明抄本有「牙」字。

陳，莊二十七年。❶則無以説之，不亦二三乎？

八年，我入邴。《公羊》曰：「言我者，非獨我也，齊亦欲之。」非也。經但言我，實不言齊，誣齊亦欲，失其真矣。

宿男卒。何休曰：「宿男先與隱公交接，故卒，褒之也。不名、不書葬者，與微者盟功薄，當褒之爲小國，故從小國例。」按：宿當是時真小國矣，又何説從小國例乎？若宿本無國，今褒爲小國可矣，宿自有國，無説褒乃爲小國也。有王者作，必不比天下之諸侯而誅之，況肯比天下之諸侯而廢之乎？諸侯不廢國，故其國也。❷宿雖不與公盟，猶是小國君也，何强紛紛乎？❸

公及莒人盟于包來。《公羊》以謂實莒子，「稱人則從不疑也」。非也。無故貶莒子爲人，意以謂當使微者隨公，不使公隨小國之君也。夫公及小國君盟何不可，而反欲隨微者卑稱乎？欲爲隱公張義，其實乃損之耳。

無駭卒。説已見二年。

九年，俠卒。《公羊》以謂「未命大夫」，近之矣，未合也。俠者，再命爾。

❶「七」，明抄本作「五」。按：此二年均有公子友如陳之事。
❷「故」，明抄本作「固」。
❸「强」，明抄本作「須」。

十年，壬戌，公敗宋師于菅。《公羊》以謂「偏戰也」，非也。按：《公羊》以日月爲例，故云爾。若衛師、燕師敗績，豈非偏戰而内勝乎？言戰言敗，明偏戰乃得言戰也。言敗而不言戰，明彼乃獨敗，❶非偏戰也。覩文自了，亦不假日月爲例矣。故魯與諸侯偏戰而勝，則言戰言敗；偏戰而不勝，則言戰而不言敗；詐戰而勝，則言敗某師；詐戰而不勝，《春秋》無其文。未知偶無之邪，亦其諱詐而不勝者邪？難衛師、燕師敗績處自在本經。又，《公羊》以謂「内不言戰」，亦非也。内不言戰而敗耳，戰而勝，何故不言？即不當言，乾時之戰，❷何以言也？

辛未，取郜。辛巳，取防。《公羊》以謂言其日者，「一月而再取，甚之也」。非也。公既詐勝宋師，用二十日閒得其兩邑。若不著日，則似同時取之。此理當然，非所甚也。又曰：「内大惡諱，小惡書。」按：《春秋》可諱則諱，可書則書。大惡有不諱者，躋僖公是也。又曰：「外大惡書，小惡不書。」按：外小惡書者多矣，豈謂不書乎？詳傳此言，又指百二十國寶書而説，不知據魯史也。

宋人、衛人、蔡人伐戴。鄭伯伐取之。《公羊》曰：「易也。」何休云：「因其困而滅之。易若取邑，故言取，欲起其易。」非也。❸《公羊》以取邑爲小惡，滅國爲大惡。今變滅爲取者，是去大惡就小惡，縱失鄭伯之

❶「彼」，明抄本作「此」。

❷「乾時」，原作「龍門」，今據明抄本改。按：龍門之戰無書敗之文。乾時之戰，書戰亦書敗。

❸「非」上，明抄本有「皆」字。

罪，而徒録其難易已爾，❶可謂《春秋》乎？且《春秋》何不言「鄭伯伐滅之」？豈不兼見其因人之力而滅人之國乎？而何爲區區然記其難易而已？滅國而難者，於罪有省乎，抑無省乎？滅國而易者，於罪有加乎，抑無加乎？均之滅國而已者，無爲分别其難易以顛倒滅、取之名也。且取之名何獨易乎？宋人伐鄭，圍長葛，明年取之。更年而得邑，《公羊》以謂强，❷又何謂易乎？

十一年，滕侯、薛侯來朝。《公羊》以謂：「其兼言之者，微國也。」非也。雖天子不敢遺小國之臣，聖人作經，乃遂略微國之君乎？❸此乃同時旅見者，《春秋》據事而書，欲見義耳。且滕、薛、穀、鄧，爵位差同，而穀、鄧失地，滕、薛先附，何故略此而厚彼乎？何休又曰：「滕序上者，《春秋》變周之文，從殷之質。質家親親，先封同姓。」亦非也。如休之意，以謂滕是後常稱子，薛是後常稱伯，知本小國，《春秋》王魯，故褒爲侯耳。然則薛本爵加滕一等，以同姓之故，故滕得與並稱侯。又撓使居下，不乃太阿乎？猶有可諉曰位均？夫先朝者可褒，則先叛者可貶矣。鄭人親獲隱公，而爵列不降，以謂稱人則足見矣，公子翬終隱之篇貶，鄭伯何獨不終隱之篇貶乎？是皆委曲不通于道者也。滕、薛，王者之元功也。鄭人，王者之亂臣也。公子翬，隱公之賊也。以賊況亂臣，理當終隱之篇貶矣。又楚子執宋公伐宋，《公羊》猶以終僖之篇貶之，知此鄭人不得但一貶而已。

---

❶「已」，明抄本作「云」。
❷「謂」，明抄本作「爲」。
❸「君」，明抄本作「臣」。

公薨。《公羊》曰：「隱無正月者，讓乎桓也。」非也。適無正月耳。若以輸平爲據，輸平何足恃乎？

桓　公

元年，璧假許田。《公羊》以謂：「許田者，魯朝宿之邑也。謂之『許』者，繫之許也。」非也。《詩》云：「居常與許，復周公之宇。」然則周公受封，本有此許邑，❶非孔子作《春秋》故繫之許也。且地邑各自有名，或曰許田，或曰龜陰田，據實而書，豈擅改易哉？

二年，紀侯來朝。何休云：「稱侯者，天子將娶于紀，故封之百里。」不知休此意者，謂紀侯實自受封于周邪？亦《春秋》見王將娶紀女，故進其爵爲後法邪？❷若以紀侯實自受封者，安知滕、薛後不稱侯，非天子黜之邪？若以《春秋》爲王見義者，又可謂新周、王魯邪？凡封建諸侯，當自天子出，而《春秋》私自進退名爵，雜亂不知所統，此可謂禮邪？又曰：「天子得娶庶人女，以其得專封。」亦非也。天子者，養天下之民，居天下之尊，守天下之法者也。能刑人，能爵人，則信其職矣。雖然，刑人當以罪，爵人當以德，豈以其得專之，遂妄刑人、妄爵人哉？況撓以情慾，玩以私愛，而捐百里之命于匹庶之人，此輕宗廟社稷甚矣！使後世不肖君因緣此義，欲以下里賤人之女而共天地之事，豈不甚失哉？

---

❶「此」，明抄本無此字。

❷「後」，原作「侯」，今據明抄本改。

蔡侯、鄭伯會于鄧。《公羊》曰：「離不言會，而言會者，蓋鄧與會也。」非也。二國相會，理不可言「蔡侯、鄭伯及于某」。且實行會禮，非會而何？❶承赴而書，故不甚見爾。乃據齊侯、鄭伯如紀以爲比例，彼自亦妄説，何可據乎？所謂「離不言會」者，《左氏》得之矣。

公至自唐。何休云：「致者，君子疾賢者失所，不肖者反以相親，故與隱相違也。明前隱與戎盟，雖不信，猶可安也。今桓與戎盟，雖信，猶可危也。所以深抑小人也。」非也。按：元年，會于垂。休云：「不致者，奪臣子辭。」此「致」，休又云「抑小人」。若誠奪臣子辭，會戎有危而不致，適可見矣，何故反書其至與餘公一例邪？且隱公與戎盟，不書「致」，亦奪臣子辭邪？大凡矜巧辭以曲通者，❷「卵有毛」「白馬非馬」猶可通也。但恐繁而不要，亂道真耳。

三年，春，正月。何休曰：「不書王者，見桓公無王而行也。二年，有王，見始也。十年，有王，數之終也。十八年，有王，桓公之終也。不就元年見始者，未無王也。」非也。弒君之罪不輕于成人亂，易地之惡不差于納鼎太廟，而以爲元年未無王，輕重失序，刑罰不當，民始無所措其手足。❸且夫休所指桓無王，止此數事矣，弒君見于即位，成亂效于納賂，易地著于璧假，其迹已明，雖使《春秋》歲輒書王，其可謂桓有王乎？

❶ 「而」，明抄本作「者」。
❷ 「矜」，明抄本作「務」。「以」，明抄本無此字。
❸ 「始」，明抄本作「殆」。

然則不書王，其不爲此數事亦明矣，非《公羊》、何休所能見。

齊侯、衛侯胥命于蒲。《公羊》以謂：「結言而不盟，《春秋》善之也。」非也。先王爲民之不信、言之難恃，故殺牲、約誓以告於神明而爲盟，❶所以齊信也。然則盟固先王之所有矣。《春秋》之惡盟者，惡其瀆也，非惡盟之不及結言也。春秋亂世，齊、衛凡君會而相命，蓋何足筭？陽穀之會，《公羊》以謂：「遠國皆至，桓公發禁於諸侯，諸侯咸無用。」盟最盛矣，豈非結言而退乎？則何不謂之胥命哉？

四年，公狩于郎。《公羊》以謂：「春曰苗，秋曰蒐，冬曰狩。」非也。《周禮》：「春蒐，夏苗，秋獮，冬狩。」子所執禮。其有駁雜，得其正矣。《周禮》雖非仲尼所論著，然制度麤存焉。蓋周公之舊也，仲尼嘗執之矣。封國之制。似周衰諸侯所增益也，不足以害其大體，蒐、狩之名則吾從周。何休云：❷「不言夏田者，《春秋》制也，以謂飛鳥未去於巢，走獸未離於穴，恐傷稚幼也。」亦非也。公羊子承絶學之後，口授經傳，顛倒蒐、狩，且有所遺爾，何説《春秋》制乎？計仲尼之聖，不過三王，故曰：「禹，吾無間然。」文王既没，文不在兹乎？」夫三王四時皆田矣，而《春秋》獨闕一者，其意欲推仲尼之仁賢於三王也。即有妄人四時俱勿畋，又可謂賢於仲尼乎？且以是而論聖人，不亦淺哉？《禮記・王制》記四時之田亦復闕夏，蓋《王制》出於漢時諸

❶「盟」下，明抄本有「禮」字。

❷「云」，明抄本作「曰」。

儒，而諸儒承《公羊》之繆，遂至於此，不足以爲據也。❶ 鄭康成乃云：「是夏時制度，避其號耳。」夫夏后非王莽也，何謂若是多忌諱乎？❷ 何休又云：「狩例時，月者，❸譏不時也。」其意謂仲尼作《春秋》，欲令於孟冬狩也。 夫仲尼之制作，在哀十四年，而桓公自用《周禮》以田狩，桓公非得素受道於仲尼也。在此爲此，在彼爲彼，仲尼安得而譏之？ 是今日適越而昔至也，不亦妄乎？

宰渠伯糾來聘。《公羊》以謂：「下大夫也，繫官氏，名且字。」非也。理不可書名而又書字，仲尼之筆一何繁且迂至此哉？ 又，何休曰：「下去二時者，爲貶天子下聘也。」亦非也。史有遺闕日月者，❹仲尼皆不私益之，日月無足見義，而益之似不信，故不爲也。苟焉曲爲生義者，又何不得？

五年，甲戌，己丑，陳侯鮑卒。《公羊》以謂：「甲戌之日亡，己丑之日死而得，君子疑焉，故以二日卒之。」非矣。陸淳既言之矣。

齊侯、鄭伯如紀。《公羊》以謂「離不言會」，故言如也。非也。《春秋》之記盟會者，所以刺譏諸侯，義亦出隱二年注。非善群聚而惡離會也，離會何爲不可書哉？ 何休又云：❺「嫌外離會常書，故變文見意，以別嫌

---

❶「爲」，明抄本無此字。

❷「謂」，明抄本作「爲」。

❸「月」上，明抄本及《春秋公羊傳解詁》有「此」字。

❹「史」，明抄本作「使」。

❺「又」，明抄本無此字。

明微。」❶亦非也。所謂嫌微者，爲其害道，❷是以必别之明之。不知記離會何害於《春秋》，而仲尼必欲改「會」爲「如」以亂事實哉？夫盟、會同物，而《春秋》獨不記離會，又何爲哉？《春秋》雖内其國，而公與諸侯固等列也，記内離會可不謂之離會乎？而以爲離不言會，失其類矣，其惑在於百二十國寶書也。

仍叔之子來聘。《公羊》以謂：「父老，子代從政。」若是，則世卿也，何不曰「仍氏之子」乎？何休以謂：「不稱氏者，起其父在。」夫《春秋》所以貶，貶其世卿也。今縱失世卿之罪，而録其父在而已，無乃失輕重乎？且武氏不言「之子」，今此言「之子」，亦可以見父在矣，而不曰「仍氏」，知非父老子代者也。且文稱「仍叔之子」，不足以效其父老子代義，故難信也。

蔡人、衛人、陳人從王伐鄭。《公羊》、何休以謂：「實三國之君，稱人，從不疑。」非也。若實國君，則天子非微弱。今以不能從諸侯而獨得其人，所以見微弱也。且若實國君從天子者，《春秋》方書之以見褒，何謂乃損其名哉？

大雩。《公羊》以謂：「言雩則旱見，言旱則雩不見。」非也。凡雩者，爲請雨也。若書雩以見旱，是謂雩者必不得雨也。若雩必不得雨，則雩可以見旱矣。若雩可得雨，而以雩見旱，豈雩之情乎？又且旱而雩，雩而得雨，《春秋》將何以書之？若書旱則實得雨，若書雩又不足以效其得雨，而方解以見旱。若都勿書，

❶「微」，明抄本及《春秋公羊傳解詁》作「疑」。下句「微」字同。

❷「其」，明抄本作「善」。

則廢其應變之精誠，未知《公羊》何以解邪？

州公如曹。何休曰：「稱公者，申其尊。」非也。時王褒之則進爵，邾子是。《春秋》王魯，褒之則進爵，滕侯是。有所責惡而見其尊亦進爵，州公是。《春秋》所嘉而賢者亦進爵。高子是。凡二百四十二年，而操賞罰四人焉，是何營營乎？且謂「州公寔來」亦足矣，又何申之？

六年，寔來。《公羊》以謂「慢之也」，非也。君子躬自厚而薄責於人，人雖無禮，我可不爲禮乎？何故慢之？何休云：「州公過魯都而不朝，是慢之。」亦非也。諸侯相過，安得必行朝禮？假令過十國，亦當處處朝乎？蓋假涂則有之矣，主爲客禮則有之矣，何必盡行朝禮乎？先王之制，諸侯相朝，考禮、正刑、一德，必就有道之國。今桓公無道而人不朝，乃其宜也，不敢棄先王也。《春秋》方宜爲魯内訟，何暇責人乎？且若休所云者，入都必朝，則是不擇有道而苟以行過爲禮也，《春秋》何以刺郕人、牟人哉？

大閱。《公羊》以謂：「以罕書也。」何休曰：「三年簡車謂之大閱，刺桓公忘武備也。」不知所謂罕者，謂自入春秋今始一閱邪？謂桓公過其三年之期今始一閱也？若自入春秋今始一閱，❶則非獨桓公忘武備，隱亦忘也。如此，審爲桓公過其三年之期而始一閱，故得以罕書也。然必閱而後書之，假令桓公終身不閱，《春秋》遂不得書，則是與隱公無以辨也。又非必桓公終身不閱，《春秋》不得書爲可疑也。假令桓公初歲一閱，終歲又一閱，《春秋》書之，《公羊》必以謂「書罕」也，則未知中間罕乎亦不罕乎？若謂罕，則中間無文以

❶「閱」下，明抄本有「者」字。

見。若謂不罕，則中間實未嘗閲。此文之不通，難以强合者也。又，何休所説簡車，徒有比年、三年、五年之目，在桓公之世獨閲以罕書，❶是明比年、五年俱不罕也，桓公又非終不閲者也。今已閲之矣，直失其時耳，如此之於武備，❷何謂忽忘乎？

蔡人殺陳佗。《公羊》以謂：「外淫乎蔡，蔡人殺之。」非也。蔡人者，討賊之辭也。佗本篡，故以討賊之辭言之，猶衛人殺州吁、齊人殺無知、楚人殺陳夏徵舒等也。佗雖自君，内不爲國人所附，外不爲天子所命，是以異於商人，而不得以逾年例言也。公羊子失其事實，聊爲設罪端耳。

子同生。《公羊》云：「喜有正也。」非也。國之嫡嗣莫重焉，史無得不書。以爲感隱、桓之禍，故以喜書，不亦淺近乎？何休又曰：「不稱世子者，明欲以正見無正。」亦非也。諸侯之嫡雖當世爵，然必誓於天子而後稱世子。今此未誓，故不稱世子耳。「以正見不正」，不亦鄙乎？

七年，焚咸丘。《公羊》以謂：「咸丘者，邾婁之邑，其君在焉，故不繫國。焚之者，樵之也。」非也。按《公羊》，凡《春秋》所書内取邑，苟不繫國，悉歸之邾婁，今此亦其比也。又按：邾人執鄫子用之，宋人、蔡人、衛人伐戴、❸鄭伯伐取之，諸若此類，不仁之甚者，《春秋》明書之，不使文亂實。若誠火攻人君，應書曰：

❶「世」，原作「書」，今據明抄本改。

❷「此」，原作「比」，今據明抄本改。

❸「宋人」，原無，今據明抄本補。

「伐咸丘，焚之。」與伐戴之文相符矣。今但曰「焚咸丘」，而無兵戈之意，安知不以火田乎？又，《公羊》解「取根牟」曰「諱亟也」。然則彼爲亟故不繫國，此爲君存亦不繫。❶亟於取邑，小惡之小也；焚人之君，大惡之大也。文不足以相起而實相亂，未可謂善爲《春秋》。

穀伯綏來朝。鄧侯吾離來朝。《公羊》以謂：「名者，失地之君也。」非也。若實失地，何故稱朝？且朝者，施於有國有家者，《春秋》不以禮假人，如之何以奔爲朝也？又，諸侯失地者不必名，温子、弦子、譚子是也。何休之説以謂：「名者，見不世也。」若如此，彼三子者亦嘗世乎？

八年，己卯，烝。《公羊》以謂：「譏亟也。」非也。《春秋》欲見五月再烝，故於此不得不書也。❷烝猶將書，「壬午，猶繹」者，不得不先書「有事於太廟」也。此其實矣，又何亟乎？何休云「屬十二月已烝」者，其意謂常事不書，則此以非常書，不知常事有不得已而書者，亦不害於非常書也。

祭公來，遂逆王后于紀。《公羊》云：「不稱使，婚禮不稱主人。」非也。祭公來魯，魯非婚家也，稱使何傷？又，不稱主人者，豈確論乎？吾既言之於紀履緰矣。

九年，曹伯使其世子射姑來朝。何休曰：「雖非禮，有尊厚魯之心，故曹伯卒、葬詳録。」非也。《春秋》豈爲説之不以道而説乎？古之制禮者，非取其過厚也，爲之中節而已。故過之不得不貶，不及之不得

❶「繫」下，明抄本有「國」字。

❷「也」，明抄本作「已」。

不譏。

十年，公會衛侯于桃丘，弗遇。《公羊》以謂：「公不見要也。」何休云：「時實公欲要衛侯，衛侯不肯見公。」非也。公會衛侯于桃丘者，即公本約衛侯爲會于桃丘也。弗遇者，公後其期，衛侯已去，不相遇逢也。❶《公羊》本解「遇」爲一君出一君要之，故謂此爲公要衛侯。推其文而不可爲説，何者？《公羊》既云「會者，期辭」矣，又云一君要之，若實期辭，非要之也，若實要之，非期辭也。二者不可並，而離析乖逆，非經意也。要曰遇者，相遇云爾，何用紛紛乎？

齊侯、衛侯、鄭伯來戰于郎。《公羊》以謂：「稱來戰者，近乎圍也。」非也。近乎圍，豈實圍哉？聖人豈採其近乎圍之意而書之哉？❷且《春秋》惡戰耳，不分别遠近，遠近何當於義乎？又曰：「内不言戰，言戰乃敗矣。」亦非也。内不言敗爾，言戰何傷？

十一年，宋人執鄭祭仲。《公羊》以謂「知權」，非也。若祭仲知權者，宜效死勿聽，使宋人知雖殺祭仲猶不得鄭國，迺可矣。且祭仲謂宋誠能以力殺鄭忽而滅鄭國乎，則必不待執祭仲而劫之矣。如力不能而夸爲大言，何故聽之？且祭仲死焉足矣，又不能，是則若强許焉。還至其國而背之，執突而殺之可矣，何故黜正

❶ 「遇逢」，明抄本作「逢遇」。
❷ 「採」，明抄本作「探」。

而立不正以爲行權？❶ 亂臣賊子孰不能爲此者乎？ 古之人既有知之者矣。

突歸于鄭。《公羊》曰：「突何以名？」問之非也。突之名，猶小白、許叔矣，何故問乎？ 當曰：「突何以不繫國？」則曰：「挈乎祭仲。」可矣。 又曰：「其言歸何？ 順祭仲也。」非也。若仲之爲者，春秋之亂臣也，如何順之乎？

鄭忽出奔衛。《公羊》曰：「忽何以名？《春秋》，伯、子、男一也，辭無所貶。」非也。改周之文，從殷之質，非聖人之意，吾既言之矣。且在喪稱子者，嗣也。公、侯、伯、子、男者，爵也。文同而義異，聖人豈以爲嫌而避之？ 且避成君而稱名，無義之甚，以謂「辭無所貶」，則孰與直稱子哉？

柔會宋公、陳侯、蔡侯盟于折。《公羊》曰：「柔者何？ 吾大夫未命者。」非也。再命耳。

十二年，陳侯躍卒。何休云：「不書葬者，佗子也。佗不稱侯，嫌貶在名例不當絶，故復去躍葬。」不亦甚乎，其説之巧也！ 凡《公羊》以謂葬者，據百二十國寶書也。其法應書則得書，不應書則不得書。然則宜書曰「某國葬某公」，猶曰「宋葬繆公」然。今《春秋》所書皆曰「葬某國公」者，是由内録也。由内録者，善惡何别焉？ 而以謂有得書、有不得書，甚無謂也。唯弑君、滅國不書葬耳，蓋以謂無臣子也。凡何休所説諸葬、不葬義，類不可信，皆若此。

❶ 上「正」字，原作「出」，今據明抄本、四庫本、薈要本改。

丙戌，衛侯晉卒。何休云云者，非也。直史有謬誤者，❶仲尼因史作經，知日月不可爲例，故悉置不革，可以示必信耳，非佗也。

丁未，戰于宋。《公羊》云：「內不言戰，言戰乃敗矣。」非也。若偏戰而內勝，何得不言戰？若曰：「內不言敗，言戰則敗矣。」可也。

十三年，公會紀侯、鄭伯。己巳，及齊侯、宋公、衛侯、燕人戰。齊師、宋師、衛師、燕師敗績。《公羊》云：「何以不地？近也。」然則近故不地，則郎之來戰，非爲近也明矣，而方解之曰：「郎猶可以地。」❷不亦誣乎？又曰：「其言戰，從外也。」非也。戰者，聖王所有。假令《春秋》實王魯，猶不爲諱戰。戰而勝，何故諱乎？其意以爲敗則言戰，言戰則敗也。今實不敗，不可言戰，故云從外矣。不知凡書戰而不言敗績者，乃諱敗耳；書戰而言敗績者，敗者他國也。必言戰而後見，其敗何得不言？譬如傳曰「全」、曰「牲傷」、曰「牛」，而經曰：「鼷鼠食郊牛，牛死，改卜牛。」然則改卜之牛，未有傷也，何不曰「改卜牲」乎？蓋以謂稱牛，不疑于傷也。今書戰亦不疑于敗，故牛實不傷而謂之牛，有不疑也；戰實不敗而謂之戰，亦有不疑也。又何以爲從外乎？

十四年，御廩災。何休云：「火自出燒之曰災。」按《公羊》例：「大曰災，小曰火。」大者，朝廷也。小者，

---

❶「史」，原作「使」，今據明抄本改。

❷「地」上，原衍「不」字，今據明抄本删。

宫寢也。即有火自出而燒宫寢與非自出之火燒朝廷，欲如何書之？

乙亥，嘗。《公羊》以謂：「御廩災，不如勿嘗而已矣。」非也。天災可畏而不可知，爲國家者，見災而懼則足矣，何廢宗廟之祭乎？以謂當順天意，是推難測之神道而曠明白之人事也。若天道可畏，則莫若恭敬禮事以謝之矣。❶ 昔堯之時，大水九年，湯之時，大旱七年，若必廢祭以自責者，吾見荊棘生於宗廟矣。

---

❶「禮」，明抄本作「祀」。

春秋權衡卷第十　公羊第三

十五年，鄭伯突出奔蔡。《公羊》以謂：「突之名，奪正也。」非也。突之不正，明矣。雖勿名之，可勿奪乎？

鄭世子忽復歸于鄭。《公羊》以謂：「復歸者，出惡，歸無惡。歸者，出入無惡。」非也。如忽之奔，蓋有不得已，亦何惡乎？若以爲惡，猶有可諉，❶未知突之簒國，亦何故出入無惡乎？以謂「突之言歸，順祭仲也」，夫突親簒兄奪國，以順祭仲而得言歸，忽本宜爲君者也，方其出亦何獨不使順祭仲乎？在突之入，則得順祭仲而使爲入無惡，在忽之出，則不得順祭仲而使爲出有惡。如是，《春秋》乃助突而不助忽也，不亦悖乎？何休曰：「忽之出惡者，爲不如死之榮也。」亦非也。《公羊》許祭仲爲知權者，固以祭仲爲能以生易死。今又責忽之不死，若忽死爲是，則無以權許祭仲，若忽生爲是，則又何生之榮？❷而言祭仲則欲其以生易死，言鄭忽則欲其以死易生，不亦惑哉，不亦惑哉！孔子曰：「既欲其生，又欲其死，是惑也。」

鄭伯突入于櫟。《公羊》曰：「曷爲不言入於鄭？未言爾。」非也。實入於櫟，未入於鄭，豈得言鄭哉？

❶「諉」，明抄本作「議」。
❷「生」，明抄本作「死」。

何休固據陽生爲此。❶夫陽生入陳乞之家者，誠在齊也，又何疑乎？衛侯入於夷儀，❷蒯聵入於戚，公居於鄆，皆一例爾。

伐鄭。何休以謂「征突」，非也。蓋休不知之。

十六年，公至自伐鄭。何休曰：「致者，善公。」非也。元年不致，以爲奪臣子辭；二年致，以爲深抑小人；今書致，以爲善公行義；桓會不致，以爲無憂可危。如休之言，致者，乍善乍惡，乍安乍危，無一可通也。

十七年，公及邾儀父盟于趡。何休云：「本失爵在名例，中朝桓公稱人。今此不名者，明元功之臣有誅無絶。」非也。若元功之臣有誅無絶，故儀父雖有罪猶不失初褒，則滕侯、薛侯未嘗有罪，一褒之後便黜稱「伯」「子」，何也？

及齊師戰于奚。何休云云者，鄙俗之言耳。

蔡季自陳歸于蔡。何休以「季不稱弟者，見季不受父兄之尊」。非也。以季爲名乎？季未命爲大夫，則名氏不通。以季爲氏乎？先君已没，則不合稱弟。理適然耳，諸休所稱者，皆非也。

葬蔡桓侯。何休云：「奪臣子辭。」非也。春秋之時，禍亂有甚於封人者，未聞奪也。

❶「固」，明抄本作「因」。「此」，明抄本、四庫本作「比」。

❷「夷」，明抄本作「陳」。按：《左傳》《穀梁》作「夷」，《公羊》作「陳」。

十月，朔，日有食之。何休云云者，非也。日之食，非專爲魯，《春秋》豈得强附著之魯哉？聖人之説災異，❶欲人懼耳，非若眭孟、京房指象求類，如與鬼神通言者也。

十八年，葬我君桓公。《公羊》曰：「賊未討，何以書葬？讎在外也。讎在外，則何以書葬？君子辭也。」非也。君弑，臣不討賊，非臣；子不復讎，非子。復讎者，以死敗爲榮，故曰：「父母之讎，不與共戴天。」齊襄公復九世之讎，《公羊》賢之，奈何爲讎在外則勿復乎？必曰「量力而動」，不責逾國而討者，又何以稱「復讎者，以死敗爲榮」乎？伍子胥借吴之力以復楚，《公羊》是之。即以量力不責者，如子胥乃可耳，焉有據千乘之勢而知讎不報乎？

莊　公

元年，夫人孫于齊。《公羊》曰：「正月以存君，念母以首事。」非也。夫人始與公俱如齊，公薨，喪歸，則夫人固亦歸，文不得特見爾，非爲念母特貶之也。❷且《公羊》例「夫人行，唯奔喪致」，姜氏之不致，適宜矣，又何疑乎？弟子不曉，故妄問之，公羊子忘其本例，遂妄對之。實説公薨於齊，事起夫人，而國人初不知也，徐而知之，則共責讓夫人，夫人用是奔耳。

---

❶「説」，明抄本作「記」。

❷「特」，明抄本作「乃」。

單伯逆王姬。《公羊》以謂：「單伯者，吾大夫之命乎天子者也。」非也。《春秋》之義，許人臣者，必使臣，若以命於天子之故而不名，是使不臣也。又，《禮》曰：「君前臣名。」《公羊》説公子糾不稱公子，亦曰「君前臣名」。豈有己國大夫受己君命，但以命於天子，遂得不名乎？且公子糾，異國之人，單伯，朝廷之臣，於外國之人則正君臣之禮，朝廷之臣反不務正君臣之禮，甚可怪也。又，所謂命於天子不名者，《禮》經未有。「不稱使，天子召而使之也」，亦非也。文何不曰「天子使單伯逆王姬」？凡天子嫁女而使魯爲主，必有告命。魯既受命，則使人逆女，禮也。何至天子自召單伯使之乎？且主嫁女者，魯侯也，非單伯也，天子何乃專召單伯而使之？此事之不然。

王使榮叔來錫桓公命。《公羊》曰：「加我服也。」非也。周人雖愚，豈其以衣服車馬而畀既葬之人哉？且何以爲儀？

齊師遷紀郱、鄑、郚。《公羊》曰：「遷之者，取之也。爲襄公諱也。」非也。有遷而不取者，有取而不遷者，有且遷且取者，《春秋》據實而書耳，非諱也。以遷邑爲愈乎？宋人遷宿，《公羊》以謂「當坐滅國」，然則齊師取邑，諱從遷邑；實言遷邑，復坐滅邑，安在諱也？且襄公獨非懷惡而討不義者乎？其何諱焉？

二年，公子慶父伐於餘丘。《公羊》以謂：「於餘丘，邾邑也。」非也。《公羊》見邑不繫國，若可疑者，悉附之邾婁爾。何休云：「慶父少將兵，不譏者，從不言弟意，亦起之。」其意謂公弟也。二十五年，公子友如陳，不言弟，又何起哉？

三年，葬桓王。《公羊》以謂「改葬」，非也。若誠改葬，應曰「改葬」，如「改卜」之類矣。今不言改，非改葬也。何休云：「榮奢改葬，葬非其宜，故惡録之。」按：休所引皆讖記也，理不可信。説者又謂坐義云，❶王崩七年，改葬必然也。夫世衰禮廢，何事不有？豈能必桓王前已葬哉？固當據經文，無改葬，足以爲實矣。

紀季以酅入于齊。《公羊》以謂：「賢紀季服罪，故不名。」非也。原《春秋》所以不貶季爲畔者，以季受命於紀侯也。若齊欲滅紀，紀季不能同心守國，專析其地以事讎敵，外託服罪，實私享其利者，是《春秋》所惡也。且《春秋》貴死位，無緣以專地事讎之人而輒褒之，此明齊、紀本非讎也。襄公貪其土地，紀侯自見，不忍鬬其人，又恥事惡人，欲棄去之，師法太王，而患宗廟滅絶，其心又未滿，故使紀季以酅入齊爲附庸也。是紀侯輕南面之位，而惜百姓之命，不患終身無位，而憂宗社乏祀。❷其仁心忠厚，最爲《春秋》所賢者也。趙鞅入於晉陽以叛，以無君命，雖有功，不除其惡。假令季實服罪以存宗廟，猶與趙鞅無君命等耳，不得没其叛，又稱其字也。

四年，紀侯大去其國。《公羊》以謂：「滅也，不言滅，爲襄公諱也。」非也。文稱「紀侯大去」，何以謂之滅乎？蔡侯弑父，惡莫大焉，楚子討之，書曰「楚子虔誘蔡侯般」者，固惡其懷惡而討不義也。紀侯九世之惡，不深於蔡般，齊襄懷惡而討不義，不減於楚子，而《春秋》深抑紀侯以難明之事，專信齊侯以一偏之辭，何

❶「坐」，明抄本作「生」。

❷「乏」，四庫本、薈要本作「之」。

哉？且烹哀公者，王也，非紀侯也。紀侯有罪，罪在譖人，不在烹人，何滅紀以爲賢哉？❶以辯持之，以曲通之，《公羊》之義固勝；以道觀之，以義推之，《公羊》之義未有一可也。

齊侯葬紀伯姬。《公羊》以襄公爲賢，吾既言之矣。

公及齊人狩于郜。《公羊》以謂實齊侯也，非也。《春秋》有不待貶絶而見罪惡者。若實齊侯，書之乃宜矣，又何更之乎？

五年，倪犂來來朝。《公羊》曰：「犂來者何？名也。其名何？微國也。」非也。諸侯無生名，凡生名者，爲貶之耳。

伐衛。《公羊》以謂：「不言納朔，辟王也。」按：《公羊》以納爲篡，然則書納足明其罪矣。今不務襃貶而反隱惡，非《春秋》之意也。

六年，王人子突救衛。《公羊》以謂實貴子突，「繫諸人耳」。非也。衛侯不臣，王不能誅也，遣貴子突救衛，不能克也。書「王子突」，適足以見其微矣。此亦不待貶絶者，何有繫諸人哉？

衛侯朔入于衛。《公羊》曰：「其言入何？」何休云：「據頓子不復書入。」非也。去年，五國納衛侯，實不能入，今衛侯因利乘便，遂能自入也。納則言納，入則言入，初不相干，無所多疑也。推《公羊》之意，所以爲

❶「何」上，明抄本有「奈」字。

若言者，蔽在以納者入辭也。不知納者自納辭，入者自入辭爾。❶以謂不然，無爲去年冬諸侯既入之，今年六月乃又入也。何休又云：「不書公子留出奔者，天子本當絶衛，不當復立公子留。」亦非也。休以據百二十國寶書作《春秋》，若留者無宜不書，故云爾。仲尼曰：「興滅國，繼絶世，有王者作。」猶曰興之、繼之，況以一朔之惡，遂絶康叔之祀哉？理不通也。推不通之理，欲以成百二十國寶書之驗，而不悟違失聖人之意，可憫笑者，此也。

公至自伐衛。《公羊》曰：「得意致會，不得意致伐。」何休又説二國、一國之别，皆詭亂不經，有爲而爲，非凡例之體，故不詰也。

齊人來歸衛寶。《公羊》曰：「此衛寶也，齊人曷爲來歸之？衛人歸之也。」非也。宋人致鼎，謂之郜鼎，鼎本郜物也。齊人歸寶，謂之衛寶，寶本衛物也。事類相明，無足可疑。豈以謂之衛寶，則必衛人歸之？彼郜鼎者，豈必郜人送之哉？❷且經書「齊人來歸」，至明白矣，又何云乎？

七年，星隕如雨。《公羊》説：「不修《春秋》曰：『雨星不及地尺而復。』君子修之曰：『星隕如雨。』」此妄語也。若令不修《春秋》其文如此，仲尼何得改之乎？若彼言「雨星」，非必衆星也，今言「如雨」，則衆星必也。是仲尼横設不實之事，以迷罔後人也。又，仲尼不書「尺而復」，若實尺而復，無爲不書。若尺而復不足

❶「入辭」，原作「辭入」，今據明抄本乙正。

❷「必」，明抄本無此字。

書，如雨亦不足書，何者？如何休之言，以隕則爲異耳。

秋，大水，無麥、苗。《公羊》云：「一災不書，待無麥，然後書無苗。」非也。若《春秋》一災不書，豈愛民之謂乎？計《公羊》之意，謂當是時麥强而苗弱，苗當先敗，麥當後敗，不當先書「無麥」也。審如《公羊》言「一災不書，待無麥，乃書無苗」，則何不曰「無苗、麥」乎？

八年，師次于郎，以俟陳人、蔡人。《公羊》以謂「託不得已也」，非也。仲尼豈爲不實無狀以迷人哉？觀聖人諱國惡者有之矣，❶亦不從而爲之辭而已。夫從而爲之辭者，此小人之事也，何以辱《春秋》？

甲午，祠兵。《公羊》以謂「爲久也」，非也。若魯欲以夏月與鄰國之齊共伐盛，何至正月出師，自取淹久乎？

成降于齊師。《公羊》以謂：「成者，盛也，諱滅同姓也。不言降吾師，辟之也。」非也。實共圍盛，改謂之成；實滅其國，改謂之降；實降于魯，又獨言齊，皆非聖人之文也。凡聖人諱國惡，亦在可諱之域，不在不可諱之域。如改白爲黑，曰已爲人，❷豈獨非道，亦不可傳世矣。《春秋》之書，要在無傳而自通，非曲經以合傳也。且所貴聖人之文者，不貴其革易名字以惑人也。如必革易名字，然後可見褒貶諱避者，誰不能爲《春秋》哉？

❶「人」，明抄本作「賢」。
❷「曰」，明抄本作「回」。

師還。《公羊》曰：「病之也。曰：師病矣。非師之罪也。」然則理實貶之，何言善之乎？又，凡《春秋》所刺譏，苟滅國伐邑，誰則非君之罪乎？既曰君罪，師則無罪，何至於此獨以爲非師之罪乎？則彼不記師還者，皆非君罪而師罪乎？

九年，公及齊大夫盟于暨。《公羊》以謂：「不没公者，齊無君也。」非也。齊之有君，猶當没公，齊今無君，何以反不没公？且以不没公爲尊内邪？按：高子來盟，《公羊》云「不稱使」，豈我無君？蓋以謂君不行使乎大夫也。《春秋》尊魯，魯無君，猶不使齊侯敵魯大夫。若齊無君，《春秋》何得斥公以敵齊大夫哉？又曰：「何以不名？諱與大夫盟，使若衆然。」❶若諱與大夫盟，没公足矣，今不没公，非諱與大夫盟也。何休曰：「是時齊人來迎子糾，魯不與之盟。❷齊爲是更迎小白。」吾謂魯若不與齊糾者，何緣與齊大夫盟？所盟復何事哉？❸

公伐齊納糾。《公羊》云：「納者，入辭也。」非也。納者，納辭耳，得入不得入，未可知也，非入辭也。又曰：「伐而言納者，猶不能納也。」亦非也。有伐而納者，有圍而納者，有未嘗伐未嘗圍而納者，各據實書之耳。又云：「糾不稱公子，君前臣名也。」非也。糾失國在魯，本非魯臣，何以責以君前臣名乎？且若稱「公

❶「使若衆然」至「非諱與大夫盟也」，原無，今據明抄本補。
❷「與」下，四庫本有「而與」二字。
❸「復」，四庫本作「更」。

子糾」，則可謂非君前臣名乎？

齊小白入于齊。《公羊》云：「以國氏者，當國也。」非也。凡言當國之説，皆無通例，不可條貫，吾於「州吁弑其君」既言之矣。

及齊師戰于乾時，我師敗績。《公羊》曰：「内不言敗，此言敗者，伐敗也。」非也。若魯實以復讎而戰者，《春秋》不宜不言公。若以復讎者在下，故不言公，《春秋》豈奪人臣子意哉？臣有善言，君行之，則君善也，故書曰「股肱良哉」，言一體也，奈何以復讎者在下則不以其美歸公哉？且謀之者，臣也；行之者，君也。臣謀而君不行，貶君可也。臣謀而君行，又欲何嫌？

十年，公侵宋。《公羊》曰：「觕者曰侵，精者曰伐。」似近矣，未合也。又「戰不言伐」，❶是也，戰重也。其曰「圍不言戰」，則非也。圍未必重於戰，不可詳圍而略戰。

宋人遷宿。《公羊》曰：「以地還之。」❷非也。直宋人以其力遷宿，使臣于己，無説還之與不還之。

齊師、宋師次于郎。公敗宋師于乘丘。《公羊》曰：「我能敗之，故言次也。」何休云：「二國纔止次，未成於伐。」不知二國之師進至於乘丘而我能敗之邪？抑亦退至乘丘而我能敗之邪？今推傳文及注意，是自郎進至乘丘也。然則郎非近邑，桓十年，來戰于郎，何以謂之近乎圍邪？彼時至郎則恐見圍，此時至郎則

❶ 「又」下，明抄本有「曰」字。

❷ 「還」，原作「遷」，今據明抄本及《春秋公羊傳解詁》改。

猶未成於伐。郎一地也，何二三乃爾乎？

荆敗蔡師于莘，以蔡侯獻舞歸。《公羊》以謂：「荆者，州名也。」非也。楚之有荆號，非一日也。《詩》云：「撻彼殷武，奮伐荆楚。」非孔子改之也。且楚在荆州，以其强大，故抑而謂之「荆」。若荆州之地，復有一國彊若楚者，當有兩荆，不亦妄乎？又，徐亦夷也，徐在徐州，不聞以州名名之，則徐猶荆也，可得謂「徐者，州名」之乎？又曰：「國不若氏。」亦非也。甲氏、潞氏同爲赤夷，而國殊族異，故分名耳。譬猶漢之西域，乃有三十六國，總而名之，謂之西域，析而名之，自然分别，有何怪而强云進之稱氏乎？又曰：「氏不若人。」假令赤狄治行益修者，可云「晉師滅赤狄、甲人」乎？又曰：「蔡侯獻舞何以名？絶。曷爲絶？獲也。曷爲不言其獲？不與夷狄之獲中國也。」亦非也。按《公羊》謂：「秦者，夷也，匿嫡之名。」然則僖十五年，秦獲晉侯，何故與夷狄獲中國邪？凡《春秋》有獲某人者，有以某人歸者，文自不同，非一物也。以理言之，「獲」蓋蹔得，「以歸」蓋就虜而不恥者。

十一年，宋大水。《公羊》云：「外災不書，此書者，及我也。」按：《春秋》内其國而外諸夏。若水災及魯，自可記魯災而已，無爲詳宋而略我也。《公羊》以百二十國寶書爲據，故云爾，非實可信也。

王姬歸于齊。《公羊》云：「何以書？過我也。」非也。元年所書逆王姬及築館者，皆以非常書，則知常逆王姬及築館不當書，故此王姬書歸而已。若以謂過我而書者，自周之齊，何乃過魯？

十三年，公會齊侯，盟于柯。按《公羊》例曰：「會，猶最也。及，汲汲也。」信斯言者，柯之盟，曹子手劍以劫齊侯，可謂非汲汲乎？而不稱「及」何哉？或者爲《公羊》文過，以謂諱之。按：《春秋》但不書「取汶陽田」足矣，又改「及」爲「會」，則是都喪事實，使後人無由察其是非，豈聖人意乎？

十四年，單伯會伐宋。《公羊》云：「後會也。」非也。伐宋之時，魯本不預謀，後聞，乃遣大夫往會之耳。與「陳侯如會」同意，非後期也。

十七年，齊人執鄭瞻。❶《公羊》云：「書甚佞也。」按：《春秋》未有微者而得書於經，若瞻爲大夫而未命，又何以別乎？

多麋。何休於此云云者，非《春秋》意也。不曰「爲災」乎？

十八年，公追戎于濟西。《公羊》以謂：「大其未至而豫禦之也。」非也。若未至而禦，何得謂之「追」乎？此不待攻而自破者。雖多言煩説，猶不可解也。又曰：「于濟西者，大之也。」此欲引追齊師至巂，以立褒貶耳。彼自以弗及，故得書「至」，又何足據乎？❷

十九年，公子結媵陳人之婦于鄄。《公羊》以謂：「媵者，諸侯娶一國，則二國往媵之。陳人者，陳侯也。」非也。云公子結以妾媵歸陳侯之婦，則文理不成，又無故貶損陳侯使從人稱，非正名之義。蓋媵者，送女也。陳人者，陳大夫也。不煩説矣。又曰：「諸侯一娶九女，諸侯不再娶。」亦非也。假令諸侯之正妃卒

---

❶ 「瞻」，明抄本作「詹」。按：《公羊》作「瞻」，另二傳作「詹」。

❷ 「又」，明抄本無此字。

則右媵攝事，右媵復卒則左媵攝事，❶而左媵復卒，豈可以宗廟社稷與衆姪娣共之哉？獨不爲宗廟社稷乎？❷《禮》云：「宗子雖七十，無無主婦。」由是而言，宗廟不輕於族人，國君不輕於宗子，宗子猶不以妾爲婦，國君何故反得以妾爲婦哉？然則諸侯自合再娶，再娶者不備三歸可矣。昔武王崩，成王年十二，若不再娶，安取此子哉？苟令武王三十而娶，其后亦二十而嫁，比武王之崩，后亦八十三矣。計生成王時，不減七十，此非人世所有也，可得强云「不再娶」乎？成王又自有母弟，事皆驗著，非一娶明矣。

二十年，齊大災。《公羊》曰：「大災者何？大瘠也。大瘠者何？痢也。」非也。《春秋》何以不言大瘠、大痢而亂大災之名乎？❸又曰：「何以書？及我也。」亦非也。《春秋》豈其詳外而略内哉？

二十二年，肆大省。❹《公羊》以謂：「譏始忌省也。」非也。經云「肆大眚」，而傳謂之「忌省」，其文與其理不可訓解，蓋不足難也。

陳人殺其公子禦寇。尋何休之意，以謂「大夫相殺也」，非也。稱人則是殺有罪之辭耳。孟子曰：「左右皆曰可殺，勿聽；諸大夫皆曰可殺，勿聽；國人皆曰可殺，然後察之，見可殺焉，然後殺之，故曰國人殺

❶「攝」，明抄本作「稱」。
❷「爲」下，明抄本有「輕」字。
❸末「大」字，原作「火」，今據明抄本改。
❹「省」，明抄本作「眚」。按：《春秋公羊傳解詁》作「省」。

之也。」

夏五月。何休於此云云者，非也。

公如齊納幣。何休云：「實淫泆不可言，故因其自納幣見之。」非也。公不當喪娶，又不當自納幣，此《春秋》所貶也，又何起淫泆之有？

二十三年，公至自齊。《公羊》云：「危之也，公一陳佗也。」非也。有致善，有致不善，皆妄説也，不可以通。

蔡叔來聘。何休云：「不稱使者，公一陳佗故，❶使若我無君，以起其當絶。」非也。假令莊公外淫，天子詎能便知之，而《春秋》責其聘小人乎？

公如齊觀社。何休云：「諱淫也。」非也。假令君子諱國惡，豈可虚出不然之事以文過飾非乎？

荆人來聘。《公羊》云：「荆何以稱人？始能聘也。」非也。稱人，即其大夫之辭耳。何休乃云：「《春秋》王魯，因其始來聘，明夷狄能慕化修聘禮，當進之。」若然者，隱二年會戎于潛，何不曰「會戎人」乎？且荆人來聘，明非其君自來矣。今所言州、國、氏、人、名、字、爵七等之制，皆進退人君者也，如之何又欲移用於其臣乎？何休又曰：「不繫國而荆者，許夷狄者不一而足。」若然，是後何不且書楚氏，而遂足與楚人？

盟于扈。《公羊》曰：「危之也。」妄説耳。

---

❶ 「故」下，《春秋公羊傳解詁》有「絶」字。

二十四年，戎侵曹，曹羈出奔陳。《公羊》曰：❶「曹無大夫。」非也。經曰：「不敢遺小國之臣。」聖人作《春秋》豈遺之哉？又，曹伯，伯也，鄭伯，亦伯也。若以小國故無大夫，鄭亦宜無大夫，豈獨曹哉？今《公羊》不曰「鄭無大夫」，而獨曰「曹無大夫」，似見曹之大夫著於經少耳，❷非確語也。

赤歸于曹郭公。按：此一事，推尋傳注，初無義理，不知先儒顛倒繆妄，何乃至如此？

二十五年，陳侯使女叔來聘。何休云：「稱字，敬老也。」非也。《春秋》以名字褒貶，非有殊功異行亦不輒字之。藉使女叔實有賢行，則稱氏爲不見矣。❸

衛侯朔卒。何休云云，❹飾非之語也，無可信用。

日有食之，鼓、用牲于社。何休云：「書，得禮。」非也。若得禮，則《春秋》當不書矣。

大水，鼓、用牲于社，于門。《公羊》曰：「于社，禮也。于門，非禮也。」非也。若于社爲得禮，《春秋》亦當不書矣。

公子友如陳。按《公羊》例「母弟稱弟」，此公弟也，則何以不曰「公弟」乎？吾於「齊侯使其弟年來聘」

---

❶「曰」，明抄本作「云」。
❷「似」，明抄本作「以」。
❸「氏」，明抄本作「字」。
❹「云云」下，明抄本有「者」字。

既言之矣。

二十六年，曹殺其大夫。《公羊》云：「不名，衆也。」然則殺三郤，何故名乎？又云：「不死於曹君者也。」宋殺其大夫，又何以辨哉？凡《公羊》以大夫相殺稱人，而君殺大夫稱國，而不論大夫有罪無罪。故使曹、宋同文異義，是非臆斷也。又曰：「此蓋戰也，滅也。」亦非也。曹羈雖賢，何能掩君滅之禍乎？以曹羈之賢，遂諱曹伯之滅，又何義乎？晉之假道於虞也，宫之奇諫。推宫之奇之賢，則無以異於曹羈矣，《春秋》爲曹羈諱曹伯，不爲宫之奇諱虞公，何哉？

二十七年，公子友如陳，葬原仲。《公羊》云：「通乎季子之私行。」非也。文稱「如陳」，非私行也。且當是時，内難未作，何避之有？若以季子見幾遠舉者，是謂忘宗國之亂而貴一身之全，非賢智也。且季子於此奔陳，亦見釁端已成乎？則莊公既病而召季子，其釁端宜益深矣，季子何以得入而與國政？夫莊公病，季子羈旅在外，一旦召至，授之權柄，人莫能禦者，此明公子牙之徒禍猶未構也。❶若彼之時，禍猶未構，況去莊公歿尚數年，而遂云避内難出奔乎？且季子與其奔也，孰若勿奔，以銷解其謀，豫識其勢，若孔父之禦亂也，而胡爲背君捐國，使回皇於亂臣之手？此皆事之不然者也。

杞伯來朝。何休云：「不稱公者，《春秋》黜之。」非也。吾既言之矣。

二十八年，齊人伐衛。衛人及齊人戰，衛人敗績。《公羊》曰：「曷爲使衛主之？衛未有罪爾。」非也。

---

❶「明」，明抄本作「時」。「構」，原作「已」，今據明抄本改。下句「構」字同。

荀林父帥師及楚子戰于邲，當此之時，《公羊》以晉師夷狄之不若，則何以不使楚子主之？豈晉師未有罪，楚子有罪乎？是何自相反也？又曰：「敗者稱師，衛何以不稱師？未得乎師也。」❶亦非也。荀衛未得成師，則《春秋》曷爲書以偏戰之辭？此爲不知《春秋》之文，甚矣。

冬築微，大無麥、禾。《公羊》曰：「諱以凶年造邑。」非也。築微，在冬初。五穀畢入，然後制國用，在冬末。故有前後耳，豈故諱哉？

二十九年，城諸及防。何休云：「諸，君邑。防，臣邑。」非也。臣之有邑，臣之禄也，可得而專乎？苟不可專，則臣邑猶君邑也。且假令俱臣邑者，文可曰「城諸、防」乎？則與彼須朐，何辨焉？

三十年，齊人降鄣。《公羊》曰：「紀之遺邑也。」非也。紀滅久矣，猶存鄣乎？又曰：「降之者，取之也。不言取之，爲桓公諱也。」亦非也。取之固曰取之，降之固曰降之，遷之固曰遷之，非可相假借爲諱避也。齊人降鄣，猶曰「宋人遷宿」，「遷」之不可諱爲「降」也，猶「取之」不可諱爲「遷」也。文如日月，不可巧誣，而猶云云，多見其惑也。

齊人伐山戎。《公羊》曰：「此齊侯也，其稱人何？貶。蓋以操之爲已蹙矣。」非也。屬桓公取鄣，諱之爲降，又近上滅譚、滅遂，亦無所貶。夫桓公滅中國而不貶，今伐山戎而貶侯以人，此可謂識輕重乎？且誠

❶「乎」，四庫本作「成」。按：《春秋公羊傳解詁》作「乎」。

《春秋》意者，是開桓公得滅中國，而不得伐山戎也。❶此所謂小辨破道，小説害義，君子之所疾也。

三十一年，築臺于郎。《公羊》云：「何以書？譏。何譏爾？臨民之所漱浣也。」非也。譏在築臺，不在臨民。若不臨民，臺可爲乎？臺若不可爲，雖不臨民，雖不臨國，雖不臨遠，❷猶譏之也，何必以三者限之？

三十二年，公子牙卒。《公羊》云：「不稱弟，殺也。其意欲以不稱弟，起牙見殺。」非也。二十七年，公子友如陳，不稱弟，又何故哉？大凡君殺大夫，舉當言殺，外則見其專殺之罪，内則分别善惡之趨。今季子誅牙，内得親親之理，外得尊尊之義，《春秋》無所復責，故平其文，使若自死。然孔子曰：「大夫强而君殺之，義也，自三桓始也。」正謂此也。不稱弟，適其常文，又何足據乎？若謂刺公子牙，則猶當坐殺大夫。何休曰：「莊不卒大夫。」亦非也。彼溺不卒者，自以非執政故爾，何謂「莊不卒大夫」哉？

公子慶父如齊。何休云：「奔也。」非也。若奔而言「如」，是《春秋》縱有罪也。而曰：「起季子，不探其情，不暴其罪。」亦非也。若季子不探其情，不暴其罪，但不殺之，緩追逸賊，書「奔」足矣，又何故改之爲「如」哉？焉有臣殺其君不成而出，推親親之意，遂并諱其奔意者？獨慶父可親親哉？子般不可親親哉？且季子不殺慶父，非義也，故季子曰：「公子不可入，入則殺矣。」由是言之，緩追逸賊者，季子之心也。如慶父居國而不去，季子安得而不殺？且當殺之，又何有諱其奔？

---

❶「伐」，明抄本作「戰」。

❷「臨」，明抄本作「過」。

春秋權衡卷第十一　公羊第四

閔　公

元年。《公羊》曰：「誅鄧扈樂而歸獄焉，季子至而不變也。」又曰：「既而不可及，不探其情而誅焉，親親之道也。」非也。慶父弑般，欲取其國。是時季子力不能誅，故遁逃他國爾。設令季子力能誅之，則慶父誅死矣，何謂「不探其情」乎？

齊仲孫來。《公羊》曰：「公子慶父也。」非也。孫以王父字爲氏，此乃慶父之身也，未可以稱仲孫。且經實繫之齊，若之何謂「魯仲孫」哉？此不近人情之尤者。

二年，公薨。《公羊》云云，説同元年。

公子慶父出奔莒。何休云：「慶父弑君，不當復見。所以復見者，起季子緩追逸賊也。」若然，何不但書「公子慶父如莒」，以與莊三十二年之文同哉？彼時起季子不探其情，故言「如」，此時亦不探其情，何故不言「如」？知彼所説妄矣。實説慶父使人殺般，般本季子所欲立者，故季子出奔，慶父因立閔公。不知慶父利其幼少，易取之邪，將亦其勢未可得國邪？閔公既立，則誅弑般者而歸罪焉，又召季子而用之焉。不知慶父之意欲厭民心邪，欲自解釋於國人邪？季子知力不足以討慶父，故與之並立於朝。已而，慶父又弑閔公，而國人皆從季子，莫從慶父，故於是出奔於莒，此其正也。

高子來盟。《公羊》曰：「不稱使，我無君也。」非也。齊高子、楚屈完，文義一也，不可復附異説矣。且慶父出奔，則僖公已立也。高子稱「來盟」，則僖公之盟也，何謂「我無君」乎？公及齊大夫盟於暨，當是時，齊無君，文不没公，即魯無君，何故没齊侯哉？此自相反也。

僖公

齊師、宋師、曹師次于聶北，救邢。《公羊》曰：「救不言次。言次，不及事也，邢已亡矣。」非也。有救而次者，有救而不次者，有次而救者，有次而不救者，事自如此，《春秋》明書之耳，何足以起邢亡乎？又曰：「曷爲不言狄滅之？爲桓公諱。」亦非也。文先次後救，即譏其怠惰矣，何諱之有？《公羊》以百二十國寶書爲據，故如此説耳。又曰：「曷爲先言次而後言救？君也。」亦非也。向謂「救言次者，不及事也」，今謂「先次後救者，君也」，若令救時及事，《春秋》自不書其次，不書其次，遂無以見其是君，此語自相伐也。又，《春秋》所書救，正欲其急病拯危耳。若頓師安次，則失救國之義，理不得不書所次以見之。理既當書，不得云「救不言次」也。「救不言次」，似道仲尼作經見救國及事者則不言次，見救國不及事者則加言「次」。如此，是率己作經，非復傳信也。又，《公羊》説「伐楚救江」，云「爲諼也」。夫伐楚之與次于聶北，其文不同而勢同也，爲諼之與舒緩，❶其意不同而指同也。爲諼者，不直赴所急而更伐他國。舒緩者，亦不直赴所急而

❶「舒」，原作「書」，今據明抄本、四庫本、薈要本改。

淹止他邑。文爲事生，非爲辨君臣也。又，次于聶北救邢者，惡其不直赴所急，乃遥爲邢援而已。叔孫豹帥師救晉，次于雍榆者，言其本當救晉，中有難，故止於雍榆也。論二者之文則有相似，論二者之情則終始不同，情變而文異，亦其宜也。且謂大夫將必先通君命乎？則晉陽處父帥師伐楚救江，亦何不先救後伐哉？又曰：「不與諸侯專封。」亦非也。經有「救邢」，又有「邢遷」，「救邢」則邢未滅之辭也，「邢遷」則邢自遷之辭也。邢能自遷，諸侯城之而已，非邢亡，又非專封也，何得與衛一例哉？

齊師、宋師、曹師城邢。《公羊》曰：「此一事也。」非也。三國以春救邢，以夏城之，❶同事異時，何謂一事乎？

獲莒挐。《公羊》謂：「莒無大夫。」吾既言之矣。

二年，虞師、晉師滅下陽。《公羊》曰：「使虞首惡。」非也。《春秋》之例，主兵者序上，蓋惡兵也。虞實主兵矣，又何使之首惡乎？何休云：「晉至此乃見者，晉、楚俱大國，後治同姓也。」不知《春秋》之作，小國先治邪，大國先治邪？若小國先治，齊、秦、晉、宋俱當後見也；若大國先治，杞、莒、陳、蔡俱當後見也。今一後一先，知其妄亂，都非統理，其要欲就百二十國寶書語耳。又，哀公元年，隨侯見經，不知隨者大國邪，小國邪？若大國，宜與齊、晉相緣見經；若小國，宜與莒、杞相緣見經。又不知隨者，同姓邪，異姓邪？若

❶「城」，原作「滅」，今據明抄本、四庫本、薈要本改。

同姓，邢、衛亦同姓也；若異姓，莒、杞亦異姓也。❶ 如彼都無所説，此獨紛紛，何哉？

齊侯、宋公、江人、黄人盟于貫澤。《公羊》以謂：「大國言齊、宋，小國言江、黄，以爲其餘皆莫敢不至也。」非也。即實四國會，豈可辨哉？且四國會盟多矣，難以推類爲褒。又，江、黄者，何必極遠之國乎？周末時，諸侯分争，水絶壤斷，不相往來，齊、魯之儒未嘗涉江、黄之境，及聞其名，如在海外矣，故號以爲最遠。

三年，徐人取舒。《公羊》云：「易也。」非也。若實滅國，豈得言取？何休云：「易者，猶無守禦之備。」亦非也。若諸侯有守禦之備，豈有能滅之者哉？諸見滅者，皆無守禦備也，豈獨此乎？又，獨以無備之故，變「滅」言「取」，是輕滅國之科，同於取邑，《春秋》豈爲爾乎？

會于陽穀。《公羊》曰：「此大會，曷爲末言爾？」此非問也。《春秋》會而不盟，可勝言乎？其能必令此盟乎？且謂「末言爾」者，仲尼之意乎？桓公之意乎？若仲尼之意者，是其本盟而今隱之，欲以成就桓公，仲尼豈樹私附黨者乎？若桓公之意者，是本自不盟，《春秋》直據事而書，無所獨異也。

公子友如齊莅盟。何休云託王於魯云云者，非也。莅者，就耳，勢不可書莅盟曰「來盟」、來盟曰「莅盟」，無庸飾虚説也。

四年，蔡潰。《公羊》曰：「國曰潰，邑曰叛。」非也。潰者，民潰。叛者，臣叛。非繫國、邑爲别也。

---

❶「杞」，明抄本作「紀」。按：莒，己姓；紀，姜姓；杞，姒姓，皆與周異姓。

遂伐楚，次于陘。《公羊》云：「其言次于陘，有俟也。」非也。若實俟，無爲不言「屈完來盟于師」。《公羊》曰：「何以不言使？尊屈完也。曷爲尊屈完？以當桓公也。」按：《春秋》之義，大夫不得敵君，故得臣不氏，今乃尊屈完使當桓公，自相反也。又曰：「其言盟于師、盟于召陵何？師在召陵。師在召陵，則曷爲再言盟？喜服楚也。」非也。盟于師者，屈完之意也。盟于召陵者，齊侯之意也。文爲事出，非虚加之也，何有「喜服楚」哉？何休乃引國佐爲據，夫國佐本不來盟於師，諸侯追與之盟耳，非此比也。

公至自伐楚。《公羊》曰：「何以致伐楚？叛盟也。」按諸致例，有可通者，有不可通者，其歸多妄，不足守其一，遂信其二。

五年，杞伯姬來朝其子。《公羊》曰：「内辭也。」非也。此實自朝其子耳，譬如曹伯使世子射姑來朝之類。文理不疑，何謂「内辭」？

鄭伯逃歸不盟。《公羊》曰：「其言逃歸不盟何？不可使盟也。」非也。《公羊》嫌上會實有鄭伯，中云「諸侯盟于首戴」，若鄭伯實逃歸者，當在首戴之前，故云爾。不知鄭伯本自當盟，及盟之日，更自逃去，所以文先序諸侯盟，後言鄭伯逃也。又，但書逃歸，則嫌已盟而逃，故出不盟者在盟前逃也。❶ 亦猶公會晉侯、齊侯、衛侯、宋華元、邾人于沙隨，不見公；公會劉子、晉侯、齊侯、宋公、衛侯、鄭伯、曹伯、莒子、邾子、滕子、

❶ 「出」，明抄本作「書」。

薛伯、杞伯、小邾子于平丘，❶公不與盟。尋其先文，如皆已盟，復得後語，乃知不與耳，與此相類，無多疑也。而以謂「不使寡犯衆」，❷可謂義甚高而理不要。

晉人執虞公。何休曰：「稱公者，奪正爵，起從滅也。」非也。《春秋》奪者，降爵云乎？豈曰增爵云乎？蓋絶知者之聽。

六年，圍新城。《公羊》云：「邑不言圍。」非也。吾既言之矣。

八年，禘于太廟，用致夫人。《公羊》曰：「脅於齊媵女之先至者。」非也。僖公賢君，桓公亦賢君，僖公豈受脅於齊者？桓公亦豈必欲脅魯者？且於文無以見齊脅魯之意，異於取子糾、歸公孫敖，不可爲若説。

九年，盟于葵丘。《公羊》曰：「桓之盟不日，此何以日？危之也。」非也。葵丘，桓之盛也，孟子嘗言之矣。唯以日月爲例，遂亂於安危。嗚呼，慎言哉！

十年，晉殺其大夫里克。《公羊》曰：「里克弑二君，則曷爲不以討賊之辭言之？❸惠公之大夫也。」非也。按惠公曰：「爾既殺夫二孺子矣，又將圖寡人。」然則惠公之殺里克，本以討賊殺之，無爲不稱人以殺也。且夫爲國家者，不賞私勞，就令惠公本因里克得國，其可遂不以正義討之乎？《公羊》謂「定公受國於

---

❶「平」，原作「乎」，今據明抄本、四庫本、薈要本改。
❷「使」，明抄本作「便」。
❸「之」，原無，今據明抄本補。

季氏」，而譏其不能致誅，即定公能誅，無乃又如里克之不以爲賊乎？　此進退相駮者也。　又曰：「晉之不言出入，踊爲文公諱。」亦非也。《鄭詩》序曰：「公子五爭。」《春秋》唯有突、忽見經，不知復誰爲諱乎？❶　凡諱，施於功德已著，猶有可諉，今重耳之美未見，而爲之探情諱過，不亦誣人哉？

十四年，諸侯城緣陵。《公羊》曰：「不言徐、莒脅之，爲桓公諱。」非也。吾既言之矣。

沙鹿崩。《公羊》曰：「外異不書，此何以書？　爲天下記異也。」非也。聖人庸能獨知沙鹿崩爲天下異乎？　傳曰：「子不語怪。」若知沙鹿崩之爲天下異者，可不爲怪乎？　又曰：「沙鹿，河上之邑。」亦非也。此自山名之不須繫山者，❷以可知故也。《書・禹貢》：「導淮自桐、柏，導河自積石。」桐、柏皆山也而不繫山，❸至言荆山、岷山則皆繫山者，亦可以曉故也。

十五年，己卯，晦，震夷伯之廟。《公羊》云：「晦者，冥也。」非也。晦者，晦朔耳。又曰：「夷伯者，季氏之孚也。」亦非也。當是時，季友未卒，公亦未失政，欲推天假命，以就災異，非聖人之意矣。至使漢世儒者，争言陰陽，詆毁善人，其患豈小哉？

十六年，是月，六鷁退飛過宋都。《公羊》云：「是月者，僅逮是月也。不日者，晦也。」非也。夫晦朔者，

---

❶「諱」，原作「謂」，今據明抄本、公是本、四庫本、薈要本改。

❷「須」，原作「頌」，今據明抄本改。

❸「桐」上，明抄本有「積石」二字。

天之所有，《春秋》取朔棄晦，何當於義乎？此乖僞之深者。又，成十六年，實書晦朔，晦朔之相發，猶首尾也，尚何云哉？

季友卒。《公羊》云：「其稱季友何？賢也。」非也。季友之賢在莊、閔之間，於彼稱季子足矣。獲莒挐，不加褒焉，死何乃復言之乎？且若稱季友爲賢，稱仲遂亦可謂賢矣。

十七年，齊人、徐人伐英氏。何休曰：「稱氏者，《春秋》前黜之。」非也。英氏者，國也。國之號，或一字，或二字，或三字，非若甲氏、潞氏也。今縣有尉氏者，亦可封國，又何謂乎？❶

夏，滅項。《公羊》以謂「桓公滅之」，非也。桓公雖信賢，豈宜滅人哉？且桓公既已功高天下而威震主矣，又戕人、滅人，此《春秋》所惡也，而反爲之諱，是開有功者得橫行天下而無忌憚也。且桓公與山戎戰，《春秋》貶之，降侯爲人。夫戰山戎孰與滅中國？滅中國，反可諱以功除，而戰山戎反不得諱，❷此皆迷惑不然者也。

十八年，宋師及齊師戰于甗。《公羊》曰：「曷爲不使齊主之？與襄公之征齊也。」非也。晉荀林父及楚子戰于邲，寧可亦曰「與晉荀林父之征楚」乎？所異於晉者，何哉？

邢人、狄人伐衛。《公羊》、何休曰：「狄稱人者，善能救齊。」非也。《春秋》之法，内諸夏而外夷狄。夫

❶「何謂」，明抄本作「謂何」。
❷「諱」，原無，今據明抄本補。

外夷狄者，夷狄亦外之，是以仲尼稱「夷狄之有君，不如諸夏之亡」。惡其乘釁蹈隙，必能爲患也。夫中國至大，不能無禍，而開夷狄使憂之，吾見禍以益多、憂以益長，甚非仲尼意也。

十九年，宋人執滕子嬰齊。何休云：「名者，葵丘之盟叛命者也。」非也。若其誠然，應曰「宋公執」矣。休又云：「不爲伯討者，執之不以其罪。」亦非也。若其誠然，則何故名？休又云：「所以著有罪者，爲襄公殺恥。」予謂爲襄公殺恥者，書「宋公執之」足矣。且襄公執人之君，不得其罪，所以使霸業不就者，此也。直書其失，以示後世，不亦明乎？又何殺恥之急？❶

鄫子會盟于邾。何休於此説爲襄公諱之意，委曲附會，非聖人本指也。且襄公以不能盡用道，故致大敗。功未足以及人，德未足以懷遠，尚何可貴而《春秋》事事諱之？此蓋徇己之私説，非通方之大經。

二十年，郜子來朝。《公羊》云：「失地之君也。」非也。若失地之君，何得言來朝？❷朝者，施於有國有家之辭爾。又，《公羊》以郜滅在春秋前。按：春秋以來且九十年矣，郜子失地殆三世矣，猶能自歸同姓，躬行朝禮，無乃少不近人情乎？

二十二年，宋公及楚人戰于泓，宋師敗績。《公羊》以謂：「雖文王之戰不過是也。」非也。如《公羊》之意，惑於泓及河曲而已。泓雖水名，其陸地猶可以水名之。若謂必令如河曲者，遇於魯濟，豈真遇於水中

❶ 「急」，明抄本作「爲」。
❷ 「來」，明抄本無此字。

乎？敗於濆泉，豈真戰於泉中乎？今天下以水名地者尤多，不必居水中乃得以水名也。且文王何容易哉？德不加焉則不以力争，義不過焉則不以威制，漸之以道，摩之以仁，而四方自服爾，故《詩》曰：「肆不殄厥愠，亦不隕厥問。」如是而伐崇，猶再駕而降，愛民之至也。今襄公退不務修其業，❶而進徒守咫尺之信，夫其守信誠是也，則不若緩修吾德，無亟大功以殘百姓也。今論其守信之節，而忘其殘民之本，而以比之文王，其不知聖人亦深矣！且夫守信而不詐戰，於楚人則有惠矣；無德而求大功，於己國則不爲賴矣，未知文王獨爲爾乎？

二十四年，天王出居于鄭。《公羊》以謂「不能事母」者，非也。王者不孝，宜去「天」以見。今不去「天」，知其非不孝也。何休又云：「下無廢上之義。得絶之者，明母得廢之，臣下得從母命。」嗚呼，後世所以多廢置之禍也，不亦謬乎！

二十五年，宋殺其大夫。《公羊》曰：「不名者，宋三世無大夫，三世内娶也。」非也。文稱大夫，是有大夫，非無大夫明矣。且君娶一卿，而一國之内何得悉無大夫哉？凡妻之父母，所不臣也，至其等列，禮不及也，何謂無大夫乎？詭僻不經乃至於此，可憫笑者，此也。

楚人圍陳，納頓子于頓。《公羊》曰：「何以不言遂？兩之也。」非也。頓子之奔，由陳攻之，故楚必圍陳，乃得納頓子。其文與其事詳矣，盡矣，不可加矣，豈得言遂哉？遂者，生事也，非此之比也。

---

❶「其」，明抄本作「文王之」。

公會衛子、莒慶。何休曰：「莒無大夫，書慶者，尊敬壻之義。」劉子曰：推此言也觀之，其妄可勝計乎？

二十六年，公追齊師至酅，弗及。《公羊》曰：「其言至酅弗及何？侈也。」非也。以公追人，就令勝之，尚何可侈哉？且是後，齊復伐我，此明齊不畏魯甚矣。數見卑侮，猶自以爲大，如此乎，君子之無恥也？

楚人滅隗，以隗子歸。何休曰：「不言獲者，舉滅爲重。」非也。獲之與以歸，非一物也，何得并言之？

楚人伐宋，圍緡。《公羊》以謂：「邑不言圍。言圍，刺道用師也。」非也。圍緡者乃楚人，將卑師少爾，伐齊者則楚師，將卑師衆爾，何以强配合之乎？

公以楚師伐齊，取穀。何休曰：「稱師者，順上文。」非也。踰國而乞師，是必求多，非求少也。若少，魯亦自能辦之，❶何苦外求乎？故此自楚師，無疑也。何休欲顧上圍緡時意，故析之爾。又，所爲圍者，❷非旬日所能爲者也。説楚人道用其師於伐宋則庶幾信矣，❸何者？伐非久事也。説楚人道用其師於取緡亦庶幾信矣，❹何者？取邑未必久也。今正圍邑，久者或累年，短者或累月，公又安能得其衆伐齊取穀乎？且由楚至魯，非近地也；伐宋圍緡，非易事也；由魯至齊，又非一日也；勝齊取穀，又非一日也；自齊還魯，

---

❶「辦」，原作「辨」，今據明抄本、四庫本、薈要本改。
❷「爲」，明抄本作「謂」。
❸「説」，明抄本作「設」。
❹「説」，明抄本作「設」。

又非一日也。用一冬之間，往返如此，此可信乎？

公至自伐齊。《公羊》曰：「此已取穀矣，何以致伐？」原《公羊》之意者，謂得意致會，不得意致伐。則今得意，不當致伐，故如此問也。曰「何以致伐」者，是問不致會而致伐也。然伐齊取穀者，獨公以楚師自往耳，無諸侯之會也。非諸侯之會則不得致會，❶此理之適然耳。公羊子迷妄其本末，遂强云：「患之興，必自此始。」何休覺其難通，又必欲掩覆其過，故注莊五年曰：「公與一國行師，得意不致，不得意致伐。」以彫飾此文也。然《公羊》本問「何以致伐」，不問「何以致」。問「何以致伐」者，是問「何以致會」。❷今不然耳，問「何以致」者，乃可説云「得意不致，不得意致伐」耳。今遺其問致伐之本意，更出不致之别説，欲以濛澒其語，營亂耳目，豈通也哉？且用《公羊》之説，公伐齊取穀，有何不得意哉，乃云「患之起，必自此始」？按：是後乃無齊患，雖何休曲爲之説，寧足蔽其妄乎？

二十七年，楚人、陳侯、蔡侯、鄭伯、許男圍宋。《公羊》曰：「其稱人，爲執宋公，貶也。」非也。宋襄公死久矣，《春秋》前貶之明矣，又終僖之篇貶，何爲乎？

二十八年，晉侯侵曹。晉侯伐衛。《公羊》云：「未侵曹也。」非也。若未侵曹者，《春秋》豈探其情而先書之？

❶「非」，明抄本作「伐」。
❷「何以」，明抄本作「得意」。

公子買戍衛，不卒戍，刺之。《公羊》曰：「不可使往也。」非也。若不可使往而刺之，是得其罪矣，又何更其文爲「不卒戍」乎？且殺大夫，何必著其罪哉？其著之罪，則是加之，加之則濫矣。《春秋》直記之者，見濫也。傳不曉此意，而妄云云。何休乃復引曰：「不日，以明有罪無罪。」❶不亦迂乎？

及楚人戰于城濮。《公羊》曰：「此大戰也，曷爲使微者？」此自戕賊者也。按：《公羊》本云楚無大夫，前年伐宋圍緡，雖以師行，猶自從本稱，稱人而已。今忽如此問，則是楚有大夫也。即今言之是，前所言非也；即前言之是，今所言非也。何休乃引屈完。按：彼屈完乃自爲尊之，以當桓公，特説此文耳，非常之辭，何得引比乎？又，諸侯自用師，楚自使微者，豈得不謂之大戰？「曷爲使微者」，❷亦問之無理者也。

陳侯如會。《公羊》云：「後會。」非也。陳本不預盟約，聞會自至。其意、其文與「陳侯使袁僑如會」一耳，不可横出兩説。

公朝于王所。《公羊》曰：「天子在是也。」非也。不言天子在是，不與致天子也。若不與致天子，則不書「天子在是」。彼云「天王狩于河陽」，豈與致天子乎？

陳侯款卒。何休曰：「不書葬者，爲晉文諱。」推此言也而觀之，其妄可勝記乎？

天王狩于河陽。《公羊》曰：「不與再致天子也。」何休曰：「一失禮尚愈。」予謂傳語有理而不合經，注語

---

❶ 「無罪」，明抄本無此二字。

❷ 「曷」上，明抄本有「乃曰大戰」四字。

無理而不可訓，豈有以臣召君云「一失尚愈」乎？一失尚愈者，謂小德出入耳。若顛倒君臣，淆亂尊卑，此罪之大者，尚云「愈」哉？

二十九年，介葛盧來。《公羊》曰：「夷狄之君。」非也。白狄無名，介何以得名？

三十年，衛侯鄭歸于衛。《公羊》曰：「其言歸何？歸惡乎元咺也。」非也。《公羊》常例，以歸者出入無惡，復歸者出有惡歸無惡。縱《春秋》歸惡於元咺，書衛侯亦足矣，❶又謂之「出入無惡」，可乎？

公子遂如京師，遂如晉。《公羊》曰：「公不得爲政爾。」非也。僖公之時，大夫初未强，豈敢專行哉？此殆誣之矣。

三十一年，取濟西田。《公羊》曰：「諱取同姓之田。」言魯此地本爲晉侯所還，當時不取，久而取之，故坐取邑也。非也。諸侯受封，自有分矣，後雖侵奪喪失，有王者作，皆當還之。魯取己物，假令本無伯主之命，猶應以功覆過，故《魯頌》美僖公能復周公之宇，何有反坐取同姓之田哉？又，《公羊》桓二年傳曰：「至乎地之與人，則不然，俄而可以爲其有矣。然則爲取可以爲有乎？曰：不可。若楚王之妻媦，無時焉可也。」以是推之，明曹不得終有魯地，魯緣伯主之命而取之，又何足諱哉？

三十二年，衛人及狄盟。何休云：「言及者，知不得狄君。」非也。書「衛人狄盟」則不成文，書「衛人會狄」則實盟非會。曰「及狄」者，使文理相成耳，亦猶晉侯會狄、會吴之比也，尚何疑乎？

---

❶「書」，明抄本作「善」。「侯」下，明抄本有「復歸」二字。

文公

元年，天王使叔服來會葬。何休曰：「常事書者，文公不肖，諸侯莫肯會之，故書天子之厚，以起諸侯之薄。」非也。文公始即位，亦何不肖而諸侯遂聞之乎？向若天子亦不遣叔服會葬，則《春秋》便都無文以見文公之不肖矣。又曰：「叔服不稱王子者，時天子、諸侯不務求賢，而專貴親親，故尤其在位子弟，刺其早任以權也。」亦非也。天子之子得稱王子，猶諸侯之子得稱公子也。王子有封國爲諸侯者，不得復稱王子，當以爵爲重；其未命爲諸侯者，自當從大夫之制，❶或字或名。理適宜之，非爲刺親親也。又云：「魯得言公子者，方録異辭，故獨不言弟也。」然則魯不言弟，乃《春秋》之常。而公子慶父伐於餘丘，乃云「不言弟，起其幼少將兵」。❷凡此云云，《公羊》本無其説，俱出何休爾。而乖錯如此，❸可爲怪歎。

天王使毛伯來錫公命。《公羊》曰：「加我服也。」非也。命爲諸侯。❹

二年，作僖公主。《公羊》曰：「刺欲久喪而後不能。」非也。公自惰緩不作主耳，何以知其欲久喪？

❶「夫」下，明抄本有「士」字。
❷「起」，原作「豈」，今據明抄本改。
❸「此」，明抄本作「是」。
❹「侯」下，明抄本有「耳」字。

及晉處父盟。《公羊》曰：「何以不氏？諱與大夫盟也。」非也。諱與大夫盟，没公足矣，何爲去其氏？即内微者及晉處父盟，何以辨乎？何休曰：「使若得其君，如經言邾婁儀父矣。」若然，又不當没公也。

三年，晉陽處父伐楚救江。何休曰：「若兩之，當先言救。」非也。若實伐楚，又往救江，豈非兩之乎？明此，但脱「以」字爾。

四年，逆婦姜于齊。《公羊》曰：「娶乎大夫，略之也。」此雖孤經，無他證據，然魯初納幣，乃用上卿，審娶大夫者，禮豈如此崇乎？

五年，王使榮叔歸含且賵。《公羊》曰：「其言歸含且賵何？兼之，非禮也。」非也。禮，國君薨，鄰國弔之。其敵體也，❶猶含、賵、襚，共一大夫，況王者於其臣妾乎？何休曰：「不從含晚言來者，本不當含。」按《公羊》例，不及事言來，其常也。今含不及事，❷自可言來，何害於不當含而又去「來」乎？又傳譏兼之，不譏含也，則傳意以含爲禮，注意以含爲非禮，其自相反戾至如此！

王使召伯來會葬。何休曰：「去天者，不及事，刺比失喪禮也。」非也。天子會葬諸侯而有早晚，小失耳，未可集以爲過也，何至遂貶去「天」乎？

六年，葬晉襄公。何休曰：「刺公不自行，非禮也。諸侯薨，大夫弔，自會葬。」吾不知此在何禮。周有

❶「體」，明抄本作「盟」。
❷「令」，明抄本作「令」。

千八百諸侯，統計五十年死亡略盡，是一歲凡有三十六君死也，如一一會葬，雖疲死道路，猶未能適，❶況又外有朝會，内有祭祀，如何得暫假而行之乎？❷言不近理，無甚此者。

晉殺其大夫陽處父。晉狐射姑出奔狄。《公羊》曰：「晉殺其大夫陽處父，則狐射姑何爲出奔？射姑殺也。」此問之非也。處父見殺，射姑出奔，何有可疑而明射姑殺處父乎？成十五年，宋殺其大夫山，宋華元出奔晉，然則殺山者亦華元乎？

閏月不告朔，猶朝于廟。《公羊》謂：「不告朔，禮也。猶朝于廟，非禮也。」非也。閏雖無常而政有常，安得不告？假令閏十二月者必有立春，立春之政所當告也。若就前月告之則先時，若就後月告之則不及時，《夏書》曰：「先時者，殺無赦。不及時者，殺無赦。」由是觀之，則自當告也。❸

七年，公伐邾婁。甲戌，取須朐。《公羊》曰：「取邑不日，此何以日？内辭也，使若他人然。」非也。僖公時亦嘗伐邾取須朐矣，何不爲内辭哉？何休曰：「所以深諱者，扈之盟不見序，并爲取邑故。」按：僖公取須朐之年，與邾戰於升陘，敗内之師，理亦可諱，而何故不日以爲辭哉？❹又，僖二十六年，伐齊取穀，書

❶「適」，明抄本作「徧」。
❷「假」，明抄本作「暇」。
❸「則」，明抄本作「閏」。
❹「爲」下，明抄本有「内」字。

「公至自伐齊」者，《公羊》以謂：「雖得意，且有後患，故從不得意之例，以致公也。」然僖公後卒無患。今止緣取邑之故，❶故扈之盟不見序，可謂後有患矣，何不書「公至自伐邾婁」以起不得意乎？夫取穀無患也，書「公至」，取須朐有患，不書「公至」，何二三哉？

公會諸侯、晉大夫盟于扈。《公羊》曰：「諸侯不可使與公盟，眣晉大夫使與公盟。」非也。在會者，皆諸侯也，既與公盟矣，又何云「眣晉大夫」乎？且諸侯不欲與魯侯盟，乃敢眣晉大夫使之盟乎？皆事之不然者也。

徐伐莒。何休曰：「謂之徐者，前共滅王者後，故狄之。」非也。徐亦夷耳，《書》云「徐、戎並興」，非至今乃狄之也。

八年，公孫敖如京師，不至復。丙戌，奔莒。何休曰：「日者，嫌敖罪明，則起君弱，故諱使若無罪。」按：《公羊》所説，經義明矣，而何休横以此例紛亂之，是畫蛇足者也。且敖之罪加日，何以能諱？不日，何以能益？

宋人殺其大夫司馬。宋司城來奔。《公羊》曰：「曷爲皆官舉？宋三世無大夫。」非也。僖二十五年，宋殺其大夫，不舉名氏，以謂宋無大夫也。今此舉官，亦云無大夫。若實内娶無大夫者，都無所舉是矣，或官舉，或不舉，何哉？

---

❶「止」，明抄本作「此」。

九年，秦人來歸僖公成風之襚。《公羊》曰：「兼之，非禮也。」非也。僖公成風猶惠公仲子耳。若以謂兩人者，豈可敘母於子下哉？《禮》曰「婦人三從」，是謂婦人無專行耳，如遂令母在子下，不可謂知禮。

春秋權衡卷第十二　公羊第五

十一年，叔孫得臣敗狄于鹹。《公羊》曰：「長狄也。」非也。《春秋》有赤狄、白狄、山戎、陸渾戎、淮夷之類，記夷狄如此之詳也，苟有長狄如《公羊》所説「蓋長百尺」，無爲不言長狄也。

十二年，盛伯來奔。《公羊》曰：❶「失地之君也。」非也。邢遷于夷儀，此自遷也。宋人遷宿，此亡國之文也。盛降於齊師，此亦自降也。齊人降鄣，此亦亡國之文也。此類分明，理無可疑。然則郕本未亡，《公羊》强謂之亡。此盛伯自來奔魯，《公羊》謂即莊公時所滅者，且莊公至今七十餘歲矣。又曰「與郜子相似」，亦可怪也。

子叔姬卒。《公羊》曰：❷「母弟也。」非也。子叔姬者，子叔姬也。

晉人、秦人戰于河曲。《公羊》曰：「曷爲以水地？河千里而一曲也。」非也。河曲者，亦地名爾，豈謂千里一曲乎？若千里一曲，悉可名之河曲，是三河之閒無他地名，直曰河曲而已，不亦妄乎？何休又曰：

❶「曰」，明抄本作「云」。
❷「曰」，明抄本作「云」。

「起兩曲。」益非也。戰于濆泉，《公羊》曰：「濆泉者，直泉也。」可謂「兩直」乎？❶

十三年，陳侯朔卒。不書葬，何休曰：「盈爲晉文諱也。」劉子曰：推此言也而觀之，其妄可勝記乎？

十四年，齊人執單伯。齊人執子叔姬。《公羊》曰：「道淫也。」非也。按：齊舍未踰年，魯人豈以女予之？縱令世衰多居喪而娶者，《春秋》猶書「子叔姬歸于齊」。

十五年，宋司馬華孫來盟。何休曰：「不稱使者，宋無大夫。」按：司馬即大夫之官，華孫即大夫之名，何謂無大夫乎？又，祭叔來聘，何休云：「不稱使，起我無君。」今此不稱使，又云「無大夫」，其言雜亂不可條理，豈不甚歟！

齊人歸公孫敖之喪。《公羊》曰：「何以不言來？内辭也。脅我而歸之，筍將而來也。」按：此言脅我則近矣，其說不言來之意則謬矣。有來者，有不來者。此其不來者也。《春秋》據實而書耳，非爲内辭也。且文稱「齊人歸公孫敖之喪」，見脅明矣，何必去「來」也哉？❷又曰：「筍將而來。」按：敖死殆十月，豈可置之編輿以行？此又理之不然者。

諸侯盟于扈。何休曰：「不序不日者，順上諱文，使若扈之盟，都不可得而知。」非也。扈地雖同，文公之行有善惡，惡自當貶，善自當褒，何有貶其前會之惡遂舉地而諱之乎？若以文公之行無改者，此扈之會

❶「直」，原作「曲」，今據明抄本改。
❷「去」，原作「云」，今據明抄本改。

猶前扈之會也，是又不然。按十三年「還自晉」，注曰：「文公前扈之盟不見序，後能救鄭之患，不逆天王之求，上得尊尊之義，下得解患之恩，一出三爲諸侯所榮。」若此，文公可謂能變矣。秦穆能變，《公羊》以爲賢，文公能變，《春秋》反追其舊惡乎？何謂順上諱文，使扈之盟爲不可知哉？

齊人來歸子叔姬。《公羊》曰：「其言來何？閔之也。」非也。加「來」，何以爲閔？不加「來」，何以不閔？❶此直來歸耳，無强説也。凡《公羊》言來歸之意，❷多若此。

齊侯侵我西鄙，遂伐曹，入其郛。《公羊》曰：「入郛書乎？曰：不書。此何以書？動我也。」非也。入郛殆矣，幾乎入矣，勢不輕於圍，豈得不書乎？❸

十六年，宋人弑其君杵臼。❹《公羊》例曰：「大夫弑君稱名氏，賤者窮諸人。大夫相殺稱人，賤者窮諸盜。」非也。大夫弑君，有稱名氏者，有獨稱名者，有稱人者，所謂賤者也。至於盜，則皆盜賊矣，非所謂賤乎賤者也。大夫相殺，正當明其罪，王札子殺召伯、毛伯是也。稱人者，其有罪者也。其文意分明，可不講而得，又何紛紛乎？凡弑君者，《公羊》或云當國，或云不當國，使《春秋》之例此可通也，固足信也。今當國者

❶「以」下，明抄本有「爲」字。
❷「意」，明抄本作「類」。
❸「乎」，明抄本作「哉」。
❹「杵」，明抄本、四庫本、薈要本及《春秋公羊傳解詁》作「處」。

或不當國，不當國者或當國，例與文反，豈可賴乎？ 且《公羊》分別當國，以謂見輕重也。 夫弑君者，何惑於輕重乎而固分別之哉？

宣　公

元年，晉放其大夫胥甲父于衛。《公羊》曰：「君放之，非也。 大夫待放，正也。」非也。 大夫待放者，以道去其君者也。 君放大夫者，寬其罪於死，投之於遠者也。 若放驩兜于崇山之類也，無去是云爾，豈非正乎？

晉趙穿帥師侵柳。《公羊》曰：「柳者，天子之邑也。 不繫乎周者，不與伐天子也。」非也。 信如《公羊》之言，❶柳爲天子之邑，趙穿伐之，晉罪大矣，《春秋》曾無文貶之乎？ 郤缺所以稱人者，納接菑也；無駭所以不氏者，始滅也；衛侯朔所以絶者，犯命也。 以郤缺論之，則晉當稱人；以無駭論之，則趙穿當名；以衛侯朔論之，則此誅絶之罪，❷其無文以貶之，何哉？

二年，戰于大棘，宋師敗績，獲宋華元。 何休曰：「復出宋者，非獨惡華元，明恥辱及宋國。」非也。 一國之卿，戰而大敗，敗而見獲，其恥可知矣。《春秋》雖不明之人，獨不見乎？ 又，成十五年，宋華元自晉復歸

❶ 「信」，明抄本作「審」。
❷ 「罪」下，明抄本有「也」字。

于宋。何休曰：「不去宋者，華元賢大夫，故繁文大之也。」此一華元之身，或冒宋以惡賤之，或冒宋以美大之，是何淆亂哉？

四年，公及齊侯平莒及郯。莒人不肯，公伐莒，取向。《公羊》曰：「其言不肯何？辭取向也。」非也。聖人作經曰諱國惡云乎，豈曰文過云乎？誣人甚矣！

五年，齊高固及子叔姬來。《公羊》曰：「何言乎高固之來？言叔姬之來而不言高固之來，則不可。」非也。昉以高固之來，故并書以譏之爾，無他義也。

六年，晉趙盾、衛孫免侵陳。《公羊》曰：「趙盾弑君，何以復見？」此問之迂者，其意欲發盾非弑君也，不知例不可通也。凡弑君復見者，寧止盾乎？以謂盾復見，則非弑君，宋萬復見亦非弑君乎？說者乃巧辭蔽之如此，誰不能者？然去道已遠矣！

八年，仲遂卒于垂。《公羊》曰：「不稱公子，貶也。」是也。何休曰：「貶加字者，起嬰齊爲歸父後，大宗不得絶也。」非也。必如休言，季友卒，復欲起誰爲後乎？且古之人賞善罰惡，不私其親。弑君者，滅其人，污其宫，何大宗不可絶哉？

九年，取根牟。《公羊》云：「邾婁之邑也。」何休曰：「屬有小君之喪，❶邾婁子來加禮，未期而取其邑，故諱不繫邾婁也。」劉子曰：推此言也而觀之，其妄可勝記乎？

---

❶ 「屬」，明抄本作「爲」。

十年，齊人歸我濟西田。《公羊》曰：「言我者，未絶於我也。」非也。若未絶於我，經何故得書「齊人取濟西田」乎？何休又云：「明齊不當坐取邑。」如此，《春秋》書齊取之者，乃非也，迷惑至如此！按：僖公取濟西田，本當得之，何休以謂「坐取田」；今齊人取濟西田，本不當得之，何休以謂「不坐取田」，持議詭僻，非所謂使民無所措手足者乎？

十一年，晉侯會狄于欑函。何休曰：「所聞世，治近升平。記外離會言會者，殊夷狄也。」非也。會狄者，便文耳。他時中國離會，可曰某人、某人會於某。狄不當稱人，又不可曰晉侯、狄會於某。書會狄者，便文故也。休不曉其意，而造異端，其實於道無所損益。

楚人殺陳夏徵舒。《公羊》曰：「此楚子也，其稱人何？貶也。」非也。此譬猶蔡人殺陳佗耳，何以異哉？且外討弑君之賊，何不得乎？假令於義小負，尚未可貶稱人也，田恒弑簡公，孔子沐浴請討之，聖人豈不知義而欲陷其君使至於貶者？如《公羊》意，是謂仲尼不知義也。

納公孫甯、儀行父于陳。《公羊》曰：「納公黨與也。」按《公羊》例：「立、納、入皆爲篡。」此公孫甯、儀行父稱納者，篡大夫乎？其謂之公黨，何哉？何休曰：「徵舒殺君，二子如楚訴之，徵舒之黨從後絶其位。」然則二子之位本不絶也，困於賊臣，故失職爾。今何以謂之納？反從篡書乎？

十二年，晉荀林父帥師及楚子戰于邲，晉師敗績。《公羊》曰：「大夫不敵君，此其稱名氏以敵君何？不與晉而與楚子爲禮也。」非也。大夫不敵君，而荀林父獨得稱名氏以敵楚子，此可謂與晉而不與楚子爲禮，而非不與晉而與楚子爲禮也。城濮之戰，子玉、得臣不見名氏，《公羊》以謂「大夫不敵君也」。彼子玉以不見名氏爲不敵君，此林父以見名氏爲不敵君，❶二者孰能知之乎？又，城濮之戰，晉文公也，今邲之戰，楚莊王也。二君者，皆公羊所賢，同爲設義，而乖異如此，此雖使公羊復生，❷吾知其必不能合也。而諸儒競爲文飾，❸以惑後進，❹豈不可怪也哉？

十四年，曹伯壽卒。何休曰：「日者，公子喜時父也。」劉子曰：推此言也而觀之，其安可勝記乎？

十五年，宋人及楚人平。《公羊》曰：「大其平乎己也。」非也。臣無專美，古今之通誼也。且莊王非不賢者，司馬子反何不退與其君謀而遂擅與宋平？且吾觀子反既以宋情告莊王而莊王更怒者，其意非必獨惡子反之以軍糧告宋也，亦愠子反之擅平於外也，故曰：「舍而止。」如使莊王素懷不仁之行，必且窮國之力而甘心焉，是由子反激之也。而子反乃今劫君以先歸，而後僅克成其功，亦幸莊王素有仁人之心爾。故子反進則擅君之美，退有邀君之罪，二者無一可，而《春秋》乃大其平乎己，可謂義乎？

晉師滅赤狄潞氏，以潞子嬰兒歸。《公羊》曰：「潞何以稱子？潞子之爲善也，躬足以亡爾。」非也。赤狄，狄也；潞氏，狄之别也；潞子，其君也。夷狄之君稱子，周禮也，非爲善而亡也，蓋迷於有爵爾。

❶「此林父以見名氏爲不敵君」，原無，今據明抄本補。
❷「此」，明抄本無此字。
❸「競」，明抄本作「乾」。
❹「惑」，明抄本作「戒」。

十六年，晉人滅赤狄甲氏及留吁。何休曰：「言及者，留吁行微不進。」非也。言甲氏留吁則似一國，言甲留吁則一國愈明，故以「及」絶之，爲二國也。又，氏者，所以配甲也，非爲行進也。文固不可曰「晉人滅赤狄甲及留吁」，又不可曰「晉師滅赤狄潞，以潞子嬰兒歸」，故以「氏」足之爾。《公羊》乃謂國不若氏，非通論也。

成周宣榭災。《公羊》曰：「新周也。」非也。吾既言之矣。

郯伯姬來歸。何休曰：「嫁不書，爲媵也。來歸書者，後爲嫡也。」若其始嫁時，郯子未爲君，亦當不書，休何用必之乎？此非君子之言也。

成公

元年，作丘甲。《公羊》云：「譏始丘使也。」何休云：「使丘民作甲。」非也。若如此，經自當言「丘作甲」，非「作丘甲」也。且如何休所譏，《春秋》當爲惡其使農爲工，亂四民之業爾，然則當言「農作甲」，或言「民作甲」，何故云「丘」乎？丘者，井邑之類，若丘民作甲，井民獨不作甲乎？《春秋》但曰井作甲，豈不益明？而度邑指丘，其意何哉？

二年，戰于鞌。《公羊》曰：「曹無大夫，公子手何以書？憂内也。」非也。《春秋》不王魯，吾既言之矣。且曹何以獨無大夫乎？若曹以小國故無大夫，鄭亦伯也，亦無大夫乎？且《春秋》之正諸侯也，以王爵，不以土地廣狹也，曹、鄭同儕，一有大夫，一無大夫，何哉？

齊侯使國佐如師。《公羊》曰：「君不行使乎大夫，此其行使乎大夫何？佚獲也。」非也。君不行使乎大夫者，謂安平無事耳。今兩國治戎，將在軍，君命有所不受。苟君命有所不受，其重且專也可知矣，行使何傷？又，諸侯會晉師於棐林，實趙盾之師，言晉師者，君不會大夫也。君不會大夫，故可言晉師，不可言趙盾師。今此亦言晉師足矣，乃其常文，何以爲「不行使大夫」乎？

取汶陽田。何休曰：「不言取之齊，恥乘勝脅齊求賂也。」❶非也。此乃取齊所侵地耳，何恥之有？

公及楚人、秦人、宋人、陳人、衛人、鄭人、齊人、曹人、邾婁人、薛人、鄫人盟于蜀。《公羊》曰：「其稱人何？得一貶焉云爾。」吾不識此語，得貶云者，竟何事也？吾欲問之。❷

五年，梁山崩。《公羊》云：「外異不書。」非也。迷於百二十國寶書，不知據魯史爾。

八年，晉侯使韓穿來言汶陽田歸之于齊。❸《公羊》云：「内辭也，脅我歸之也。」非也。此直書其事耳，亦何内辭哉？又云：「鞌之戰，齊侯弔死問疾，七年不飲酒，不食肉。」亦妄也。仲尼稱顔子三月不違仁，以謂難也。如齊侯遂能若此，過顔回遠矣，國人歸之，諸侯畏之，死何以復謚頃公乎？

宋公使公孫壽來納幣。《公羊》曰：「録伯姬也。」非也。伯姬雖賢，然當此之時，未有可賢者，賢在其守

❶「賂」下，明抄本有「邑」字。
❷「問」，明抄本作「聞」。
❸「陽」下，明抄本及《春秋公羊傳解詁》有「之」字。

死善道非禮不動耳，豈可先事褒之哉？

天子使召伯來錫公命。《公羊》曰：「元年，春，王正月，正也。其餘皆通矣。」是謂天子、天王等耳。而何休説之，又異其文意，自相伐也。是非之説，可勝紀乎？

衛人來媵。《公羊》説與納幣同，非也。

九年，季孫行父如宋，致女。《公羊》説與納幣同，亦非也。❶

十年，乃不郊。《公羊》曰：「其言乃不郊何？不免牲，故言乃不郊也。」是矣。何休乃言「諱使若重難不得郊」，其意欲指「乃」難乎「而」也，不知本不可稱「而不郊」也，此所謂知其一，不知其二者也。休又云：「不免牲，當坐盗天牲。」夫不免者，直繫之耳，何説盗乎？且此又小惡，不足以深諱也。

十五年，宋華元自晉歸于宋。何休曰：「不省文復出宋華元者，以憂國爲大夫山所譖，大之也。」非也。此但常文耳，無所見義，必欲爲之造説者。宣二年書宋華元，以謂賤恥之。若實賤恥乎，若實美大乎，何二三也？

宋魚石出奔楚。何休云：「後言復入者，出無惡，知非君漏言魚石不殺山。」非也。此本不當爲例，且不可推之也。向令魚石不復入彭城，便當指之爲殺山者矣。休意欲爲漏言護短，故爲此解，短不可護，而拙彌甚。

---

❶「九年」至「亦非也」，原無，今據明抄本補。

會吴于鍾離。《公羊》曰：「曷爲殊會吴？外吴也。」非也。一地而再言會者，明一會也。吴則其君矣，未可以爵通，又不可稱人，稱人則下從大夫之例，故須云「會吴」，以成其文也。若實外吴者，後吴人會向，何以不殊之？又會於申，有淮夷，亦何以不外之？❶吴豈不若淮夷哉？夫太伯至德，實始有吴，以族言之則周伯父也，《春秋》豈端外之乎？

十六年，會于沙隨，不見公。《公羊》曰：「公不見見，大夫執，何以致會？不恥也。曷爲不恥？公幼也。」非也。按：公即位至今十有六年矣，❷豈得云幼哉？近上不郊不免牲等，《公羊》輒云公怨天，怨懟有不敬心也。❸若此時尚幼，彼時固甚幼，幼不當恥，何苦責之？

晉人執季孫行父，舍之于招丘。❹《公羊》曰：「代公執，故仁之。」非也。凡國有罪而執其正卿，禮也。又，《公羊》説公時尚幼，則罪非公爲，罪非公爲則正卿當執矣。此乃行父致恥於公，《春秋》何故反仁之乎？理苟不足仁之，則舍於招丘，❺都不如《公羊》之語也。又，晉人來乞師而不與。何休云：「不書者，無惡。」亦非也。晉爲伯主，伐叛討罪，所以恭王命也。乞師於屬諸侯，其意甚恭，而魯人靳不予之，是惡矣，何謂無惡乎？

---

❶「亦」，明抄本作「在」，屬上讀。
❷「至」下，明抄本有「于」字。
❸「怨」，明抄本作「忿」。
❹「招」，明抄本作「苕」。
❺「招」，明抄本作「苕」。

十七年，九月，辛丑，用郊。《公羊》曰：「九月，非所用郊也。」非也。五月郊，何不加「用」乎？五月豈所宜郊乎？且如《公羊》之言，《春秋》但譏郊失時爾，直曰「九月郊」，理豈不明而加「用」乎？又曰：「用，然後郊明。」《公羊》初未了經意，聊爲此説爾。❶

壬申，公孫嬰齊卒于貍軫。《公羊》曰：「非此月日也，待君命，然後卒大夫。」非也。君之許嬰齊爲大夫，固在前矣，君至而後明之爾。❷然則卒嬰齊，當在致公之前，無疑也。若以嬰齊反未至，故不得以大夫卒之者，嬰齊之卒，竟未爲大夫，則嬰齊終不合卒，無爲但移卒於致公之後也。若以公許之則成大夫矣，先公未至，卒之何傷乎？假令國人未知公命，不録其卒，公後告之，乃追録其卒，既追録之，固應在致公之前，明公之許之爲大夫也固在前爾，豈不可乎？又，公孫敖卒于齊。彼不待公命，何爲卒之哉？物有似是而非者，此之謂也。

襄　公

三年，陳侯使袁僑如會。《公羊》曰：「後會也。」非也。吾於「陳侯如會」已言之矣。❸又曰：「諸侯之大

❶「爲」，明抄本作「如」。

❷「後」，明抄本作「復」。

❸「言」，明抄本作「有」。

夫及陳袁僑盟。」何休云：「復出陳者，喜得陳國。」亦非也。成二年，戰于鞌，齊侯使國佐如師。己酉，及國佐盟于袁婁。當此之時，亦得齊國矣，則何不復出齊國佐乎？

五年，叔孫豹、鄫世子巫如晉。《公羊》云：❶「相與往殆乎晉也。」非也。請解之於滅。

會吳人、鄫人于戚。《公羊》曰：「吳何以稱人？吳、鄫人云，則不辭。」是也。言不可以爲文辭也。然《公羊》問「吳何以稱人」者，是謂吳不當稱人也，則非矣。各有所施。此年，會吳於善稻，其君在會也。今會吳人于戚，其臣來會也。君臣異辭，此所以不同，非爲欲抑鄫人，故進吳子爲人也。且若所言，《春秋》序吳於鄫上，則是抑鄫矣，亦無緣更進吳也。

六年，莒人滅鄫。《公羊》曰鄫取莒公子爲後，故《春秋》書之，同於滅也。陸質曰：「若鄫取莒人爲後者，罪在鄫子，不在莒人也。《春秋》應以梁亡之例書鄫亡，不當但責莒人而已。」此言善也。

七年，鄭伯髡原如會，未見諸侯。丙戌，卒于鄵。❷《公羊》曰：「大夫弒之，爲中國諱，不忍言也。」非也。臣弒其君，孰與乎弒其父哉？弒其父，《春秋》不爲中國諱也，今何故忽爲中國諱弒君乎？又，臣弒其君，❸不務正其罪，而顧欲遮覆掩匿，使爲惡者不顯，而銜冤者不報，此所謂以利口覆邦家者也，非君子之辭

---

❶ 「云」，明抄本作「曰」。

❷ 「鄵」，四庫本、薈要本及《春秋公羊傳解詁》作「操」。

❸ 「臣」，原作「人」，今據明抄本改。

也。又曰：「未見諸侯，其言如會何？致其意也。」亦非也。未見諸侯者，記事之次序耳，何足問乎？

十二年，莒人伐我東鄙，圍台。《公羊》曰：「邑不言圍，伐而言圍者，取邑之辭也。伐而不言圍者，非取邑之辭也。」非也。伐一事也，圍一事也，取一事也，三者不相亂，明矣。而猶云云，不亦惑乎？又，此下有「季孫宿帥師救台」，即莒人已取之者，尚何救哉？又，十五年，「齊人伐我北鄙，圍成。公救成，至遇」。《公羊》曰：「其言至遇何？不敢進也。」是謂齊已取成矣。明年，又有「齊侯伐我北鄙，圍成」。即已取之者，安得又有一成而取之乎？又，十五年，「公救成，至遇」，下云「季孫宿帥師城成郛」，即齊已取之，魯安得郛之乎？

十八年，白狄來。《公羊》曰：「何以不言朝？不能朝也。」似近之矣，其實非也。王者正朔，❶本不及夷狄，豈責夷狄以行朝禮哉？苟爲順其俗而至者，其有慕中國之心，斯可謂朝矣。

十九年，公至自伐齊。《公羊》曰：「何以致伐？未圍齊也。」非也。若諸侯實未嘗圍齊者，《春秋》何得書之乎？且《春秋》所謂紀事之書，而非記意之書，豈得探意以爲事哉？

取邾婁田，自漷水。《公羊》曰：「漷移也。」非也。向者，執邾子，乃爲此爾。且如《公羊》言，魯以漷自移而取田，《春秋》乃坐其君以盜地乎？何悖也！

晉士匄侵齊，至穀，聞齊侯卒，乃還。《公羊》曰：「大夫以君命出，進退在大夫也。」非也。若兵未出境，

---

❶「王者」，明抄本、四庫本、薈要本作「周之」。

豈得擅還哉？《春秋》記其至穀者，乃所以明境外得專之也，與公子結于鄄一例矣。何休曰：「言乃者，士匄有重難廢君命之心。」亦非也。「乃」猶「即」爾，譬如「箕子乃言」之類，直謂遂然，非必重難也。大凡以「乃」對「而」，則「而」輕「乃」重，謂若「乃克葬」「而克葬」二者，文通而字異，故得以別輕重；若文不可通，則亦不可通也。「乃不郊」「乃還」「乃卜三龜」，若此之類，訓與「即」相近，非復「乃克葬」之等也。然則理自不合言，而非不欲言也。

二十一年，❶邾婁庶其以漆、閭丘來奔。《公羊》曰：「邾婁無大夫。」非也。其曰「重地」，是也。假令賤者竊邑來奔，不可但云邾人，故須著見其名，示有以懲勸也。

二十三年，邾婁鼻我來奔。《公羊》曰：「以近書也。」此文過飾非之辭，非要言也。

晉欒盈復入于晉，入于曲沃。《公羊》曰：「欒盈將入晉，晉人不納，由乎曲沃而入。」非也。若盈能入晉，禍已構矣，❷且何能勿納乎？夫盈之不單身入晉，審也。苟爲不能入晉矣，則雖由乎曲沃，亦何能入乎？然則由曲沃之士衆以入者也。《春秋》宜先明其復入曲沃，乃後言其入于晉，今何故反顛倒之乎？按：盈入于晉，晉人不納，盈爲未嘗得入也，《春秋》不當書入矣。由乎曲沃而入，是得入也，《春秋》當書入矣。不當書而書，當書而不書，是何謂《春秋》乎？

❶「二」，原作「二」，今據明抄本改。
❷「構」，原爲空格，今據明抄本補。四庫本作「萌」。

叔孫豹帥師救晉，次于雍榆。《公羊》曰：「先救後次，先通君命也。」非也。大夫受命而出，豈有君命而不通哉？何必爲此文乎？

二十五年，諸侯同盟于重丘。何休曰：「會盟再出，不舉重者，起諸侯欲誅崔杼。」按：是後遂無誅杼之事，則此妄語也。

衛侯入于陳儀。《公羊》曰：「曷爲不言入于衛？諼君以弑也。」非也。衎雖失位，非剽臣也，剽雖得國，非衎君也，《春秋》豈謂衎爲諼君乎哉？何休又謂：「衎不能自復，遂詐爲剽臣。」此非人之情，何有此事哉？入于陳儀者，猶突入于櫟、公在鄆爾，不須多疑而更紛紛也。

二十六年，宋公殺其世子痤。何休曰：「痤有罪，故平公書葬。」如休言者，痤何以不若鄭段省其氏乎？痤不省氏，無惡明矣。且凡葬者，臣子之事也，君弑不討賊不書葬者，以爲無臣子，故可以至此焉。今以誅大夫之故，故去其葬，謂誅大夫與弑君比乎？且凡君殺母弟、世子則直稱，君殺大夫則稱國，❶所以貶之已明矣，何賴於葬、不葬乎？

晉人執衛甯喜。《公羊》曰：「不以其罪執之。」非也。晉爲伯主，不討賊、不執人則已矣，今欲討賊且執人，而反不以其罪執之，何哉？此殆不然。

二十七年，衛殺其大夫甯喜。《公羊》曰：「已約，歸至，殺甯喜。」然則喜非復有他罪也，衛侯以弑君誅

❶「殺」，明抄本作「弑」。

之耳。以弑君誅之，何爲不以討賊之辭言之乎？謂衛侯不當誅喜乎？何以責定公不能討季氏也？

豹及諸侯之大夫盟于宋。《公羊》曰：「曷爲再言豹？殆諸侯也。曷爲殆諸侯？爲衛石惡在是也。❶曰：惡人之徒在是矣。」非也。此乃一事再見者，前目而後凡耳，何謂殆諸侯乎？假令衛石惡實惡人者，何至能變亂諸侯之盟乎？衛比諸侯，亦小國耳，何至諸侯遂危懼之乎？皆事之不然者。且石惡，名爾，行未必惡也，謂名惡者行惡，名善者則行善矣，董賢可謂賢乎？

三十年，葬宋共姬。《公羊》曰：「外夫人不書葬。」非也。内女不書卒者，常禮也，嫁於諸侯則書之。既已録其卒矣，何得不録其葬乎？唯所貶乃不書葬耳。

會于澶淵，宋災故。《公羊》曰：「録伯姬也。」非也。宋災故者，豈善之乎？又曰：「此大事也，曷爲使微者？」亦非也。諸侯相聚而更宋之喪，❷何大事之有？又曰：「卿則其稱人何？卿不得憂諸侯也。」亦非也。大夫受君命，以出爲會，是諸侯耳，何用必其非諸侯之命乎？

❶「爲」，明抄本無此字。
❷「之」下，明抄本有「新」字。

春秋權衡卷第十三　公羊第六

昭　公

元年，叔孫豹會晉趙武、陳公子招云云。《公羊》曰：「此陳侯之弟招也，何以不稱弟？貶也。」非也。《公羊》以母弟稱弟故云爾，不知母弟可以稱弟而不可常稱，常稱皆以重書也。且招之罪在殺世子偃師，不在會于漷也。聖人褒貶各於其事，豈有迎其未然之事、探其且然之罪以爲貶哉？推此而言，傳云「母弟稱弟」不可通也。又曰：「招之罪已重矣，何爲復貶於此？著招之有罪也，言楚之託乎討招以滅陳也。」❶亦非也。夫殺世子，此招之罪也。滅陳之國，此則非招之罪也。以楚討招而滅陳，而遂移罪於招，豈《春秋》之理哉？

三月，取鄆。❷《公羊》曰：「鄆者，内之邑也。」非也。鄆常見於《春秋》，❸皆與莒事相附，此莒之附庸，明矣。

❶ 「也」，原作「地」，今據明抄本改。
❷ 「鄆」，明抄本及《春秋公羊傳解詁》作「運」。下一「鄆」字同。
❸ 「鄆」，明抄本作「運」。

秦伯之弟鍼出奔晉。《公羊》曰：「秦無大夫，仕諸晉也。有千乘之國而不能容其母弟，故君子謂之出奔也。」非也。凡《春秋》所言出奔，皆貶也。今如傳所説鍼者乃秦伯之過，此自當貶秦伯，而不當貶鍼也。向若《春秋》書曰「秦伯放其弟鍼於晉」，則可問曰：「秦無大夫，此何以書？」曰：「仕諸晉也。以千乘之國而不能容其母弟，故君子謂之放也。」今經言奔，此罪在鍼不在秦伯，明矣，何以見秦伯仕之於晉乎？ 由是言之，所謂「秦無大夫」者，直虚言爾。

莒去疾自齊入于莒。莒展出奔吴。何休曰：「不從莒無大夫去氏者，篡重，不嫌本不當氏也。」非也。莒去疾猶曰齊小白，莒展猶曰鄭忽，此乃常文，見貶爾，自不得從大夫例也。

疆鄆田。《公羊》曰：「畏莒也。」非也。成公九年，楚人伐莒，莒潰，楚人入鄆。襄公十二年，莒人伐我，圍台，季孫宿救台，遂入鄆。今又因莒之亂疆鄆田，此明鄆爲莒附庸，明矣。鄆本屬莒，故魯取其邑，未得其地，故因莒亂帥師而往，分明疆土，此乃欺之，非畏之也。且以理言，魯强莒小，魯安莒亂，何爲乃畏莒哉？季孫宿帥師入鄆，豈自入其邑哉？

三年，北燕伯款出奔齊。何休曰：「名者，所見世，責小國詳。」此乃大繆，且不可信。自是以前，出奔而名者，不爲失地，即大惡也。今至款，獨云「在太平世，責之詳」，亦幸見款無他大惡，故令休得如此云。即令款身有惡如衛朔比者，❶豈可連書兩名以見之哉？不連書兩名，不足以見法也，何者？款負大惡而名之，

❶「令」，明抄本作「今」。

休必謂「款以大惡名」，不曰「見治太平，名也」。

四年，會于申。何休曰：「不殊會淮夷者，楚子主會行義，故君子不殊其類，所以順楚而病中國。」此亦無理，不可信也。休謂楚今行義，故《春秋》以病中國，然則楚自合進與中國等矣，則宜殊會淮夷以起其事。❶今乃云欲順楚義而不殊其類，是足見楚與淮夷未有異也，何能病中國哉？原其所以云云者，欲成向者殊會吴之説耳。按會于戚，❷吴人、鄫人在列，又何故不殊？

取鄫。《公羊》曰：「諱滅也。」非也。莒已滅鄫矣，此又能重滅之乎？《公羊》本謂鄫未滅，故因而爲之辭耳。

五年，叔弓帥師敗莒師于濆泉。《公羊》曰：「濆泉者，直泉也。」非也。此地名爾，豈謂戰而泉涌乎？戰而泉涌，固當舉戰地於上而後書曰「有濆泉」，❸不得引濆泉以爲戰地也。❹且《公羊》説戰于泓以水地者，❺善其不薄人於險也。戰于河曲者，河曲疏矣，非水地也。戰于乾時者，著時之乾，亦非水地也。戰于

---

❶「則」，明抄本作「甫」。

❷「戚」，原作「向」，今據明抄本改。按：向之會，在襄十四年，會吴之事皆特書也。戚之會，在襄五年，會吴之事皆不特書。

❸「固」，明抄本作「因」。

❹「得」下，明抄本有「遂」字。

❺「戰」，原無，今據明抄本補。

邲者，又善楚莊王不戹人也。則是以水地者，必水戰矣。今此舍地之名更著泉稱，❶是豈莒、魯之師居泉中戰乎？

秦伯卒。《公羊》曰：「秦者，夷也，匿嫡之名也。」非也。謂秦爲夷，則經書「秦伐晉」乃其理自適然矣，非貶之也。或謂秦是夷，或謂秦非夷，何哉？且諸侯卒不名者多矣，可以悉謂之夷乎？凡夷狄之爵，雖大，不過子。秦爵伯也，非夷亦明矣。又《詩序》：獻公之女爲秦穆公夫人，而生康公，康公爲太子時贈送晉文公于渭之陽，作《渭陽之詩》。則康公者，嫡子也。今尋《公羊》，以文十八年秦伯罃卒爲穆公，則宣四年秦伯稻卒爲康公，驗此兩者，又各有名，非匿之也。《公羊》乃云「嫡得之」，然則秦伯亦未盡用夷禮，安知彼不名者自與中國諸侯不名同哉？

七年，葬衛襄公。何休曰：「當時而日者，世子輒有惡疾，不早廢之，臨死乃命大臣廢之。自下廢上，鮮不爲亂，故危録之。」未知休何以見此事邪。推此言也而觀之，其安可勝記乎？

八年，陳侯之弟招殺陳世子偃師。按：此但殺世子爾，而元年《公羊》説云自是弑君，非實事也。蒐于紅。《公羊》曰：「以罕書。」非也。吾既言之矣。

九年，陳火。《公羊》曰：「存陳也。」何休謂：「陳爲天所存。」非也。此自聖人欲存之，故録爾，安知

❶「泉」，原無，今據明抄本補。

天意？❶

十一年，楚師滅蔡，執蔡世子友以歸，用之。❷《公羊》曰：「其稱世子何？不君靈公，不成其子也。」予謂不成其子而稱世子，義與文反，難以説也。又，鄭忽亦稱世子，豈復不成其子哉？又曰：「用之築防。」此似兒戲，非可也。❸

十二年，齊高偃帥師納北燕伯于陽。《公羊》曰：「伯于陽者，公子陽生也。」非也。《公羊》謂孔子作《春秋》用百二十國寶書也，豈百二十國書悉如此殘缺乎？曷爲不革？又，孔子作《春秋》用百二十國寶書，而見於《春秋》者裁六十餘國耳，所以不悉見者，師説是非，❹卓佹則不取也。如陽生此事，殘缺乃爾，又非卓佹，蓋何足復録乎？明《春秋》之作，據魯史審矣。以是論之，伯于陽非公子陽生，其所云云者，皆誣聖人也。

十三年，公不與盟。《公羊》曰「不恥不與」是也，言「諸侯遂亂，反陳、蔡」非也。陳、蔡滅而復封，此豈非所謂「力能救之則救之，可也」者乎？何故恥之？

十五年，有事于武宫。籥入，叔弓卒，去樂，卒事。《公羊》曰：「君有事於廟，聞大夫之喪，去樂，卒事。」

❶「意」下，明抄本有「乎」字。

❷「用」，原作「乎」，今據明抄本、公是本、四庫本、薈要本改。

❸「可」下，明抄本有「信」字。

❹「是」，明抄本作「事」。

非也。曾子問君在，祭不得成禮者幾，仲尼語之詳矣，而不及此，此所以知其非也。

蔡昭吴奔鄭。何休曰：「不言出者，始封名言歸，嫌與天子歸有罪同，故奪其有國之辭，明專封。」非也。以昭吴爲蔡侯之身邪，蔡侯始歸名廬，後卒亦名廬，此不得謂之昭吴也。以昭吴爲蔡大夫邪，國非大夫之有，奈何於大夫之身奪有國之辭哉？以謂欲見專封也，蔡侯廬歸于蔡，其專封不既明已乎？且齊侯嘗專封衛、邢、杞三國矣，❶未見《春秋》復奪三君之國也，今此何故獨奪之邪？

二十年，曹公孫會自鄸出奔宋。《公羊》曰：「爲公子喜時之後諱也。」非也。《春秋》之義，善惡各以其事進退之，何有賢其祖而遂諱其後子孫惡乎？且所以諱賢者之過者，謂小不足以妨大，短不足以毁長，而可以成人之美者也。若乃大惡，至叛君專地，反臣子之義，亂人倫之常矣，而猶爲之諱乎？如必賢者子孫則罪皆可諱，是蔡、管不誅於周也。由是觀之，所謂「公子喜時諱」，❷其義安在哉？何休又曰：「有明王作，喜時當還國。」亦非也。伯夷、叔齊讓國其弟，當武王之興，不聞還孤竹之封於伯夷也，豈伯夷爲不及公子喜時哉？武王非王者哉？

二十一年，宋華亥、向甯、華定自陳入于宋南里以叛。《公羊》曰：「南里者何？若曰因諸者然。」非也。宋南里者，入宋而居南里也，又何疑焉？

---

❶ 「侯」，明抄本作「桓」。
❷ 「公」上，明抄本有「爲」字。

二十二年，王室亂。《公羊》曰：「言不及外也。」非也。此不問可解矣。謂王室亂者，嫡庶並争，亂在宗室者也，本不得言京師亂、成周亂、王城亂，其理適然。而何休又云云，皆趨文而遺意者也。

劉子、單子以王猛居于皇。《公羊》云：「其稱王猛何？當國也。」非也。王猛乃王矣，未逾年，是以不可稱「天王」，而又不可以諸侯例稱「子」也。何則？獨言「子」則似魯之子，冠「王」於「子」則又與他王子相亂，故稱「王」繫「猛」者，明是乃王者在喪之常稱，可無疑也。殷人作書，以君名篇，明都不諱也。周人以諱事神，死則諱之，生亦不諱也。逾年之後，臣子可稱之曰「天王」，未逾年則以「王」繫名，通謂之小子王。生名之，死亦名之，明尊未成也。今此「王猛」，是生名之也，後曰「王子猛」，是死亦名之也。而《公羊》不達此，見文稱「王猛」，則謂與小白、齊突等矣，不知文無所移易也。甚矣，其陋也！且《春秋》書「王猛居于皇」，即猛不正，可言居乎？

劉子、單子以王猛入于王城。《公羊》曰：「王城者何？西周也。」何休云：「得京師地半，自稱西周。」非也。此休不知之耳。又曰：「其言入何？篡辭也。」亦非也。向王猛居于皇，亦何不言入乎？必若以入爲篡者，下有天王入于成周，亦可謂篡乎？

王子猛卒。《公羊》曰：「不與當父死子繼，兄死弟及之辭也。」非也。向言王猛者，以文不可繫子。今言王子者，死當以子禮治之，明是乃王之子也。言卒者，未逾年之君，猶子赤、子般，皆言卒也。言卒則可，言薨則不可，猶夷狄之君言子則可，言男則不可也。禮之次序，各自有所宜，❶不必未逾年之諸侯則當稱

❶「宜」，明抄本作「以」。

卒，未逾年之王則當稱薨也。何休云：「《春秋》篡成者，皆與使當君之。」非也。《春秋》視篡奪之人無可奈何爾，隨其自所稱呼而書之者，見其罪也，豈與使君之乎？若篡成則與使君之，是《春秋》獨惡不善篡，而縱所善篡也。大爲之防，民猶逾之，又開其利，❶篡者衆矣。

二十三年，吴敗蔡、胡、沈、頓之師。《公羊》曰：「此偏戰也，曷爲以詐戰之詞言之？不與夷狄之主中國也。然則曷爲不使中國主之？中國亦新夷狄也。」非也。此欲自文飾其短爾。按：戰者，凶事，非禮讓之事，就令夷狄主之，又何不得而《春秋》不肯乎？又，夷狄所以爲夷狄者，正以狡詐無義爾。中國所以爲中國者，亦正以禮義尊尊耳。今《春秋》所以退中國不使主戰者，以其不爲中國之行也。而夷狄能結日偏戰，不爲狡詐，❷何故不得主中國乎？中國有惡則不得進，狄有善又不得進，此豈褒貶之指哉？且王室亂，非蔡、胡、沈、頓所能任其憂也，何故責之爲夷狄乎？故於吴則没其偏戰之善，而誣以詐戰之惡。於中國則罔以夷狄之行，而强詆以罪。此弊由用日月爲例也。試不用日月之例，則戰自戰，敗自敗，了然分矣。

獲陳夏齧。《公羊》曰：「吴少進也。」然則吴猶得獲，中國豈不得主中國？且所主者，但戰而已，何嫌不得哉？

天王居于狄泉。《公羊》曰：「此未三年，其稱天王何？著有天子也。」非也。其意以謂：未三年，不當

❶「開」，明抄本作「聞」。
❷「爲」，明抄本、薈要本無此字。

言天王爾。王者雖諒闇三年，然逾年之後，臣子可以天王稱之矣，而王者未可自決政事也，豈謂都無天王之稱哉？毛伯來求金，不稱天王明命，自上下不合稱之也。天王居于狄泉，臣子稱之，理自得稱天王也。聖人之意可見矣。

二十四年，叔孫舍至自晉。二傳皆無叔孫，《公羊》獨有，此似聖人本意，所謂辭繁而不殺者也，但説之非爾。

二十五年，秋七月，上辛，大雩。季辛，又雩。《公羊》曰：「聚衆以逐季氏也。」非也。若七月聚衆，則何至九月公乃出奔乎？何休又説：「日爲君，辰爲臣。去辰者，逐季孟之意。」蓋迂而不典。

二十六年，天王入于成周。《公羊》曰：「其言入何？不嫌也。」何休云：「不嫌爲篡，但起其難。」然則於王猛，何以獨惜此義？

二十七年，吴弑其君僚。何休曰：「不書闔廬弑，爲季子諱。」非也。季子之不討闔廬者，蓋勢不可也，豈義之乎？故託不忍父子兄弟相殘耳，而《春秋》何爲遂爲之諱？夫弑君之惡，大矣，尚可諱乎？若弑君之惡而可諱，何則不可諱乎？季子，賢者也。賢者之心，豈止於不欲父子兄弟相殘殺乎？雖殘他人亦不可也。苟焉《春秋》但順賢者之意而爲之諱，❶是一國有賢，通國無罪也。其大者至弑君而猶爲之諱，則其小者戕人、賊人固不當問矣。且季子之不討闔廬，其義安在哉？知力不足討而外託不忍者也。然則季子

❶「焉」，明抄本作「爲」。

之不忍，親親之私恩也。《春秋》之褒貶，天下之公義也。❶以天下之公義而觀季子之行事，❷苟非其力不足者，則季子未免於貶，何者？私親親之愛，而亂尊尊之序，聖人不爲也。是以周公致辟二叔而不疑，今季子何得擅以私愛廢公義哉？然所以仲尼美之不貶者，知其力不足而能外託親親。若是者，可謂達權矣，此其指也。以謂順賢者之意，則可以縱弑君之罪，不亦悖乎？不亦悖乎？

三十一年，黑弓以濫來奔。《公羊》云：「通濫也。」非也。以叔術爲賢，賢既不足，又懸隔數十世之外，而通叛君之黑弓，使當有國，誰能信之乎？漢諸儒辨此多矣，是非紛拏者，❸惑於辭也。不若以大義格之，❹使在度外。且仲尼稱「雍也，可使南面」。居敬而行簡，出門如見大賓，使民如承大祭」。有如叔術之爲者乎？平居講道則多「雍也」，退而作《春秋》反貴叔術，是自相駮也，其非聖人意亦可知矣。

定公

二年，雉門及兩觀災。《公羊》曰：「兩觀微也。」又曰：「主災者，兩觀也。」皆非也。災有先後，據見而

❶「也」，原無，今據明抄本補。
❷「以天下之公義」，原無，今據明抄本補。
❸「拏」，原作「拏」，今據明抄本改。
❹「格」，明抄本作「革」。

書，譬猶六鷁退飛也：視之則六，察之則鷁，審之則退飛，何至顛倒先後、强出尊卑乎？尋繹其意，所以迷惑者，以謂桓宫、僖宫災，不言「及」也。彼自火並出燒之，莫知次序，故直以遠者序上耳。又云：「曷爲不言雉門災，及兩觀？」其意以下新作雉門及兩觀爲比，亦非也。新作可序上，不可序下，災可序下，不可序上，此亦制作之常理，何足致疑而問之乎？

四年，公及諸侯盟于浩油。何休曰：「再言公者，昭公數如晉，不答，❶卒爲季氏所逐。定公初即位，得與諸侯盟，故喜録之。」非也。春秋諸侯之會，常事耳，非王道之正也，無故繁文推以爲喜，《春秋》何喜於此哉？

六年，仲孫何忌。《公羊》曰：「譏二名。」其意以謂二名難諱也。古者，蓋雖君之名，臣不諱矣；父之名，子不諱矣。及至於周，臣諱君之名，子諱親之名，然猶諱其死不諱其生，諱其同不諱其嫌，二名則不偏諱也。仲尼之母名徵在，言徵不言在，言在不言徵，自仲尼不偏諱二名，況其他乎！夫己不能諱二名，反譏人之二名，豈理也哉？

十年，宋公之弟辰暨仲佗、石彄出奔陳。何休曰：「辰言暨者，明仲佗、石彄强與俱出。」非也。若如休

❶「答」上，明抄本及《春秋公羊傳解詁》有「見」字。

所言，辰罪爲輕，❶何故反序上乎？又，何爲明年入于蕭而書「及」乎？按隱元年《公羊》云：❷「暨，猶暨暨也，不得已也。」未知不得已者，爲己不得已乎？謂他人不得已乎？以吾觀之，則暨使他人不得已是也，何者？暨之意，强也，競也，故曰暨暨。以暨暨之故，人不得已從之，此可知矣。昭七年暨齊平者，是時魯數侵莒邑。莒者，齊兄弟之國。又，元年，莒去疾自齊入莒，有親親之恩，故齊與魯構怨不平也。❸於是昭公外娶于吴而朝聘於楚，❹深得其威，❺因此以强逼齊爲平。《春秋》惡其貪殘不知恥，而服人不以德，故書暨齊平，不盡其事，微以見意也。今此「暨仲佗、石彄」，亦猶彼矣。若如休言，昭七年暨齊平者，齊、魯初未有惡，何忽有平哉？然説經者患各執一偏，吾言及者，自通之文，❻無汲汲也。言暨者，乃强人之文，是我强人，非人强我也。彼人强我者，如韓穿來言汶陽之田，及晉處父盟之類，皆自見矣。用是求之，及非汲汲，暨非强我，明矣。且若必謂暨爲我不得已者，及晉處父盟，亦可謂不得已矣，則其言「及」何？

十二年，薛伯定卒。何休曰：「不日月者，子無道，當廢之，而以爲後。未至三年，失衆見弒，故略之。」

---

❶「罪」，明抄本作「非」。
❷「云」，明抄本作「曰」。
❸「構」，原爲空格，今據明抄本補。
❹「是」，明抄本作「時」。
❺「威」，明抄本作「成」。
❻「之」，原無，今據明抄本補。

劉子曰：推此言也而觀之，其妄可勝記乎？且《公羊》曰：「立嫡以長不以賢，蓋防亂也。」如休所言，更相違矣。

十四年，衛世子蒯聵出奔宋。何休曰：「子雖見逐，無去父之義。」此不達於變也。諸侯以國爲家，四境之内，力能專制之。若蒯聵不去，爲靈公所殺，則陷父于大惡。今奉身逃竄者，收小惡於己也。以小易大，其情甚順，此非《春秋》所惡也。

哀　公

二年，晉趙鞅帥師納衛世子蒯聵于戚。《公羊》曰：「曷爲不書入于衛？」❶何休曰：「據弗克納言于邾婁。」非也。彼以弗克納，故得言於邾婁耳。此但得入戚，未得入衛，故不得言衛，亦其理自然，何以見父得有子乎？凡父得有子，子不得有父，豈不誠道乎？然於此經則害於義，故其言則是也，其於説經則非也。

三年，齊國夏、衛石曼姑帥師圍戚。《公羊》以爲可，古人已有能辨之者矣。❷

桓宫、僖宫災。《公羊》曰：「復立也，不言復立，見者不復見也。」非也。古之人，豈無所省文哉？亦不若是而省之耳。且必若云襄公作三軍，舍中軍曷爲獨書哉？

---

❶「書」，明抄本及《春秋公羊傳解詁》作「言」。

❷「之」，原無，今據明抄本補。

六年，齊陽生入于齊。陳乞弒其君舍。《公羊》曰：「弒而立者，不以當國之辭言之。此其以當國之辭言之何？爲諼也。」非也。如《公羊》之説，陽生本正與商人相似，弒而代立與商人相似，陽生諼而弒之，商人亦諼而弒之，所以諼之雖殊，所以爲諼則同，今何故陽生、商人乖異若此哉？《公羊》本欲引商人以求與之合，而事同文别，反更大繆。乃知例苟不通者，雖曲説愈僞也。何休以爲「不舉陽生弒者，❶諼成于乞」。然則是公子比之類也。公子比、棄疾宜效死勿聽，❷故坐弒君，陽生亦宜效死勿聽者也，亦當坐弒君。公子比首惡，陽生不蒙首惡，何哉？

七年，秋，公伐邾婁。八月，己酉，入邾婁，以邾婁子益來。《公羊》云：「内辭也，使若他人然。」非也。邾、魯相近，故初秋伐之，八月又入之，此自兩事，❸理當並書，無取於内辭也。入邾婁使若他人，猶有可諉，❹以邾婁子益來又可云他人乎？又曰：「曷爲不言其獲？内大惡，諱也。」亦非也。諸侯擅入人之國，爲大惡可矣。戰而獲人，獲者則大惡矣，獲之者豈可同其科哉？又此自入而以歸，❺不得以獲解也，吾既言之矣。

八年，宋公入曹，以曹伯陽歸。《公羊》曰：「不言其滅，諱同姓之滅也。」非也。當此之時，魯人自救不暇，

---

❶「爲」，明抄本作「謂」。
❷「比」下，明抄本有「脅於」二字。
❸「自」，明抄本作「是」。
❹「諉」，明抄本作「諼」。
❺「自」，明抄本作「是」。

豈有不救同姓之滅，《春秋》遂責之乎？且責魯不救而諱曹之滅，縱失宋公之惡，苟責無罪之魯，甚非禮也。❶

十三年，公會晉侯及吳子于黄池。《公羊》曰：「吳主會也。」按：吳主會，必非晉所願也，《春秋》宜曰：「公會晉侯暨吳子于黄池。」則與《公羊》例合矣。今乃曰「及吳子」，此其晉、魯汲汲，❷我欲之者邪？又曰：「吳在是，則天下莫敢不至也。」何休以謂：「云爾者，欲爲魯侯殺恥，故不書諸侯也。」吾謂《春秋》審欲爲魯侯殺恥者，書諸侯乃宜矣，無爲乃没之也。

十四年，西狩獲麟。《公羊》曰：「《春秋》何以始乎隱？祖之所逮聞。」非也。聖人作經爲天子法，❸不苟記祖所逮而已，蓋不得聖人之意而言之也。且如所言，祖者，謂曾祖乎？高祖乎？如謂曾祖，孔子曾祖防叔，則孔父三世之孫。如謂高祖，孔子高祖祁父，亦孔父二世之孫。孔父死於桓二年，其孫不得見隱，審矣。計防叔、祁父之時，應在閔、僖之間，《春秋》則當起於閔、僖，不宜始隱公也。凡《公羊》之書，其乖謬大體麤正之矣。至於委曲微密，似是而非，索言之則不可勝言，❹非講學辨論者不能及也，故闕焉以俟知者，❺亦將有起予者乎云爾。

❶「禮」下，明抄本注云「禮作理」。
❷「其」，明抄本作「豈」。
❸「子」，明抄本作「下」。
❹「索」，明抄本作「悉」。
❺「俟」，明抄本作「侯」。

春秋權衡卷第十四　穀梁第一

隱公

元年，春，王正月。《穀梁》曰：「雖無事，必舉正月，謹始也。」按：此實有事者，以見隱公讓，故不書「公即位」爾。何謂「無事」乎？

三月，公及邾儀父盟于蔑。❶《穀梁》曰：「及者，内爲志焉爾。」非也。及齊高傒盟、及晉處父盟，豈復内爲志者邪？又曰：「儀，字也。父，猶傅也，男子之美稱也。言善其結信於魯，故以字貴之。」亦非也。春秋來會於魯者多矣，不聞悉可貴也。若以初入春秋故得貴之，則桓十七年，會邾儀父盟于趡，又何爲乎？且《春秋》之作，貶諸侯、明王道，以救衰世者也。凡記盟會者，於王法所不得爲，皆貶也。甫當貶之，何有於褒？且以私結盟之故而褒之，後有善焉，何以加其身？

鄭伯克段于鄢。《穀梁》曰：「克，能也。何能爾？能殺也。」非也。未有一字轉相訓詁而可并兩義者也，誣人已甚矣。

❶「蔑」，四庫本作「眛」。

及宋人盟于宿。《穀梁》曰兩卑者也。吾謂二國爲盟，非兩卑者所定。就有兩卑者盟，《春秋》亦不書之。何也？事小而多不信，可以略故也。

公子益師卒。《穀梁》曰：「日卒，正也。不日卒，惡也。」非也。公孫敖、仲遂、季孫意如豈正者乎而皆日，叔孫得臣不聞有罪，而反不日，皆妄也。

二年，公會戎于潛。《穀梁》曰：「會者，外爲主焉爾。」非也。若令内爲志者，可曰「公及戎于潛」乎？

五月，莒人入向。《穀梁》曰：「入者，内弗受也。」此義疎矣。凡將兵攻人之國而能勝之入焉者，斯謂之入矣，非必以内弗受解也。有入人之國而可以受之者乎？然則《穀梁》今所言者，歸、入之例也，妄并之矣。

無駭帥師入極。《穀梁》曰：「入者，内弗受也。」又曰：「不稱氏者，滅同姓，貶也。」按：入則不得謂之滅。而《穀梁》先既以入解之，末又以滅通之。此似穀梁作傳時自以入爲義，後竊見《公羊》之書以入爲滅，又因注焉者也。故兩義雖不相合，而猶並存也。又，八年，無駭卒，不稱氏。《穀梁》亦先曰：「隱不爵大夫也。」又云：「或説曰：『故貶之也。』」此兩者皆出《公羊》，又皆係之初説之後，明穀梁私見《公羊》之書，而竊附益之云爾。不然，無爲兩事各自終始反戾也。

紀履緰來逆女。❶《穀梁》曰：「以國氏者，爲其來交接於我，故進之也。」非也。諸侯婚姻，聘使相往來亦常耳，何妄得進之？且履緰國氏何異鄭詹而曰進之乎？謂履緰進之者，詹亦進之乎？

❶「緰」，原作「繻」，今據明抄本及《春秋穀梁傳集解》改。下同。

紀子伯、莒子盟于密。《穀梁》兩説皆無足取者。

夫人子氏薨。《穀梁》曰：「不書葬，夫人之義，從君者也。」非也。隱薨在十一年，今夫人薨，相去九年，可得預知君當不葬而先除其葬乎？夫人之義，雖曰從君，至於卒、葬，非其所能自制也，奈何以必從君限之哉？文姜親與弑君，《春秋》猶書其葬，況於此非弑君之人乎？

三年，日有食之。《穀梁》説晦朔之例，雖文與《公羊》異，而謬與《公羊》同。吾既言之矣。

宋公和卒。《穀梁》曰：「諸侯日卒，正也。」非也。齊小白、晉重耳皆可謂正乎？若曰篡明則不疑者，此妄説矣。本設日、不日例者，非復有他義也，明正、不正而已耳。苟正者日，不正者不日，則其義可信而無疑。今正者日，篡明者亦日，不知《春秋》何能不憚煩于篡明之人而必知其日哉？❶若篡明之人乃去其日，豈不益至公至明哉？徒爲此紛紛，何也？又，曹伯使世子射姑來朝，則曹伯之嫡也。莊二十三年，曹伯射姑卒，有月無日，此復何邪？

葬宋繆公。《穀梁》曰：「日葬，故也，危不得葬也。」非也。宋繆公之葬，有何危邪？《春秋》日葬者多，不必皆有危也。但欲以日月爲例，而不知理有不可者，以謂人雖有難已者而事無可據，譬如説神怪者也。夫以説神怪自況，人亦以説神怪況之矣，曾何足致詰乎？

四年，莒人伐杞，取牟婁。《穀梁》曰：「言伐言取，所惡也。」非也。若不言伐，則牟婁爲杞邑不明，理自

❶ 下「知」字，明抄本作「加」。

當爾，何惡之有？若言伐言取，然後云惡，則凡伐而不取、取而不伐者，皆不惡之哉？

衛州吁弑其君完。《穀梁》曰：「大夫弑其君，以國氏者，嫌也，弑而代之也。」非也。宋督、宋萬亦可云弑而代之乎？公子商人豈非弑而代之乎？而督、萬氏國，商人不氏國，何也？

公及宋公遇于清。《穀梁》曰：「及者，内爲志焉爾。」非也。若外爲志，可曰「公會宋公，遇于清」乎？又曰：「遇者，志相得也。」按八年傳：「不期而會曰遇。」若内爲志，又志相得，非不期也。

翬帥師會宋公、陳侯、蔡人、衛人伐鄭。《穀梁》曰：「不稱公子，貶之也。」非也。欲貶翬者，宜於此稱公子，既弑君而除之，無爲先事而貶也。觀傳此意，與《公羊》同病，吾既言之矣。

衛人殺州吁于濮。《穀梁》曰：「其月，謹之也。」吾爲《春秋》，苟不舉月則勿謹之乎？何必爲此文哉？

五年，考仲子之宫。《穀梁》曰：「考者，成之也。成之爲夫人也。」非也。若成之爲夫人，經當曰「考夫人子氏之宫」，今但曰「仲子」，非夫人明矣。又曰：「仲子者，惠公之母。隱孫而修之，非隱也。」亦非也。若實非隱，經當曰「立仲子之宫」，今曰「考宫」，非非隱明矣。實説仲子之卒，在惠公末年，故元年天王使宰咺來歸賵，後其葬期也。不謂仲子之卒在惠公之前，而平王因惠公之喪以賵仲子也。爲《穀梁》者，誤其前後，故謂隱公追祀惠公之母。其實仲子與惠公同年而卒，故隱公疑仲子未嘗祭於子，不可便已，欲通其意，作宫祭之，終已而已。《春秋》許其知禮之變，故以「考宫」書，不以「立宫」書也。

初獻六羽。《穀梁》曰：「始僭樂矣。」尸子曰：『始厲樂矣。』」劉子曰：言僭樂是也，詎得厲樂乎？

螟。《穀梁》曰：「甚則月，不甚則時。」劉子曰：此亦説神怪之比也。實甚而時，無以詰之。實不甚而

月，亦無以詰之。若因而更之曰「甚則時，不甚則月」，人亦莫辨也。❶

公子彄卒。《穀梁》曰：「隱不爵命大夫，其曰公子彄，何也？先君之大夫也。」非也。隱雖讓國，當此之時，實魯君也，爵命大夫，何有不可哉？周公攝政，猶專廢置天下諸侯，況隱公明爲魯君乎？又不知若隱公者，苟爵命大夫則不成讓國乎？何其疑隱公之小也？

宋人伐鄭，圍長葛。《穀梁》曰：「伐國不言圍邑。」非也。有伐者，有圍者，理當並書，不得以輕重相覆也。又曰：「苞人民，驅牛馬，曰侵。斬樹木，壞宮室，曰伐。」亦非也。古之行師，不必盡如此其暴也。或問罪，或討亂，師之所至，而百姓不擾，❷猶謂之侵伐也，亦可如傳所言名之乎？春秋雖亂世，會有一國以道侵伐，不苞人民，不驅牛馬，❸亦不斬樹木、壞宮室者，《春秋》何以書之？夫桓、文之師，誠有節制也，其所侵伐，庸得盡如傳所言哉？又有可疑，即復一國以兵加人，即苞其人民、驅其牛馬矣，❹又斬其樹木、壞其宮室，《春秋》可遂兩書侵伐乎？

六年，鄭人來輸平。《穀梁》曰：「輸平者，不果成也。」其意以謂春秋前，魯與鄭平。至四年時，翬帥師

❶「辨」上，明抄本有「我」字。
❷「擾」，明抄本作「憂」。
❸「不」，明抄本無此字。
❹「即」，明抄本作「既」。

伐鄭，故鄭人今請絶前平也。非也。凡云平者，蓋兩國約不相背云爾。今魯以伐鄭，平絶可知，若鄭人不來輸平者，寧可謂舊平未絶乎？有伐人之國，而猶自謂有平乎？然則魯、鄭之平，不待告而絶亦明矣，又安有不果成事乎？

七年，叔姬歸于紀。《穀梁》曰：「其不言逆，何也？」是也。知此叔姬必非媵也，故得見于經矣。又曰：「逆之道微，無足道焉爾。」非也。不言逆者，則君親迎者也，常事不書，故不舉君也。❶范甯以叔姬者，伯姬之媵也。若然，穀梁子不當問「其不言逆何也」，禮豈有夫逆妾媵者哉？胡爲問之？其問之也，乃知叔姬非伯姬之媵也。

滕侯卒。《穀梁》曰：「滕侯無名，狄道也。」非也。《春秋》諸侯卒，或名或不名者多矣，豈盡狄道哉？不可信之語，此故爲甚。

城中丘。《穀梁》曰：「城爲保民爲之也。民衆城小，則益城。益城無極，故譏也。」非也。若民衆城小，可得勿城乎？《穀梁》明知城爲保民爲之，而又嫌其爲民衆益城，自相反戾矣。

齊侯使其弟年來聘。《穀梁》曰：「其弟云者，以其來接于我，貴之也。」非也。諸侯交聘，亦常事耳，❷何遂分別貴賤哉？

❶ 「君」，明抄本無此字。
❷ 「常」，原作「嘗」，今據明抄本改。

戎伐凡伯于楚丘，以歸。《穀梁》曰：「國而曰伐。此一人而曰伐，何也？大天子之命也。」不知《穀梁》之意，謂此伐者，真亦斬樹木、壞宫室邪？毋乃直以大天子之命進之言伐邪？若真斬樹木、壞宫室者，此一人之身，安得樹木、宫室哉？若直以大天子之命進之言伐者，又未知戎所以施無道于凡伯之身者實何事，而《春秋》直以「伐」易之也。今注者則以謂戎執凡伯也，然則變「執」言「伐」爾。而傳又言：「以歸，猶愈乎執也。」若伐非執者，如傳言可矣。今伐則執也，譬如曰「戎執凡伯于楚丘，以歸」云爾，安得猶愈者乎？且以歸，何以能愈于執乎？又曰：「戎者，衛也。」如此，乃《春秋》縱失衛侯之惡，❶歸罪于戎也。

八年，鄭伯使宛來歸邴。《穀梁》曰：「名宛，所以貶鄭伯。」非也。魯爲大國，猶有未命大夫獨稱其名者，況如鄭小國乎？

宿男卒。《穀梁》曰：「未能同盟，故男卒也。」審如傳言，又何以知其非狄道而無名者乎？

公及莒人盟于包來。《穀梁》曰：「可言公及人，不可言公及大夫。」非也。莒人即莒大夫，微，故稱人耳。若可言人，不可言大夫，及晉處父盟，何不曰「及晉人盟」乎？

九年，天王使南季來聘。《穀梁》曰：「聘諸侯，非正也。」范甯矯之，是矣。

三月，癸酉，大雨，震電。《穀梁》曰：「雨月，志正也。」非也。此不著癸酉，則不足以見八日之間再有大變。莊七年，辛卯，星隕如雨。不日，又不見夜及夜中。葬定公，雨，不克葬。不日，又失葬期。理自合日，

---

❶「乃春秋」，明抄本作「春秋乃」。

豈闕不正乎？僖三年六月雨者，❶無他卓詭，書月足矣，豈闕正乎？

十年，公敗宋師于菅。《穀梁》曰：「内不言戰，舉其大者。」非也。此語乃與《公羊》相似，❷吾于《公羊》既言之矣。

十一年，公薨。《穀梁》曰：「隱十年無正，隱不自正也。」非也。無事，偶不書正月耳，不足以爲據。

桓公

元年，春，王。❸《穀梁》曰：「桓無王。其曰無王，何也？桓弟弑兄，臣弑君，以爲無王之道。」非也。弟弑兄、臣弑君見矣，雖書王，❹獨可謂之有王乎？

鄭伯以璧假許田。《穀梁》曰：「假不言以。言以，非假也。諱易地也。」非也。實以祊易許者，豈可云璧假乎？且經但言「璧假」，諱易爲「假」已足矣，諱祊爲「璧」何差于罪乎？且令實以璧易許者，何以爲文乎？

❶「三」，原作「二」，今據明抄本改。按：僖公二年六月，無書雨之文。
❷「相」，原作「何」，今據明抄本、四庫本改。
❸「春」，明抄本無此字。「王」下，明抄本有「正月」二字。
❹「書」上，明抄本有「盡」字。

二年，春，❶王正月。《穀梁》曰：「桓無王。其曰王，何也？正與夷之卒也。」非也。但不書王與夷之卒遂不正乎？

七月，紀侯來朝。《穀梁》曰：「朝時。此其月，何也？桓内弑其君，外成人之亂，于是爲齊侯、陳侯、鄭伯討。數日以賂，己即事而朝之。惡之，故謹而月之。」非也。六年，冬，紀侯來朝。猶是前紀侯耳，猶是此桓公耳，行不加進，惡不差減，而紀侯過而不改，是謂過矣，❷其責宜深，深則宜日，反書時，何哉？是豈《春秋》不惡之乎？

公至自唐。《穀梁》曰：「桓無會，其致，何也？遠之也。」非也。隱亦無會，何遠之有？

三年，夏，齊侯、衛侯胥命于蒲。《穀梁》曰：「相命而信諭，謹言而退。以是爲近古也。」非也。吾于《公羊》既言之矣。

四年，春，正月，公狩于郎。《穀梁》説曰：「春而曰狩，蓋用冬狩之禮。」非也。周之正月，❸夏之十一月，云狩是也。事在周禮，穀梁子自顛倒之耳。

天王使宰渠伯糾來聘。《穀梁》説與《公羊》相近，非也。

---

❶「春」，明抄本無此字。

❷「是」上，明抄本有「文之」二字。

❸「周」，原作「春」，今據明抄本改。按：周正建子，夏正建寅，是以周之正月爲夏之十一月。

五年，正月，甲戌，己丑，陳侯鮑卒。《穀梁》曰：「何爲以二日卒之？陳侯以甲戌之日出，己丑之日得，不知死之日，故舉二日以包也。」非也。國君潛行獨出，安所之乎？若入于民臣之家，則必有知者。若獨死曠野，是非人情，且何以能歷十六日而人不覺乎？依倚古事，人所不見，遂肆意妄説，不顧道理，甚可怪也。❶

天王使任叔之子來聘。《穀梁》曰：「任叔之子者，録父以使子也，故微其君臣，而著其父子。」非也。文稱「天王使」矣，何謂「録父使子」乎？又何謂「微其君臣」乎？又曰：「父在，子代仕之辭。」亦非也。若子擅代父仕者，貶任叔可矣。今曰「天王使任叔之子」，既曰天王使之矣，豈父在使子自代者邪？若曰「天王使任叔子代父仕」者，則是天王已命任叔之子矣，無所復譏，且不得繫任叔言之也。父老而使其子仕亦常事耳，天王既以命之，與衆卿仕何異哉？❷而《穀梁》又不當言「録父以使子」。

蔡人、衛人、陳人從王伐鄭。《穀梁》曰：「舉從者之辭也。其舉從者之辭，何也？爲天王諱伐鄭也。」非也。直言從王伐鄭，文順事明，可不煩解矣。又安云「舉從者之辭」，何益哉？且安見諱伐鄭之義哉？所謂無病自灸者。

六年，大閲。《穀梁》曰：「平而修戎事，非正也。蓋以觀婦人也。」非也。但曰「大閲」，安知觀婦人乎？

---

❶「甚」，明抄本作「其」。

❷「異」，明抄本作「殊」。

蔡人殺陳佗。《穀梁》説與《公羊》相近，吾既言之矣。

子同生。《穀梁》曰：「疑，故志之。」非也。聖人豈至此乎？若聖人疑之，誰復不疑之乎？且《詩》云「展我甥兮」。展者，信也。詩人，賢者，信魯莊公爲齊侯之甥，何有仲尼反疑其先君爲齊侯之子乎？就令當時國人有疑之者，是國惡無大于此矣，聖人曷爲明明揭之乎？

七年，焚咸丘。《穀梁》曰：「其不言邾咸丘，疾其以火攻。」與《公羊》説相近，吾既言之矣。

穀伯綏來朝。鄧侯吾離來朝。《穀梁》曰：「失國也。」與《公羊》相近，吾既言之矣。

八年，正月，己卯，烝。《穀梁》説與《公羊》同，非也。

祭公來，遂逆王后于紀。《穀梁》曰：「其不言使，不正。其以宗廟大事，即謀于我也。」非也。若不正，其即謀于我者，言「遂逆」足矣。不言「使」，何哉？言「使」，豈妨其即謀于我乎？

十年，王正月，曹伯終生卒。《穀梁》曰：「桓無王。其曰王，何也？正終生之卒也。」非也。五年陳侯鮑卒，亦在正月，何以不書「王」正之乎？

公會衛侯于桃丘，弗遇。《穀梁》曰：「弗遇者，志不相得也。」非也。此公與衛侯約會于桃丘，公後其期矣。恥失信，故託行而不相遇者也。❶

齊侯、衛侯、鄭伯來戰于郎。《穀梁》曰：「來戰者，前定之戰也。不言其人，以吾敗也。不言及，爲內諱

---

❶「而」，明抄本作「爲」。

也。」此皆非也。若「來戰」爲前定之辭者，自無緣復出其人且言「及」也，豈可曰「某人及齊侯、衛侯、鄭伯來戰于郎」乎？又豈可曰「齊侯、衛侯、鄭伯及某人來戰于郎」乎？且凡結日偏戰，皆前定之戰也，何不一一言來戰乎？然則不言其人、不言及者，非以吾敗也。來戰者，又非以前定也。皆妄説矣。

十一年，宋人執鄭祭仲。《穀梁》曰：「宋人者，宋公也。其曰人何？貶之也。」此非《穀梁》例也。《穀梁》之例，常以稱人執之爲是，稱侯執之爲非。❶向令書宋公執者，得無云斥宋公以執祭仲乎？且齊人執鄭詹，何以獨不曰貶乎？文同而義異，何哉？

鄭忽出奔衛。《穀梁》曰：「其名，失國也。」非也。春秋失國者多矣，豈皆名之乎？

十二年，丙戌，公會鄭伯盟于武父。丙戌，衛侯晉卒。《穀梁》曰：「再稱日，決日義也。」非也。此飾説爾。

及鄭師伐宋。丁未，戰于宋。《穀梁》曰：「非與所與伐戰也。不言與鄭戰，恥不和也。」非也。言之違理，❷乃至于此乎！苟能讀《春秋》者，皆足以知之矣。

十三年，齊師、宋師、衛師、燕師敗績。《穀梁》曰：「戰稱人，敗稱師，重衆也。」非也。齊人伐衛，衛人及齊人戰，衛人敗績，何爲獨不重衆乎？且《春秋》「將卑師衆稱師」，此常例矣，無爲忽改。

---

❶「稱侯執之爲非」，明抄本無。

❷「違」，明抄本作「遠」。

十四年，壬申，御廩災。乙亥，嘗。《穀梁》曰：「御廩之災不志。」非也。粢盛焚焉，何以不志乎？又曰：「以其未易災之餘而嘗，志不敬也。」亦非也。若壬申之日而災，乙亥之日而嘗，嘗之粟出廩久矣，乃其未災者，何謂「災之餘」乎？又曰：「夫嘗必有兼甸之事焉。」❶若此者，明粟非災之餘可也，欲明以爲災之餘，則非也。

十五年，會于袲，伐鄭。《穀梁》曰：「地而後伐，疑辭也，非其疑也。」非也。此先會後伐耳，亦何疑辭哉？且此又非出于仲尼者也，記事之體也。

十六年，公至自伐鄭。《穀梁》曰：「桓無會，其致何也？危之也。」非也。去年伐鄭，《穀梁》云「非其疑也」者，似言諸侯爲忽討突也。若非爲忽討突，則不得云「非其疑」矣。今云「危之」者，又似言諸侯乃助突攻忽也。若非助突攻忽，則亦不得云「危之」矣。二者誰能辨乎？

衛侯朔出奔齊。《穀梁》曰：「朔之名，惡也。天子召而不往也。」非也。何以不援鄭忽例，自爲失國名之乎？

十八年，公會齊侯于濼。公與夫人姜氏遂如齊。《穀梁》曰：「濼之會，不言及夫人。何也？以夫人之伉，弗稱數也。」非也。濼之會，伉故不書，「遂如齊」書矣，可云「不伉」乎？要之，濼會時夫人自不在會。會畢，公更召夫人與之如齊耳，非他也。

---

❶「夫」，原作「未」，今據明抄本、四庫本、薈要本及《春秋穀梁傳集解》改。

葬我君桓公。《穀梁》曰：「君弑，賊不討，不書葬。此其言葬，何也？不責踰國而討于是也。」非也。父之讎不與共戴天，豈限國哉？若以齊强魯弱，量力不討，故君子不責，是復讎者常行于柔弱而困于强禦也，❶不亦妄乎？

莊公

元年，夫人孫于齊。《穀梁》曰：「接練時，録母之變，始人之也。」非也。夫人前隨桓公之喪還國，今復出奔爾，豈録母之變横生「孫」文乎？如此，是聖人率意作經，不復記事實也。

單伯逆王姬。《穀梁》曰：「命大夫，故不名也。」非也。若單伯爲王朝大夫者，如《穀梁》説可矣。今單伯乃魯大夫，雖命於天子，猶魯臣也。君前臣名，何得不名哉？

築王姬之館于外。《穀梁》以謂「變之正也」，非也。魯本自當以仇讎不可接婚姻上告諸天子，不當默默然受命。❷此乃《春秋》譏其捨大卹小，以謂未盡臣子道者也，何謂變之正乎？凡變之正者，謂亡於禮者之禮，若權死亡者也。非謂可爲而不爲，以傷禮害義者也。若莊公者，可謂變於邪矣，未見變於正也。

王使榮叔來錫桓公命。《穀梁》説與《公羊》相似，非也。

❶「困」，明抄本作「回」。
❷「然」，明抄本無此字。

齊師遷紀郱、鄑、郚。《穀梁》曰：「紀，國也。郱、鄑、郚，國也。」非也。計齊一師，必不能並遷兩國。又，《春秋》自當分别，以見滅兩國之惡，不當合之也。辛未，取郜。辛巳，取防。兩邑爾，内小惡爾，猶惡而謹之，況兩國乎？況外大惡乎？

二年，公子慶父伐於餘丘。《穀梁》曰：「於餘丘，邾邑也。公子貴矣，師重矣，而敵人之邑，公子病矣。」非也。春秋之戰伐多，何獨病此乎？若伐人之國，則勿病乎？且必若云是，果於伐國，不果於伐邑也，何以爲懲且勸乎？又曰：「其一曰君在而重之也。」此似晚見《公羊》之説而附益之者矣。

三年，葬桓王。《穀梁》曰：「改葬也。」非也。若改葬，何爲不言「改」乎？謂改不可言改，卜牛何以言改也？❶

紀季以酅入于齊。《穀梁》曰：「入者，内弗受也。」非也。此自往入之入，而非歸入之入。若可受者，遂云「歸於齊」乎？其守文而不達理至如此。且季之以酅入齊，當以紀侯使之爲説。不然，是季專土盜邑以畔其君也，❷何以得字於《春秋》乎？而《穀梁》曰：「入于齊者，以酅事齊。」是真謂季畔矣，吾未見其善也。

四年，紀侯大去其國。《穀梁》曰：「不言滅，而曰大去者，不使小人加乎君子也。」非也。就令言滅，滅人之國，豈非不使小人加乎君子哉？又，變「滅」言「大去」，其義不類。何休以《穀梁》爲縱失襄公之惡，是

❶「也」，明抄本無此字。
❷「土」，明抄本作「上」。

矣。鄭康成强爲文過，吾無取焉。

齊侯葬紀伯姬。《穀梁》曰：「吾女也。失國，故隱而葬之。」非也。若但云「葬紀伯姬」者，❶如《穀梁》説可矣。今曰「齊侯葬紀伯姬」，此非常文也。此其重在齊侯，不在吾女，甚明。

公及齊人狩于郜。《穀梁》説與《公羊》相似，非也。

五年，公會齊人、宋人、陳人、蔡人伐衛。《穀梁》曰：「是齊侯、宋公也。」非也。安知其不是微者乎？若實齊侯、宋公而謂之人，即實微者，又何以書乎？

六年，齊人來歸衛寶。《穀梁》曰：「分惡於齊也。使之如下齊而來我然。」非也。固齊人歸我耳，何分之有？

七年，星隕如雨。《穀梁》以「如」猶「而」也，言星隕且雨也。非也。《春秋》記星隕爲異耳，夜中而雨，何足記乎？又曰：「著於上，見於下，謂之雨。」以言雨螽則可也，以言雨雪則何著於上之有？又曰：「著於下，不見於上，謂之隕。」以言隕石可也，以言星隕則何不見於上之有？

秋，大水。《穀梁》曰：「高下有水災曰大水。」非也。假令大水，終不能令高下皆有，但没城邑已劇矣。况山岳不可没，則大水不必高下皆有也。

❶「云」，明抄本作「書」。

春秋權衡卷第十五　穀梁第一

八年，甲午，治兵。《穀梁》曰：「治兵而陳、蔡不至矣，兵事以嚴終。」其意謂《春秋》多之，非也。軍出而治兵，治兵自有常地矣。今魯人先出兵而後治，治又非其常地，故《春秋》記其非常爾。《春秋》非教戰之書，貴其善陣不戰也。

師及齊師圍郕，郕降于齊師。《穀梁》曰：「不使齊師加威於郕，故使若齊無武功而郕自降。」審如此，《春秋》爲縱失齊師之惡也。其意雖欲貶齊存郕，其實乃爲齊文過，了不可曉。

師還。《穀梁》曰：「還者，事未畢也，遯也。」云欲避滅同姓之國，示不卒事。非也。郕雖降齊，國實未滅。又《穀梁》曰，向云「不使齊加威於郕」。然則加威於郕者，獨齊師耳，魯故無罪，豈可謂滅同姓哉？

齊無知弑其君諸兒。《穀梁》曰：「大夫弑君以國氏者，嫌也，弑而代之也。」非也。宋萬豈亦弑而代之者乎？公子商人豈非弑而代之者乎？

九年，齊人殺無知。《穀梁》曰：「無知之挈，失嫌也。稱人以殺大夫，殺有罪也。」非也。無知弑君以代其位，不可復氏公子。又，上有齊人，❶下有無知，明無知者，齊人之賊，亦不煩再氏國爾，非謂夫嫌故挈之

---

❶「有」，原無，今據明抄本補。

也。無知又非大夫，而以殺大夫例解之，❶似仍失指。

公及齊大夫盟于蔇。《穀梁》曰：「大夫不名，無君也。」非也。齊雖無君，大夫猶應有名。假令書大夫之名，便云齊有君乎？

及齊師戰于乾時，我師敗績。《穀梁》曰：「不諱敗，惡内也。」非也。古之人，有能知之者矣。

齊人取子糾，殺之。《穀梁》曰：「言取，病内也。」非也。言取，病齊耳，内何病乎？

十年，宋人遷宿。《穀梁》曰：「遷，亡辭也。」非也。宿雖見遷，國實未亡，不得與滅人者同。

荆敗蔡師于莘，❷以蔡侯獻武歸。❸《穀梁》曰：「蔡侯何以名？絶之也。何爲絶之？獲也。」非也。秦獲晉侯，何故不名？又曰：「中國不言敗。此其言敗何？中國不言敗，蔡侯其見獲乎？」亦非也。但言「敗蔡師」，何足以見其是獲乎？設直言「獲蔡侯」，何害於義，而諱獲爲敗乎？欲絶蔡侯，自合言獲，無爲諱其獲以匿其惡。書其名以發其獲，進不成諱，退不成絶，徒爲此紛紛也。又曰：「以歸，猶愈乎執也。」亦非也。有執者，有獲者，有以歸者，非一物也。獲不輕於執，執不重於以歸。按文觀旨，亦可見矣。

十一年，秋，宋大水。《穀梁》曰：「外災不書，此何以書？王者之後也。」非也。杞亦王者之後，未嘗記

❶「而以殺大夫」，原無，今據明抄本補。
❷「莘」，原作「辛」，今據明抄本及《春秋穀梁傳集解》改。
❸「武」，原作「舞」，今據明抄本及《春秋穀梁傳集解》改。按：《左傳》《公羊傳》作「舞」。

其災，何歟？又曰：「高下有水災曰大水。」亦非也。丘山之顛，亦有水乎？

王姬歸于齊。《穀梁》説同《公羊》，吾既言之矣。

十二年，紀叔姬歸于酅。《穀梁》曰：「國而曰歸，此邑也，言其歸何？❶吾女也。失國，喜得其所，故言歸焉爾。」非也。紀季以酅入齊，自爲小國，非邑也。且邑，何故不得言歸乎？且酅者，紀之別也。紀者，叔姬之家也。人歸其家，可不曰歸乎？以謂喜得其所乃言歸，何哉？

宋萬弒其君捷。《穀梁》曰：「卑者以國氏。」是也。非弒而氏之，明矣。

十三年，齊人、宋人、陳人、蔡人、邾人會于北杏。《穀梁》曰：「是齊侯、宋公也。」非也。經無異文，例無所推，安知是齊侯、宋公乎？

公會齊侯，盟于柯。《穀梁》曰：「曹劌之盟也。」尋其意，與《公羊》相似，吾既言之矣。

十四年，單伯會伐宋。《穀梁》曰：「會事之成也。」尋其説，與《公羊》相似，吾既言之矣。

荆入蔡。《穀梁》曰：「荆者，楚也。其曰荆，何也？州舉之也。州不如國，國不如名，名不如字。」按《穀梁》十年傳云：「其曰荆者，狄之也。」今又云：「州舉之也。」若實狄之，則非州舉之；若實州舉之，則非狄之。而兩説並存，不知果爲狄之邪，其亦州舉之邪？若曰「州舉之，所以爲狄之」者，凡在夷狄尚不州舉之，況楚非真夷狄乎？尋究二説，似前説本出《穀梁》，後説則掇取《公羊》之例而續焉者也。不然，無爲相異。

❶「言其」，明抄本作「其言」。

十六年，同盟于幽。《穀梁》曰：「同尊周也。」非也。但云同盟，不足以效其同尊周。

十有七年，齊人執鄭詹。《穀梁》曰：「人者，衆辭也，以人執，與之辭也。」非也。宋人執鄭祭仲，邾人執鄫子，亦可謂與之乎？又曰：「鄭詹，鄭之卑者。卑者不志，此其志，何也？以其逃來，志之也。」亦非也。紀履緰、鄭宛之類，亦同氏國，豈卑者則不志乎？且若所言卑者不志，而鄭詹以逃來故得志也，諸侯之國逋逃之臣不可勝紀，何不盡書乎？假令鄭詹就執於齊，不逃來魯者，《春秋》遂不書齊人執鄭詹乎？然則書齊人執鄭詹，不爲鄭詹甚佞而書，亦不爲與齊人執之而書，爲詹逃來書耳。如此，又安取書甚佞及與齊執之之義哉？

齊人殲于遂。《穀梁》曰：「何以不言遂人盡齊人也？無遂之辭也。」非也。《春秋》本責齊滅人之國而又戍之，以自取死亡，故令其文如齊人自死於遂耳，不謂以無遂故不言遂人盡齊人也。又曰：「無遂，則其言遂何？其猶存遂也。」亦非也。齊人實死於遂，自當記其死所。遂國雖滅，遂地猶存，理合必書，豈强存遂乎？若《春秋》不存遂者，可云「齊人殲于齊」乎？又曰：「此謂狎敵也。」亦非也。滅人之國，使兵戍之，齊則無道矣。今齊不滅人國、不戍人地者，安取此禍乎？今《穀梁》譏其狎敵，似惡齊人滅遂未盡、戍遂未密，不顧遂不可滅、地不可戍也。

十八年，日有食之。《穀梁》曰：「不言朔，夜食也。」非也。《春秋》闕疑，據見而録，何以知其夜食而書乎？何休難之，得矣。鄭玄强爲文過，不亦誣人哉？假令日始出，其虧傷之處未復者，是即朔日食矣。如不見其虧傷，云夜食可也。見其虧傷，是驗其食非朔日食，❶何也？又曰：「一日一夜合爲一日。」此適足以證其當爲朔日食耳。《穀梁》又云：「何以知其夜食？曰：『王者朝日，諸侯朝朔。』」尋《穀梁》此意，似云王者日日朝日，❷故日之始出而有食者，得見之也。按《禮記》：「天子朝日於東門之外，聽朔於南門之外。」南門之外者，謂明堂位也。然則天子每朔先朝日而後聽朔，諸侯每月先視朔而後朝廟乎？古禮既已散亡，今之説者不同，未足怪也。雖然，如《穀梁》之言，以述朝日則是，以解夜食則非。

公追戎于濟西。《穀梁》曰：「其不言戎之伐我，何也？以公之追之，不使戎邇於我也。」非也。戎若不來，公則無追，今以戎來，故得追之。先言戎伐，後言追戎，何害於義？而必欲隱其一端之實事，虛説不使戎邇於我之末節，如此反爲戎未嘗伐我，公自妄追之也。若不言戎之伐我，欲以明不使戎邇於我者，則《春秋》所書伐我，是皆使其邇於我乎？又曰：「于濟西者，大之也。」亦非也。既不言戎之來，又不言濟西，則當但云「公追戎」矣，未知追之於何所邪？然則此理所必書，何大之之有？

十九年，公子結媵陳人之婦于鄄，遂及齊侯、宋公盟。《穀梁》曰：「媵，淺事也，不志。此其志，何也？辟要盟也。」非也。魯誠欲自託於大國者，豈敢以媵婦之名而遣使者，以取戾於霸主哉？使者銜媵婦之命而遂要大國之盟，是乃要盟矣，何謂辟要盟乎？假令魯以專使參盟於大國，雖不得盟而無怒。今乃飾卑者

❶「是」，明抄本作「足」。
❷「日日」，明抄本作「月月」。

之任，而干大國之重，魯何倒行逆施而爲此哉？且魯乃欲辟要盟，故使者以媵婦往，不以要盟往也。其意欲持兩端，若得盟，則固曰吾來盟也，不得盟，則將曰吾非盟之求而婦是媵爾。今結既得盟，而《春秋》猶記其媵陳人之婦，何哉？且魯之爲此謀者，欲以誑齊、宋乎？則亦必誠有陳人之婦者乃可施其謀矣，❶無陳人之婦則不成爲媵。而傳又言：「以輕事遂乎國重無説。」乃似虚爲此名爾，❷非實有陳人之婦也。推其意，無一可曉者，豈誠魯人之事哉？豈誠魯人之事哉？

二十二年，肆大眚。《穀梁》曰：「爲嫌天子之葬也。」非也。若魯欲葬文姜而自爲此者，子固無赦母之道。若仲尼嫌文姜之葬而書此以示義者，則《春秋》之文無從而生。若赦出於天子者，何必緣文姜之葬哉？且文姜之存，猶莫之討也。今死矣，反待天子而葬乎？此皆不然者。❸

陳人殺其公子禦寇。《穀梁》曰：「言公子而不言大夫，公子未命爲大夫也。其曰公子，何也？公子之重視大夫，命以執公子。」然則《穀梁》謂凡公子未命爲大夫皆得稱公子矣，非也。公子雖親，然天下無生而貴者，是以命爲大夫，則名、氏得兩通；❹未命爲大夫，則得稱名，不得稱公子。觀小白、去疾，亦可以見

❶「者」，明抄本無此字。
❷「乃」上，明抄本有「然則」二字；「似」，明抄本作「是」。
❸「皆」，明抄本作「必」。
❹「兩」，四庫本作「而」。

之矣。

二十三年，荆人來聘。《穀梁》曰：「其曰人，何也？舉道不待再。」非也。此乃使臣得言荆人爾，即欲進之使稱人者，何不變荆云楚，而反冠人以荆乎？荆爲狄之，人爲進之，且進且狄乎？賞罰亂此，吾所不曉也。

二十四年，大夫、宗婦覿，用幣。《穀梁》曰：「禮，大夫不見夫人。」非也。君祭於廟，大夫、夫人俱在其中，可得勿見乎？然則不見者，殆謂不常見爾。今夫人始至，而大夫見之，是禮然矣，何謂非禮乎？

赤歸于曹郭公。《穀梁》曰：「赤者，郭公之名。」然則《春秋》何苦不曰「郭公赤歸于曹」乎？言郭公赤足以見其爲國君，言歸足以見其外歸，而顛倒迷錯如此，何哉？梁亡、鄭棄其師、紀侯大去其國，雖指意卓俶，然文義自明，未有改易首尾如此者也。蓋有不知而作之者，豈謂是邪？

二十五年，陳侯使女叔來聘。《穀梁》曰：「其不名，何也？天子之命大夫也。」非也。天子大夫可不名耳，若天子命之爲此國大夫者，可得不名乎？吾於《公羊》既言之矣。

伯姬歸于杞。《穀梁》曰：「其不言逆，何也？逆之道微，無足道焉爾。」非也。《春秋》常事不書，故不言杞伯之來爾。二十四年，公如齊逆女。《穀梁》曰：「逆女，恒事也，不志。」然則《穀梁》既以知逆女之不志而猶云云，似目見豪毛而不見其睫也。

二十六年，曹殺其大夫。《穀梁》曰：「大夫而不稱名、姓，無命大夫也。」非也。天子建國，諸侯立家，雖尊卑不同，而豈無命哉？諸侯大國三卿，皆命於天子；次國三卿，二卿命於天子；小國三卿，一卿命於天子。大國之卿，三命；次國之卿，再命；小國之卿，一命。其於王朝，皆士也。❶三命以名氏通，再命名之，一命略稱人。周衰禮廢，强弱相併，卿大夫之制雖不能盡如古，見於經者亦皆當時之實録也。故隱、桓之間，其去西周未久，制度頗有存者，是以魯有無駭、柔、俠，鄭有宛、詹，秦、楚多稱人。至其晚節，無不名氏通矣。而邾、莒、滕、薛之等，日已益削，轉從小國之例，稱人而已。説者不知其故，因謂曹、秦以下悉無大夫，患其時有見者，害其臆説，因復造架無端，❷以飾其僞，然此不足怪也。彼固不知王者諸侯之制度班爵云爾，其又足辨乎？

二十七年，公子友如陳，葬原仲。《穀梁》曰：「諱出奔也。」非也。吾於《公羊》既言之矣。

莒慶來逆叔姬。《穀梁》曰：「不正其接内，故不與夫婦之稱也。」非也。《春秋》刺諸侯之不親迎而使臣者，則奪其使文。奪其使文矣，故莒慶之來，不得復曰「逆女」，亂於逆君夫人者也。然則書「叔姬」，自其理然，豈惡其接内哉？凡夫人而越境逆女，此誠《春秋》所貶者。然而以謂書叔姬者，不與夫婦之稱，不亦繆乎？不亦繆乎？

二十八年，衛人及齊人戰，衛人敗績。《穀梁》曰：「戰，則是師也。其曰人，何也？微之也。」非也。凡道《春秋》通例，皆曰「將卑師少稱人」，何忽至於此，而以謂「微之」乎？又曰：「其人衛，何也？以其人齊，

❶「士」，明抄本作「一」。

❷「造」，原爲空格，今據四庫本、薈要本補。明抄本作「稱」，公是本作「揑」。

不可不人衛也。」亦非也。齊有罪則微齊，衛有罪則微衛，則可謂明矣。今欲微齊，因遂微衛，齊則有罪矣，衛則不知也。而曰「不可不人衛」，所謂「不可」者，安在哉？又曰：「衛小齊大，其以衛及之，何也？以其微之，可以言及也。」亦非也。衛欲戰則衛及齊，齊欲戰則齊及衛，《春秋》惡戰，故常分别禍之所從起耳，不爲國大小也。又曰：「其稱人以敗，何也？不以師敗於人也。」亦非也。設令齊將尊師衆而敗，❶衛將卑師少而勝，豈得不書師敗於人哉？《春秋》之義，王道也。《春秋》之事，史記也。聖人豈必私以己意增損舊史，而後見其道哉？

築微。《穀梁》曰：「山林藪澤之利，所以與民共也。虞之，非正也。」非也。此自築邑爾，非園囿也。以園囿解之，惑矣。

大無麥、禾。《穀梁》曰：「大者，有顧之辭也。於無禾及無麥也。」非也。於是經，無水旱之變，安得忽無麥、禾哉？説者或云實秋水傷稼，諱之不言；或云土不稼穡，二物不成；或云不勸農事，故無災而饑，皆失也。若有秋水，何故不書？苟民食不足，國家且危，而顧避恥諱忘遇災而懼之意，豈《春秋》之訓哉？若土不稼穡、不勸農事者，魯應猶有倉廪之舊，不應遂至告糴於鄰國也。又，《春秋》當書「麥、禾大無」，不當反書「大無麥、禾」也。且麥、禾之相去遠矣，方其無麥則固書「麥大無」，方其無禾則固書「禾大無」，何乃待無禾然後書無麥哉？近上七年，秋，大水，無麥、苗。知水傷之也，麥强而苗弱，二者俱無，非待苗乃書麥也。

❶「設」，明抄本作「假」。

或謂：一災不書。是又不然。隕霜殺菽，菽一物也，何以獨書乎？推驗事實，❶由魯不務蓄積，日損月削，以至於麥、禾大盡而後覺之，非今歲之事也。是以不言水旱，亦不言饑，明是歲實無水旱，民實不饑。或曰：如此當曰「麥、米」，不當曰「麥、禾」。吾曰：古者，無道禾非米者，聘禮有禾、有米，不云禾非米也。古之行禮，用禾者多，然則魯實無禾，不足以待國用，非無米也。

二十九年，城諸及防。《穀梁》曰：「以大及小也。」非也。若言諸防，則似一城，故從所先城記爾。

三十年，齊人降鄣。《穀梁》曰：「鄣者，紀之遺邑。」非也。何以必知其紀之遺邑乎？

公及齊侯遇于魯濟。《穀梁》曰：「及者，内爲志焉爾。遇者，志相得也。」非也。設若外爲志，又志相得者，便云「公會齊侯，遇于魯濟」乎？

齊人伐山戎。《穀梁》曰：「其曰人，何也？愛齊侯乎，山戎也。」又曰：「則非之乎？善之也。」非也。《春秋》以人貶之云爾，豈曰以人愛之云爾？貶則人之，愛則人之，誰且能識其善惡哉？

三十一年，齊侯來獻戎捷。《穀梁》曰：「内齊侯也。不言使，内與同，不言使也。」非也。去年，齊人伐山戎。《穀梁》所以知其當爲齊侯者，正以今年來獻捷者乃齊侯故也。然則齊侯已伐山戎，又來獻捷爾，何以見其是使人乎？魯雖欲内齊，豈可便不殊齊侯之使？假令稱「齊侯使人來獻捷」，文何以異於「齊侯來

---

❶「實」，明抄本作「理」。

獻捷」也？❶若都不稱齊，又不言來，則信可謂内與同矣。今既稱齊，又曰來獻，齊非吾國也，來非不外也，雖匿其使名，猶是齊來獻捷也，安見内乎？又曰：「軍得曰捷，戎菽也。」按：菽者，豆耳。齊侯伐山戎，乃取其豆與諸侯，不近事理。疑菽者，北狄字也。《穀梁》解此戎者，即北狄也。北字類卄，狄字類叔，❷傳寫訛謬，又并爲一字，❸不然無爲如此妄解。

三十二年，宋公、齊侯遇于梁丘。《穀梁》曰：「大齊桓也。」非也。諸侯相遇，常事耳，何大之有？

子般卒。《穀梁》曰：「日卒，正也。不日，故也。有所見則日。」非也。若有所見又不日者，豈不益明乎？何若日之與正卒相亂哉？用此觀之，非聖人之意，明矣。

公子慶父如齊。《穀梁》曰：「奔也，其曰如，何也？諱莫如深，深則隱。❹苟有所見，莫如深也。」非也。閔公不書即位，足以起子般之弒爾，不足以見慶父之賊也。《春秋》記諸侯大夫之奔甚多，不必皆弒君也。書慶父奔，亦何不可哉？且慶父親弒其君，此魯國人人之讎，奈何反掩匿蔽覆，不明白其奔，使弒君之賊不見乎？又，文十八年，十月，子赤卒。❺其下，則季孫行父如齊。子赤卒，不日，亦有所見也。若以慶父之

---

❶「文」，明抄本作「又」。

❷「叔」，原作「菽」，今據明抄本改。

❸「又」，明抄本作「戾」。

❹「深」，《春秋穀梁傳集解》無此字。

❺「赤」，明抄本無此字。按：《春秋穀梁傳集解》經文無「赤」字，傳則有之。下一「子赤」之「赤」同。

例推之，則行父亦弒子赤者邪，何謂書「如齊」？

閔　公

元年，齊仲孫來。《穀梁》曰：「外之也，疏之也。」非也。吾於《公羊》既言之矣。

二年，公薨。《穀梁》曰：「不書葬，不以討母葬子也。」非也。所謂「君弒，賊不討，不書葬」者，言比其葬時而賊未討，則不書葬也。既葬而後乃討賊，賊雖已討，葬猶不追書也，此閔公是已。討賊雖遲，而葬在討賊之後，則葬得書，此陳靈公是已。不以討母葬子，何足爲義乎？又所謂「君弒，賊不討，不書葬」者，《公》《穀》有其説而不盡，何也？凡君弒，賊不討，不敢葬；父弒，讎不復，不敢葬。不敢葬，則亦不敢除其服，是故寢苫枕戈，志必復而後已，此「賊不討，不書葬」之義也。此所以《春秋》有其賊未討，雖久弗葬，而弗非也。

慶父出奔莒。《穀梁》曰：「其言出，絶之也。」非也。内大夫之奔，亦自多言出，不必慶父爾。

齊高子來盟。《穀梁》曰：「不言使，不以齊侯使高子也。」非也。齊桓前不討慶父者，獄有所歸，魯又立君，不得討也。今慶父復弒閔公，自知罪大而出，齊桓能遣其賢臣，鎮撫魯國之社稷，功已厚矣。爲之者，高子。謀之者，桓公也。今欲褒人臣而不及人君，❶欲過尊有功之臣，使不繫於其君，豈《春秋》之意邪？儻陳力建功，人臣而獨專其美，則九牧之君何望焉？堯任伯鯀治水，而水害益甚，誅鯀命禹，烝民乃乂。不聞

❶「欲」，明抄本作「獨」。

仲尼卑堯德於禹，高禹功於堯，而以爲不以帝堯使伯禹也，何況齊桓而反深責乎？可謂闇於大體矣。

僖公

元年，齊師、宋師、曹師次于聶北，救邢。《穀梁》曰：「救不言次。言次，非救也。非救而曰救，何也？遂齊侯之意也。」非也。此若當貶，則《春秋》方貶之，又何遂其意乎？此若當褒，則次非救者，乃非所褒，亦不可遂其意也。吾欲問褒貶之意決何若哉？又曰：「何用知其是齊侯？曰：曹無師。曹師者，曹伯也。其不言曹伯，以其不言齊侯，不可言曹伯也。」亦非也。曰「次于聶北，救邢」者，其刺桓公之意已見矣，❶何至又更齊侯曰齊師哉？即實齊師，又何以明哉？且齊侯自以過貶稱師爾，曹伯非有過也，何乃亦貶從師乎？且直言齊師、曹伯者，有何不可乎？且曹何以無師？先王之制，大國三軍，其次二軍，小國一軍，軍即師也。曹又次國，不宜獨無師。又曰：「以其不足乎揚，不言齊侯也。」亦非也。如《穀梁》之意，宜曰「以其貶之，不言齊侯」乃可爾，如不足乎揚，未可便貶也，言齊侯適中矣。然則《穀梁》於此都失褒貶之所在。

齊師、宋師、曹師城邢。《穀梁》曰：「是向之師也，使之如改事然，美齊侯之功也。」非也。審如《穀梁》言者，齊侯乃足揚矣，猶曰「齊師」，何邪？且使之如改事，何故見其美？即不改事，反不美乎？

獲莒挐。《穀梁》曰：「惡公子之紿。」非也。古之人，有知之者矣。

❶「刺」，原作「次」，今據明抄本改。

夫人氏之喪至自齊。《穀梁》曰：「其不言姜，以其殺二子，貶之也。」非也。向者孫于邾，何以不去「姜」乎？又曰：「或曰：爲齊桓公諱殺同姓也。」亦非也。夫人挾小君之尊而殺二子，魯人終不敢討也。桓公爲伯主，疾禍亂之所生，豈得顧同姓哉？此非《春秋》所恥也。非《春秋》所恥，則亦非《春秋》所諱矣。

二年，城楚丘。《穀梁》曰：「國而曰城，此邑也，其曰城，何也？」非也。邑亦謂之城爾，若不謂之城，當謂之何哉？又曰：❶「其不言城衛，何也？衛未遷也。」非也。《定之方中》之詩曰：「文公徙居楚丘，始建城市，而營宫室。」其辭曰：「定之方中，作於楚宫。揆之以日，作於楚室。」又曰：「升彼虚矣，以望楚矣。望楚與堂，景山與京，降觀于桑。卜云其吉，終焉允臧。」由此以言，文公先徙居而後建城市，不得云「衛未遷」也。又曰：「其不言衛之遷焉，何也？不與齊侯專封也。」非也。不言衛之遷者，魯史所無爾，非仲尼擇焉而不存者也。凡事有當記而經不見者，可勝説邪？獨舉此而言，似《穀梁》亦以《春秋》爲據百二十國寶書而作者。

虞師、晉師滅夏陽。《穀梁》曰：「虞無師。其曰師，何也？以其先晉，不可以不言師也。」非也。假令書「虞人、晉師」者，豈不益見其罪乎？❷《春秋》之例，主兵者序上，蓋惡用兵也，豈曰以國大小爲序乎？若誠以國大小爲序者，如《穀梁》説可矣。如不以國大小爲序，又何必妄解哉？

---

❶「又」，明抄本作「文」。
❷「益」，明抄本作「以」。

齊侯、宋公、江人、黄人盟于貫。《穀梁》曰：「不期而至者，江人、黄人也。」非也。誠有此美者，《春秋》之文何能勿褒之？又曰：「遠國稱江、黄，爲諸侯皆來至也。」亦非也。周之諸侯，千八百餘，其後稍稍相并，猶應千餘。❶若貫之會皆來至，則江、黄之外尚有遠國，不獨江、黄而已，❷不當舉江、黄爲最遠。吾於《公羊》既言之矣。

❶「應」下，明抄本有「有」字。
❷「不」上，明抄本有「遠國」二字。

春秋權衡卷第十六　穀梁第三

許男新臣卒。《穀梁》曰：「死於師，何爲不地？內桓師也。」非也。書卒于師，不足貶桓公；不書卒于師，不足褒桓公。諸侯之死，當地、不當地自有常義，不必詭文以伸桓公也。

齊人執陳袁濤塗。《穀梁》曰：「齊人者，齊侯也。不正其踰國而執也。」若然，齊人執鄭詹，何以謂之「與執」乎？且齊爲伯主，陳其屬國，大夫有罪，所當執也，必無踰國執之者，將安執之乎？

公至自伐楚。《穀梁》曰：「有二事偶則以後事致，後事小則以先事致。其以伐楚致，大伐楚也。」非也。凡《穀梁》所説致君之義，苟取臨時而無通理，不足致詰者也。豈知致者，歸格告致之事乎？

五年，晉人執虞公。《穀梁》曰：「其曰公，何也？猶曰其下執之之辭也。其猶下執之之辭，何也？晉命行乎虞民矣。」非也。五等之爵，有尊卑矣，褒貶進退，宜以其類，豈有貶之而反崇其爵哉？且仲尼欲以見虞公不仁猶其民執之者，則宜若梁亡之例書「虞執其公」，❶則可謂云爾已。今《春秋》乃曰「晉人執虞公」，非其下矣，何謂其下執之邪？

---

❶ 「梁」，明抄本無此字。

八年，用致夫人。《穀梁》曰：「言夫人而不言氏姓，❶立妾之辭也。」近之矣，未盡也。夫稱夫人而謂之用致，此立妾之辭也。不言氏姓，不爲見其妾也，蓋有深義矣，非《穀梁》所能見。

九年，晉里克殺其君之子奚齊。《穀梁》曰：「其君之子云者，國人不子也。」非也。欲云弒其君，則一年不二君；欲云弒其子，則子不可特稱；欲云子奚齊，且亂於里克之子；欲云晉里克殺晉子，則子當繫先君而言，且不當殊晉子於里克也，故云「君之子」爾。以謂「國人不君，故繫於君」，可謂言辯而理非。

十年，晉殺其大夫里克。《穀梁》曰：「其以累上之辭言之，何也？殺之不以其罪也。其殺之不以其罪，奈何？里克所爲弒者，❷爲重耳也。」非也。假令重耳賢，便可弒彼以立此乎？又曰：「夷吾曰：『是又將殺我乎？』故殺之，不以其罪也。」亦非也。夷吾既云「是又將殺我」矣，此其責弒二君之言也，可謂殺不以其罪者乎？

十二年，楚人滅黄。《穀梁》曰：「管仲死，楚伐江滅黄。桓公不能救，故君子閔之也。」非也。書楚人滅黄，何以見其閔乎？且《穀梁》謂：「滅國有三術，中國日，卑國月，夷狄時。」夫黄非夷狄也，今滅而書時，是屈之使從夷狄矣，曾以是爲閔乎？

十四年，沙鹿崩。《穀梁》曰：「無崩道而崩，故志之也。」非也。《春秋》正名。名者，出於理者也，無崩

---

❶ 下「言」字，《春秋穀梁傳集解》作「以」。

❷ 「弒」，明抄本作「殺」。

道則亦無崩名矣。今謂之「崩」，而曰「無崩道」，可謂理乎？然則沙非山名也，鹿非山足也。謂沙鹿山是也，謂沙山之鹿非也。

冬，蔡侯肸卒。《穀梁》曰：「諸侯時卒，惡之也。」非也。君薨臣赴，赴以日月，此禮之常也。❶臣子少慢，則赴不具日月，大慢則都不赴。《春秋》不改者，因文可以見也。若必以惡此君則卒書時者，鄭厲公、衛惠公内則篡國，外則叛王，❷何爲《春秋》不惡之哉？

十五年，齊師、曹師伐厲。劉子曰：以《穀梁》例言之，曹無師。曹師者，曹伯也。於此宜問「曹無師，其曰師何？曹伯也。曹伯則曷爲不言曹伯？以其不言齊侯，不可言曹伯也。其不言齊侯，何也？以其不足乎揚，不言齊侯也」，乃可以充穀梁子之例矣。而於此遂都不言，何哉？豈齊侯伐厲爲有罪當貶稱師乎？抑齊師無罪，曹伯有罪貶稱師乎？向者，牡丘之會，亦先次後救，事與聶北同，何不曰「齊師、宋師、陳師、衛師、鄭師、許師、曹師盟于牡丘，遂次于匡」乎？推此以較前後，知所謂「曹無師」「以其不言齊侯，不可言曹伯」皆妄説。雖使穀梁復生，雅亦不能持其論。

己卯，晦，震夷伯之廟。《穀梁》曰：「晦，冥也。」安知非晦朔之晦乎？又曰：「夷伯，魯大夫也。」説者因謂「夷謚，伯字」也，亦非也。吾於《左氏》既言之矣。

❶「禮」，明抄本作「理」。
❷「王」，明抄本作「主」。

晉侯及秦伯戰于韓，獲晉侯。《穀梁》曰：「晉侯失民矣，以其民未敗而君獲也。」非也。凡爲君而見獲，苟不失民，將焉取之？顧《春秋》所以不書師敗績者，舉君獲爲重耳。且《穀梁》以宣二年，宋師敗績，獲宋華元，爲盡其衆以救其將，明華元之得民。然則，華元以敗績得民爲褒，晉侯以不敗失民爲貶，即有上不及華元下不爲晉侯而獲者，《春秋》欲何書之？今以一爲褒，以一爲貶，未有常辭也，吾請求其常辭如何？

十六年，六鷁退飛，過宋都。穀梁子曰：「石，❶無知之物，故日之。鷁，❷微有知之物，故月之。」非也。言是月者，宋不告日，嫌與五石爲一日，故分別之耳。《穀梁》本以日月解經，因此以誣聖人，欲後世信之，豈實然乎？

公子季友卒。《穀梁》曰：「稱公弟叔仲，賢也。」非也。言季友之賢，不過「季子來歸」足矣。死之日，非復賢也。且書季友云賢，則書仲遂，亦可謂賢乎？

十七年，滅項。《穀梁》曰：「孰滅之？桓公也。何以不言桓公？爲賢者諱也。」非也。吾既言之於《公羊》矣。

十八年，宋師及齊師戰于甗。《穀梁》曰：「戰不言伐，客不言及。言及，惡宋也。」非也。正月伐齊者，宋公也。五月戰于甗者，宋師也。戰不言伐，於此何妨乎？又，客不言及，言及以謂貶矣。莊二十八年，齊

❶「石」上，原衍「日」字，今據四庫本、薈要本及《春秋穀梁傳集解》删。明抄本此處空一格。

❷「鷁」，《春秋穀梁傳集解》作「鶂」。

伐衛，衛人及齊人戰。彼時《穀梁》亦以《春秋》惡齊，則何不使齊及衛乎？鄭玄爲《穀梁》起廢，不能深見擧之病，❶反擧衛人以爲比，是藥之使亟也。

邢人、狄人伐衛。《穀梁》曰：「狄稱人，何也？善累而後進之。伐衛，所以救齊也。功近而德遠矣。」非也。吾於《公羊》既言之矣。

二十年，西宮災。《穀梁》曰：「謂之新宮，則近爲禰宮。以謚言之，則如疏之然，以是爲閔宮也。」非也。《穀梁》不云「親之非父，尊之非君，繼之如君父者，受國焉爾」者乎？何爲不可謂之新宮？且新宮非禰宮也，以新宮近禰宮，而更謂之西宮，是推而遠之矣。比稱謚，不亦愈疏乎？

二十一年，執宋公以伐宋。《穀梁》曰：「以，重辭也。」非也。直云「執宋公以伐宋」，文理盡矣，不可改易，非於其間曲有輕重也。

二十二年，宋公及楚人戰于泓，宋師敗績。《穀梁》曰：「春秋三十有四戰，未有以尊敗乎卑、以師敗乎人者也。」非也。適宋公以師敗乎人爾，《春秋》據事實録，非以爲褒貶也。今年，及邾人戰于升陘。《穀梁》曰：「不言及之者，爲内諱也。」蓋指魯公。公尊人卑，何謂未有以尊敗乎卑者哉？又曰：「以尊敗乎卑，以師敗乎人，則驕其敵。襄公以師敗乎人，而不驕其敵，何也？責之也。」吾不知於《春秋》，何以爲驕其敵？何以爲不驕其敵？其驕其敵也，如何褒之？其不驕其敵也，如何責之？所以爲褒之、責之也，如何書

❶「擧」，明抄本作「穀梁」。

之？今此宋公，《穀梁》以謂不驕其敵者，於經何以驗之哉？又曰：「衆敗身傷，七月而死。」如此，何不書「宋公敗績」乎？鄭玄雖强爲解，不足文之。又曰：「道之貴者，時其行勢也。」似責宋公不早擊楚於險，而失機會也，何其悖乎？如宋公之用心，不鼓不成列，懔懔乎忠厚有德之人哉，雖師敗國削，猶非其耻也，《春秋》豈惡其不能以詐取勝哉？凡泓之戰，《公羊》以爲褒，《穀梁》以爲貶。言貶者非也，言褒者亦未是，吾各論之矣。

二十三年，齊侯伐宋，圍閔。《穀梁》曰：「伐國不言圍邑，此其言圍，何也？不正其以惡報惡也。」非也。假令但書伐宋，不書圍閔，豈不惡之哉？惡之不待圍閔而見，亦何必書圍閔哉？若復一國以惡報惡，伐而不圍，則《春秋》遂可虚增圍邑以見之乎？

宋公茲父卒。《穀梁》曰：「其不葬，何也？失民也。其失民，何也？以其不教民戰，則是棄其師也。」非也。宋公不忍厄人於險而致敗爾，豈不教民戰者乎？審如《穀梁》言泓之敗，何不書宋棄其師乎？周末時，諸侯交争，耻守信而好奇功，故穀梁子亦以宋公爲非。

二十五年，宋殺其大夫。《穀梁》曰：「其不稱名姓，以其在祖之位，尊之也。」非也。《春秋》非孔氏家牒，當爲後世書法耳，何得擅諱其祖名哉？且傳曰：「子所雅言，《詩》《書》、執禮皆雅言也。」又曰：「臨文不諱。」若《詩》《書》、執禮皆雅言而臨文不諱，安得諱祖之名遂不書乎？

楚人圍陳，納頓子于頓。《穀梁》曰：「蓋納頓子者，陳也。」非也。觀其文可以見其繆矣，又何辨乎？

公會衛子、莒慶盟于洮。《穀梁》曰：「莒無大夫，其曰莒慶何也？以公之會目之也。」非也。直云衛子、莒人，豈不可乎？在《春秋》之中，此類多矣，何獨至於慶也而目之乎？❶向令但會莒慶而無衛子，謂之目云，❷猶有可諉，今衛子之外，又目慶也，吾知《穀梁》必將窘於此，而莒無大夫之説不可復恃矣。

二十六年，公會莒子、衛甯速盟于向。《穀梁》曰：「公不會大夫，其曰甯速，何也？以其隨莒子，可以言會也。」此例亦多矣，何爲獨發於此？

齊人侵我西鄙，公追齊師至酅，弗及。《穀梁》曰：「人，微者也。侵，淺事也。公之追之，非正也。」按《穀梁》例：「苞人民、驅牛馬曰侵。」今齊爲無道至如此矣，追之是也，反蒙不正之貶乎？又曰：「弗及者，弗與也，可以及而弗敢及也。内辭也。」然則《穀梁》譏公之弗敢及，❸又何云「追之，非正」乎？

楚人伐宋，圍緡。❹公以楚師伐齊，取穀。《穀梁》曰：「伐國不言圍邑。此其言圍，何也？以吾用其師，目其事也，非道用師也。」非也。楚自以人伐宋，公自以師伐齊，人之與師異矣，豈一哉？吾於《公羊》既言之矣。

二十八年，晉侯侵曹。晉侯伐衛。《穀梁》曰：「再稱晉侯，忌也。」非也。即實再出，何以知之？

---

❶「至」，明抄本作「之」。
❷「云」，明抄本作「之」。
❸「梁」下，明抄本有「乃」字。
❹「緡」，明抄本作「閔」。

公子買戍衛，不卒戍，刺之。《穀梁》曰：「先名後刺，刺有罪也。」❶非也。會不言所爲，言所爲，皆譏也。然則刺不言所坐，言所坐，皆諱也。少文矣。

晉侯入曹，執曹伯，畀宋人。《穀梁》曰：「以晉侯而斥執曹伯，惡晉侯也。」非也。向若稱「晉人執曹伯」，則《穀梁》毋乃又如「齊人執陳袁濤塗」而譏其踰國以執乎？

盟于踐土。《穀梁》曰：「諱會天王也。」非也。若實會天王者，罪大矣，可得諱乎？

衛侯鄭自楚復歸于衛。《穀梁》曰：「復者，復中國也。歸者，歸其所也。」此語無埋，蓋不足辨。又曰：「鄭之名，失國也。」亦非也。諸亡國者，《春秋》尚不忍悉名之，況鄭之國未亡乎？又，衛侯前出奔，今復歸。出時可謂失國，❷未嘗名，復歸可謂得國，反名之，此乃吾所不解也。

天王守于河陽。《穀梁》曰：「全天王之行也。」非也。天子巡守者，巡所守也。云「天王巡于河陽」可矣，言「天王守于河陽」，何哉？

公朝于王所。《穀梁》曰：「朝于外，非禮也。」然則天王在是，諸侯可勿朝乎？又曰：「會于温，言小諸侯。温，河北地。以河陽言之，大天子也。」非也。温與河陽，大同小殊，非一地也。言諸侯、天王，大小反不明，必待地乃明乎？又曰：「日繫月，月繫時。以晉文之行事，爲已顛矣。」亦非也。晉文行事之顛，豈患不

---

❶「刺」，《春秋穀梁傳集解》作「殺」。

❷「出」，原作「失」，今據明抄本、四庫本、薈要本改。

見乎？必待日月乃見哉？此皆不足以論《春秋》。

晉人執衛侯，歸之于京師。《穀梁》曰：「此入而執。」非也。正自執之爾，何必入乎？

曹伯襄復歸于曹。《穀梁》曰：「天子免之，因與之會。其曰復，通王命也。」非也。即天子免之，何故猶名乎？且衛侯鄭復歸于衛，《穀梁》謂其「名者，失國也」。今如曹伯襄但見執爾，非失國也，何故亦名？

二十九年，介葛盧來。《穀梁》曰：「其曰來，卑也。」非也。牟人、葛人亦可謂卑矣，何以得言朝哉？

三十年，衛侯鄭歸于衛。按《穀梁》前二十八年云：「鄭之名，失國也。」然則此非失國者，何以亦名之？又，前云：「復者，復中國。歸者，歸其所。」然則此亦復中國，此亦歸其所，何不曰復歸乎？

公子遂如京師，遂如晉。《穀梁》曰：「此言不敢叛京師也。」然則此固魯公當時意爾，《春秋》據事先後而書，本無異者，何强解乎？

三十一年，乃免牲。《穀梁》曰：「乃者，亡乎人之辭。」非也。此又自當云「乃」，❶非若「乃克葬」「而克葬」可移易者也，何謂亡乎人？❷

三十二年，十有二月，己卯，晉侯重耳卒。按：十七年，齊侯小白卒。《穀梁》曰：「此不正，其日之，何也？其不正前見矣。」然則小白不正，卒不得書日，以其不正前見，故得書日也。今重耳亦不正者，其不正

❶「又」，明抄本作「文」。

❷「亡乎人」，原作「人亡乎」，今據明抄本改。

前未嘗見，則卒不當日而日之，何哉？

三十三年，晉人及姜戎敗秦師于殽。《穀梁》曰：「不言戰而言敗，狄秦也。」非也。此傳云：「晉人及姜戎，要而擊之殽。」夫要而擊之，則非戰矣，《春秋》可得强書戰乎？且平心論之，晉則背殯，戹人於險，而秦反見狄，不亦誤哉？又曰：「徒亂人子女之教，無男女之别。」此吾所不知也。又云：「秦之爲狄，自殽之戰始也。」吾則知之矣，此傳妄也。《穀梁》《公羊》《左氏》三家説經，多同異不相能久矣，此之所是，彼以爲非，彼之所是，此以爲非，未易據此難彼也。吾欲且置彼二家之言秦穆賢，而以《詩》《書》決之，儻可乎？按：《詩》秦自襄公始爲諸侯，及穆公而大矣，言穆公之事，不聞自殽之戰而狄也。若求於《書》，秦穆公敗於殽，悔過自責，作《秦誓》，仲尼取以次三王之末。因此論之，秦之不爲狄，自殽之戰始則可矣，未見其始爲狄也。

文公

元年，楚世子商臣弑其君髡。《穀梁》曰：「日髡之卒，所以謹商臣之弑也。」非也。即不日者，乃不謹商臣之弑乎？日之何當？

二年，及晉處父盟。《穀梁》曰：「何以知其與公盟？以其日也。」非也。公盟不日者多矣，何以能必之？

四年，逆婦姜于齊。《穀梁》曰：「逆者誰也？親迎而稱婦，或者公與？曰：公也。」非也。《穀梁》既云

「親迎而稱婦」，則稱婦乃宜也，又何以見其非成禮於齊乎？非，責也。且令非成禮於齊者，❶云「公如齊逆婦姜」足矣，文不當没公。没公者，唯所隱諱乃然耳。至於刺譏，常事未有没公也。此似不識《春秋》，不但失解而已。

五年，王使榮叔歸含且賵。《穀梁》曰：「兼歸之，非正也。」非也。《春秋》惡歸之云乎，豈曰惡兼之云乎？又曰：「其不言來，不周事之用也。」亦非也。宰咺豈周事之用者乎？何以言來？

六年，閏月不告月，猶朝于廟。《穀梁》曰：「閏月者，附月之餘日也。天子不以告朔，而喪事不數也。」非也。閏月亦有政，可得勿告乎？吾於《公羊》既言之矣。

七年，三月，甲戌，取須朐。《穀梁》曰：「取邑不日。此其日，何也？不正其再取，故謹而日之。」非也。設不日，則聽其取乎？諸取邑不日者，皆聽之矣？

宋人殺其大夫。《穀梁》曰：「稱人以殺，誅有罪也。」非也。若有罪，何不名之乎？

公會諸侯、晉大夫盟于扈。《穀梁》曰：「其曰諸侯，略之也。」不知略之者，何故哉？此似不了，直强言之爾。

八年，宋人殺其大夫司馬。宋司城來奔。《穀梁》曰：「以其官稱，❷無君之辭也。」鄭玄解云：「謂無人

❶「且」，明抄本作「又」。

❷「以其」，明抄本作「其以」。

君之德。」皆非也。既有大夫矣，何謂無君？又，晉殺其大夫郤錡、郤犫、郤至，並尸三卿。傳曰：「禍於是起矣。」亦可謂無君德者，則曷爲不以官稱之？

九年，葬襄王。《穀梁》曰：「志葬，危不得葬也。日之甚矣，其不葬之辭也。」非也。上云「得臣如京師」者，即會葬之人矣，何謂不葬乎？故以日月爲例，其膠固至如此。

夫人姜氏至自齊。《穀梁》曰：「卑以尊致，病文公也。」非也。夫人歸寧，禮也；反，致於廟，禮也。夫人出不致者，皆非禮也。致者，何病乎？文姜、哀姜縱恣出遊，反，皆不致也。如《穀梁》言，是不病哉？

秦人來歸僖公成風之襚。《穀梁》曰：「秦人弗夫人也。」非也。秦人唯以夫人之禮視成風，故來襚之耳，豈云「弗夫人」乎？且《穀梁》謂魯人逼秦，使來襚乎？固秦人自來襚也。若魯逼秦，云「秦人弗夫人」可矣，若秦自來，豈端欲慢魯君之祖母弗夫人哉？

十一年，叔孫得臣敗狄于鹹。《穀梁》曰：「不言帥師而曰敗，何也？直敗一人之辭也。」非也。不言帥師者，將卑師少爾，有何可疑哉？又曰：「何爲不言其獲？古者不重創，不禽二毛，故不言獲，爲內諱也。」云「魯既射長狄之目，❶又斷其首，是以諱之」。亦非也。《穀梁》本意謂長狄一人，力足敵衆，故變獲言敗者，起長狄之强也。既變獲言敗，敗即獲矣，又安得不言獲，爲魯諱之説乎？且如何爲文哉？季子敗莒

❶「狄」，原作「夷」，今據明抄本改。

師，獲莒拏，《穀梁》以謂《春秋》貶之；今得臣獲長狄，《穀梁》以謂《春秋》諱之。❶事相同也，而是非不一，誰能知之邪？要知此非長狄，吾既言於《公羊》矣。

十三年，公及晉侯盟，還自晉。《穀梁》曰：「還者，事未畢也。自晉，事畢也。」非也。畢則云畢，未畢則云未畢，且畢且未畢，如何可爲義乎？

十四年，齊人執單伯。齊人執子叔姬。《穀梁》曰：「私罪也。」非也。何不用陳袁濤塗、鄭祭仲例以解齊人乎？

十五年，宋司馬華孫來盟。《穀梁》曰：「其以官稱，❷無君之詞也。」非也。有司馬矣，何謂無君乎？必無君者，如齊大夫盟于蔇，乃可通爾。且華孫來不稱使，以解無君可也，指司馬而謂之無君，不亦悖乎？

齊人來歸子叔姬。《穀梁》曰：「父母於子，雖有罪，猶欲其免也。」非也。郯伯姬來歸者，此有罪見出者也。齊人來歸子叔姬者，此無罪齊人强出之者也。曰「齊人來歸子叔姬」者，猶曰「齊人來歸子叔姬」云爾。凡諸侯出夫人，禮皆有大夫將命，則郯伯姬亦當云「郯人來歸伯姬」。所以《春秋》直云「郯伯姬來歸」者，伯姬有罪，父母當受之，而辭不教者也。

十六年，毁泉臺。《穀梁》曰：「喪不二事，二事，緩喪也。以文爲多失道矣。」非也。但毁一臺，何能令

---

❶ 「謂」，明抄本作「爲」。

❷ 「其以」，明抄本作「以其」。

緩喪乎？❶ 聲姜九月而葬，所以緩者，亦猶作僖公主矣，豈爲毁臺乎？ 又曰：「自古爲之，已毁之不如勿居而已矣。」❷按：《穀梁》本以緩喪爲譏，復出此者，又似晚得《公羊》之説而附益之耳，非一家學也。

十八年，子卒，季孫行父如齊。 吾既言之於莊公末年矣。

宣　公

元年，會晉師于棐林。《穀梁》曰：「大趙盾之事也。」非也。 即大趙盾，名之是已，無爲没其名也。 且卿大夫不得會公、侯，《春秋》之常也。 今晉侯不行，趙盾專國，亦無貶則善矣，❸曷爲大之邪？

二年，獲宋華元。《穀梁》曰：「言盡其衆以救其將也。」然則韓之戰不得獨云晉侯失民。

三年，乃不郊。《穀梁》曰：「乃者，亡乎人之辭。」吾既言之矣。

五年，齊高固來逆子叔姬。《穀梁》曰：「不正其接内，故不與夫婦之稱。」非也。 吾於莒慶既言之矣。

六年，晉趙盾、衛孫免侵陳。《穀梁》曰：「其不言帥師，何也？ 不正其敗前事。」非也。 將尊師少稱將，此通例也。 爲《穀梁》者皆用之矣，何忽昏妄乎？ 即以謂命卿之將舉當言帥師者，十一年，公孫歸父會齊人

❶「緩喪」，明抄本作「喪緩」。
❷「己」「居」，《春秋穀梁傳集解》作「今」「處」。
❸「則善」，明抄本作「足」。

伐莒，不言帥師，以何事敗之哉？❶

八年，公子遂如齊，至黄乃復。《穀梁》曰：「復者，事畢也。」非也。遂受命而行，辭病而反，此《春秋》所惡也。乃加「事畢」之文，爲之文過，何以訓事君？

仲遂卒于垂。《穀梁》曰：「其曰仲，何也？疏之也，是不卒者也。」非也。即《春秋》欲疏之，何不但書「遂卒」若無駭所使乎？❷且《春秋》欲疏弑君之臣，不書其氏，反書其字，何爲哉？

葬我小君頃熊，雨，不克葬。《穀梁》曰：「葬既有日，不爲雨止，禮也。」非也。朝會常事耳，雨霑服失容，則廢朝會，況葬者大事，所謂慎終追遠，人情之所不忍忽忽者也，豈反冒雨不待成禮哉？徐邈云：「士喪禮有漆車載蓑笠者，❸疑葬當不爲雨止。」非也。❹漆車載蓑笠者，固未葬禦雨之用爾。

九年，晉侯黑臀卒于扈。《穀梁》曰：「其地，於外也。其日，未逾境也。」非也。未逾境猶在國爾，何得書其地？然則扈者，他國之地名，非晉地也。

十年，齊崔氏出奔衛。《穀梁》曰：「氏者，舉族而出之之辭也。」非也。凡《春秋》褒善貶惡而已矣，舉族

---

❶「敗」，明抄本作「貶」。
❷「所使」，明抄本、四庫本、薈要本作「與俠」。
❸「者」，原爲空格，今據明抄本補。
❹「非」上，四庫本有「亦」字。

而奔，何足記哉？且《穀梁》曰：「使舉上客而不稱介，客重而介輕故也。」今崔杼則重，崔族則輕，輕重相冒，書於《春秋》，何其不憚煩乎？

天王使王季子來聘。《穀梁》曰：「其曰王季，王子也。其曰子，尊之也。」非也。若不尊之，但云「王季」乎？則與王猛何異哉？但王季何以得指以爲王子哉？❶以義理推之，季者，少也，曰王弟，可耳。如《穀梁》之言，季既王子矣，何以不直書王子乎？❷意者，王者之尊，其子不得以其屬通哉，王子虎何以書也？今斷王季於上，析子於下，不可訓解，皆謬説也。

十一年，楚人殺陳夏徵舒。《穀梁》曰：「此入而殺，其不言入，何也？外徵舒於陳也。」非也。言楚人殺者，乃明徵舒有罪爾。且先言入，後言殺，可謂内徵舒於陳乎？夫《春秋》，記事之書也，先殺而後入，皆其實録矣，豈紛紛然更易古事以便私意哉？

十五年，宋人及楚人平。《穀梁》曰：「平稱衆，上下欲之也。」非也。暨齊平，何以不曰「暨齊人平」乎？又曰：「外平不道，以吾人之存焉，道之也。」非也。楚人圍宋，經歷三時，幸而得平，以告諸侯，故魯史有其事耳。且外盟會常書，外平何以不可書？

晉師滅赤狄潞氏，以潞子嬰兒歸。《穀梁》曰：「滅國有三術，中國謹日，卑國月，夷狄不日。」皆非也。

❶「但」，明抄本作「且」。
❷「書」，明抄本作「言」。

頃、遂、譚、温、梁、繒、蔡、虢皆中國也，不日。潞子、甲氏、舒鳩、陸渾皆夷狄也，不時。又，《穀梁傳》不見説附庸滅者。今學者則皆以卑國爲附庸，而《穀梁》乃指夔子、弦子爲微國。按：爵稱子，非附庸明矣，不知《穀梁》誤以夔子、弦子爲附庸邪，抑學者誤以卑國爲附庸邪？有卑國無附庸，有附庸無卑國，了不可推也。又曰：「其曰潞子，賢也。」亦非也。其意以謂夷狄稱子則是褒矣，不知夷狄之爵正自當子，非以賢故進之也。豈有國滅身虜，而得爲賢者哉？

王札子殺召伯、毛伯。《穀梁》曰：「不言其，何也？兩下相殺也。」非也。凡殺大夫稱其者，皆君也，豈可云「王札子殺其大夫召伯、毛伯」乎？又曰：「兩下相殺，不志乎《春秋》。」亦非也。《春秋》撥亂，君臣皆譏。苟有兩下相殺，亂孰甚焉，可得弗書乎？❶

十六年，成周宣榭災。《穀梁》曰：「周災不志。」非也。宋災猶志，況周災乎？大凡災異之發，主人告災不告異，諸侯弔災不弔異，理當然也。❷後世道衰，災、異並告，《春秋》因而書之，以通人情，無擇於周獨不志也。

十八年，邾人戕鄫子于鄫。《穀梁》曰：「戕，殘也，捝殺也。」按：《穀梁》但言捝殺而已，不言邾人何人也，鄫子何爲以見殺，有罪乎無罪乎，漫不可知。

---

❶「弗」，明抄本作「勿」。
❷「理」，明抄本作「禮」。

春秋權衡卷第十七　穀梁第四

成　公

元年，無冰。《穀梁》曰：「此未終時，言無冰，❶何也？」非也。今所書正謂建丑之月，是乃終時矣，何云未終時乎？若待建寅之月而書無冰，建寅月令，東風解凍，不得更以無冰爲異也。

作丘甲。《穀梁》曰：「丘爲甲也。」非也。審爲使民作甲者，《春秋》何不云「井作甲」「邑作甲」「農作甲」，而必云「丘作甲」乎？吾於《公羊》既言之矣。

二年，公會楚公子嬰齊于蜀。《穀梁》曰：「其曰公子，何也？亢也。」非也。向者及晉處父盟，去處父之氏以明亢，今此更益嬰齊之氏亦以明亢，二者孰能别之乎？且《穀梁》以楚無大夫，其有大夫者，進也。狄雖見經，尚未得氏，以明許夷狄者不一而足。今反以驕亢之人而進之有氏，是褒貶亂矣，何以爲《春秋》？

盟于蜀。《穀梁》曰：「會與盟同月，則地會不地盟；不同月，則地會地盟。此其地會地盟，何也？以公之得其所，申其事也。」非也。會時一國，盟時十一國。十一月，公會楚公子嬰齊于蜀。丙申，公及楚人、秦

❶「言」，原無，今據明抄本補。

人、宋人、陳人、衛人、鄭人、齊人、曹人、邾人、薛人、繒人盟于蜀。此乃兩會也，各自書地，乃其理矣，何申之有？

五年，梁山崩。《穀梁》曰「不日，何也？高者有崩道也。有崩道，則何以書也？曰：梁山崩，壅河，三日不流。晉侯召伯宗而問焉」云云。尋《穀梁》此文，似云山有崩道，崩不當書，今以晉侯問伯宗故獨書也，是豈《春秋》意邪？

七年，鼷鼠食郊牛角。改卜牛，鼷鼠又食其角。《穀梁》曰：「又，有繼之辭也。」此亦常耳，何足以多解？又曰：「其，緩辭也。」非也。前云「鼷鼠食郊牛角」者，文不可言「其角」，非不緩也。今云「其角」者，亦文當如此，非故緩也。又曰：「所以免有司之過也。」亦非也。《春秋》記災異，刺譏時君，且明鬼神享德，所以鈎深致遠者微矣，豈爲免有司之過乎？乃免牛。《穀梁》曰：「免牛者，爲之緇衣纁裳，❶有司奉送至於南郊。」未必然也。雖禮典散滅，不可考按，至於牛衣人服，如何襲被乎？凡郊牛、稷牛必皆在滌三月。滌者，牢也。今既有傷，則不復在滌，是爲免之。其不免者，是留以須後郊，非禮不敬，故《春秋》亦譏焉。不如《穀梁》所説作玄衣纁裳，何休所説盜天牲也。

大雩。《穀梁》曰：「冬無爲雩也。」非也。周之十月，今之八月，若久不雨，可得不雩乎？又，傳例謂「得雨曰雩」，若此年雩不得雨，書旱必矣。且將書旱，可得不雩哉？

❶「纁」，原作「繡」，今據明抄本、四庫本及《春秋穀梁傳集解》改。

八年，晉侯使韓穿來言汶陽之田，歸之于齊。《穀梁》曰：「于齊，緩辭也，不使盡我也。」非也。此直記事以刺晉爾，「不使盡我」，了無所用也。

天子使召伯來錫公命。《穀梁》曰：「天子何也？見一稱也。」言欲見天子與天王各爲一稱，不亦淺乎，不亦淺乎？

衛人來媵。《穀梁》曰：「媵，淺事也，不志。此其志，何也？以伯姬之不得其所，故盡其事也。」非也。伯姬雖賢，《春秋》一褒其身已足矣，又何爲及其媵哉？凡《春秋》所急者，禮也；所制者，欲也。以禮制欲則治，以欲敗禮則亂。而諸侯娶十二女，則是以欲敗禮矣，故《春秋》備書之，所以戒也，非賢伯姬以亂禮也。

九年，季孫行父如宋致女。《穀梁》曰：「是以我盡之也。」非也。《穀梁》言宋共公失德不葬者，以其與伯姬不相入也。即我能盡之，何故不相入乎？又曰：「不正，故不與內稱也。」説者云內稱謂稱使。按：內大夫受命而出，無稱使者。假令與內稱，則曰「公使季孫行父如宋致女」乎？又曰：「逆者微，故致女。詳其事，賢伯姬也。」亦非也。《穀梁》向云「致者，不致也，譏以我盡之」，今又云「詳其事，賢伯姬」。若實賢伯姬，則致女爲伯姬發，非譏魯也；若實譏魯，則致女爲譏魯發，非賢伯姬也，二者孰能知之乎？

晉人執鄭伯。晉欒書帥師伐鄭。《穀梁》曰：「不言戰，以鄭伯也。」非也。《春秋》伐而不戰多矣，豈伐則必戰乎？且晉實不執鄭伯以伐鄭，何以能必其以鄭伯乎？此皆妄説也。又曰：「爲親者諱疾。」❶亦非

❶ 「疾」，明抄本作「病」。

也。執其君以伐其國，無道甚矣，方事貶之，何故諱乎？

莒潰。《穀梁》曰：「其日，莒雖夷狄，猶中國也。」然則蔡亦中國，蔡潰，何故不日乎？又曰：「大夫潰莒而之楚。」亦非也。經但云「莒潰」，不云「之楚」，《穀梁》安所受此語乎？且潰者，非大夫所爲，何故專以大夫解之乎？此似不曉潰之説。凡潰者，取其如水之決爾。

城中城。《穀梁》曰：「非外民也。」非也。若不外民，則都不爲城郭乎？則與夷狄何異哉？夷狄可謂不外民乎？

十三年，曹伯廬卒于師。《穀梁》曰：「閔之也。」非也。諸侯死於行則記其地，死於國則不記其地，所以别内外也。例則如此，何謂閔之？

十五年，仲嬰齊卒。《穀梁》曰：「子由父疏也。」非也。必公孫之子以王父字爲氏，非公子之子也，《公羊》説是矣。若必云「子由父疏」不得稱公孫，則歸父何故稱公孫乎？

晉侯執曹伯歸于京師。《穀梁》曰：「以晉侯而斥執曹伯，惡晉侯也。」非也。若云「晉人執曹伯」，《穀梁》得毋又如齊人執袁濤塗而非之乎？

葬宋共公。《穀梁》曰：「月卒日葬，不葬者也，以其葬共姬，不可不葬共公也。夫人之義不踰君。」非也。若以葬夫人則必葬其君，莊二十九年葬紀叔姬而不葬紀侯，何哉？

會于鍾離。《穀梁》曰：「會又會，外之也。」非也。吾於《公羊》既言之矣。

十六年，曹伯歸自京師。《穀梁》曰：「不言所歸，歸之善者也。出入不名，以爲不失其國也。」非也。曹伯之惡，學者知之，穀梁子不知爾，曹伯何善乎？又曰：「歸爲善，自某歸次之。」亦非也。衛元咺、衛侯鄭何善之有乎？且自某者，明其有奉焉爾，本不爲善、不善設也。

晉人執季孫行父，舍之于苕丘。《穀梁》以「舍」爲「次舍」之「舍」，及其所論皆枝辭也，蓋不足信。

刺公子偃。《穀梁》以謂「殺無罪」，非也。且以理觀之，先刺後名是得其罪者，先名後刺是不得其罪、不訊於群吏、不訊於萬民者，可知矣。

十七年，用郊。《穀梁》以謂：「以秋之末承春之始，不可郊也。」非也。吾於《公羊》既言之矣。

壬申，公孫嬰齊卒于貍脤。《穀梁》曰：「致公而後録臣子。」非也。昭公在外，叔孫婼卒，則何不待致公而録乎？

襄　公

二年，晉師、宋師、衛甯殖侵鄭。《穀梁》曰：「其曰衛甯殖，如是而稱於前事也。」説者曰：「初，衛侯速卒，鄭人侵之，故舉甯殖之報，以明稱其前事。」皆非也。將尊師少書將，例然也，何至於此獨爲異乎？孔子曰：「以直報怨，以德報德。」若人伐己喪，己亦伐人喪，是以怨報怨也，豈以直報怨者乎？《春秋》豈爲是書之哉？

城虎牢。《穀梁》曰：「若言中國焉，内鄭也。」非也。鄭不服晉，諸侯伐之，可謂外之矣，反謂内之乎？

三年，叔孫豹及諸侯之大夫及陳袁僑盟。《穀梁》曰：「及以及，與之也。」非也。此兩及者，文當然耳，何謂與之？ 何謂不與之哉？ 又曰：「諸侯盟，又大夫相與私盟，是大夫張也。」亦非也。 袁僑則陳大夫，大夫不敢與君盟，故使大夫與之盟耳。 觀《穀梁》之説，似解溴梁之會大夫盟，非解此雞澤之會諸侯之大夫及陳袁僑盟也。

六年，莒人滅繒。《穀梁》曰：「非滅也，立異姓以莅祭祀，滅亡之道也。」非也。 吾於《公羊》既言之矣。

七年，鄭伯髡原如會，未見諸侯。 丙戌，卒于操。《穀梁》曰：「其不言弑，不使夷狄之民加乎中國之君。」非也。 鄭伯欲宗中國，其大夫不從而弑之，《春秋》當明其罪以懲亂臣，何有反匿首惡，謂之「不使夷狄之民加中國之君」乎？ 夫匿首惡之名，使亂臣無所懼，是乃使夷狄之民加中國之君矣，何言哉？ 且穀梁子謂《春秋》書首惡，且是予夷狄之民加中國之君乎？ 弑君三十六，盡予使弑之，獨髡原爲不使也，何其悖哉！

八年，會于邢丘。《穀梁》曰：「見魯之失政也，公在而大夫會也。」非也。 公以正月如晉，反未至國，❶令季孫宿復往會晉侯耳。 若公在而大夫會，不應無文以起之。

九年，宋災。《穀梁》曰：「外災不志，此其志，何也？ 故宋也。」非也。 齊大災，又豈故齊乎？

十年，會吴于柤。《穀梁》曰：「會又會，外之也。」非也。 會于戚，吴人亦在，何不外之乎？ 會于申，淮夷亦在，何不外之乎？

❶ 「至」，明抄本作「之」。

盜殺鄭公子斐、公子發、公孫輒。《穀梁》曰：「稱盜以殺大夫，弗以上下道，惡上也。」非也。若以盜者指其君乎，殺其臣而謂之盜，是不正名也。若以盜者固盜賊乎，稱盜乃宜矣，又何云「弗以上下道」也？如《穀梁》之意，❶以上下道，則曰「盜殺其大夫」乎？則是大夫爲盜之臣，盜爲大夫之君，乃可耳。

戍鄭虎牢。《穀梁》曰：「其曰鄭虎牢，決鄭乎虎牢也。」非也。城人之邑，戍人之都，勢必繫其國而言。有不繫其國者，乃變例也。如其繫國矣，此乃常文，又何決哉？

十二年，莒人伐我東鄙，圍台，遂入鄆。《穀梁》曰：「取邑不書，圍安足書也？」非也。取邑不書，有所避爾，非小之不書也。

十四年，衛侯出奔齊。說者曰：「衎結怨乎民，自棄於位。君弑而歸，與知逆謀，故出入皆日。」非也。以剽爲君，以衎爲賊，吾不知《春秋》何爲乃爾昏惑哉？然則昭公出奔亦當絶邪，有如季氏立一公子爲君者，《春秋》且亦奪昭公而成之邪？

十五年，劉夏逆王后于齊。《穀梁》曰：「過我，故志之。」非也。王后尊矣，禮自當志，豈與諸侯一例以過我而書哉？然則他王后不見者，太子立則妃爲后，自無緣見耳。

十八年，同圍齊。《穀梁》曰：「非圍而曰圍。」非也。《春秋》之信史也，其事則齊桓、晉文，其會則主會者爲之矣。若未圍而言圍，是豈得爲信史哉？

❶「梁」下，明抄本有「子」字。

曹伯負芻卒于師。《穀梁》曰：「閔之也。」非也。是亦記事而已矣，何閔之有？

十九年，公至自伐齊。《穀梁》曰：「《春秋》，已盟而復伐者則以伐致，盟不復伐者則以會致。祝柯之盟，盟復伐齊與？」曰：非也。然則何爲以伐致也？曰：與人同事，或執其君，或取其地。」非也。執君取地，邾事也。以伐齊致，齊事也。今欲以齊明邾、以邾明齊乎？無義以通之。且書「晉人執邾子」，貶晉已明矣，「取邾田，❶自漷水」，刺魯已明矣。又何不足，而以齊起邾乎？❷

晉士匄侵齊，至穀，聞齊侯卒乃還。《穀梁》曰：「還者，事未畢也。士匄外專君命，故非之也。」非也。謂之「未畢」，則以爲貶矣。公子遂至黄乃復，公孫敖如周不至而復。復者，《穀梁》所謂事畢也，然則《春秋》反不貶遂與敖乎？按：士匄不伐喪，可謂知禮，不免於貶；遂、敖專命，可謂非禮，反無貶乎？且士匄何貶哉？大夫以君命出境，進退在大夫者，可也。

二十六年，衛甯喜弑其君剽。《穀梁》曰：「此不正，其日，何也？殖也立之，❸喜也君之，正也。」非也。文王事紂，武王滅之，亦爲不正乎？言《春秋》者，要論其行事邪正而已矣。衎也於殖，其獨非君而逐之，何哉？

❶「邾」，原作「洙」，今據明抄本、四庫本、薈要本改。
❷「起」，原無，今據明抄本補。四庫本作「明」。
❸「立」，明抄本作「奉」。

二十七年，豹及諸侯之大夫盟于宋。《穀梁》曰：「豹云者，恭也。諸侯不在而曰諸侯之大夫，大夫臣也。」非也。稱諸侯者，常文耳。不稱諸侯者，乃變文也。又，豹不氏，亦前目後凡，一事而再見卒名之例爾，不以是爲恭也。

二十九年，公至自楚。《穀梁》曰：「喜之也。致君者，殆其往而喜其反。」❶非也。公如晉、如齊而致者多矣，又何喜乎？且《春秋》公出不必盡致也，是爲臣子或喜或不喜者邪？

三十年，正月，楚子使薳罷來聘。説者曰：「聘例時，此月，何也？欲書王以正蔡般之罪。」劉子曰：推此言也而觀之，其妄可勝記乎？

蔡世子般弒其君固。《穀梁》曰：「其不日，子奪父政，是謂夷之。」非也。向若書日者，何遂云非奪父政乎？又可云非夷之乎？奪父政也，夷之也，不待不書日而後見，則不書日何足以託義哉？

葬蔡景公。《穀梁》曰：「不日卒而月葬，不葬者也。卒而葬之，不忍使父失民於子也。」非也。君弒賊未討，不書葬，此乃《春秋》之常矣。凡不書葬者，豈失民之謂乎？苟爲此言以應問可矣，非所以明《春秋》也。

會于澶淵，宋災故。《穀梁》曰：「善之也。」非也。一國失火，自焚其財，小事耳，諸侯何至群聚而謀之乎？以此爲善，是《春秋》貴小惠而不貴道也。又曰：「其曰人，何也？救災以衆。」亦非也。宋以五月失

---

❶「反」，原作「及」，今據明抄本、四庫本、薈要本及《春秋穀梁傳集解》改。

火，諸侯以冬會于澶淵，是可謂救災乎？

昭　公

二年，公如晉。《穀梁》曰：「恥如晉，故著有疾也。」非也。但云「至河乃復」，安知有疾哉？

七年，暨齊平。《穀梁》曰：「以外及内曰暨。」如此，何不取外爲志之例書會乎？《春秋》尊魯，避所可恥，審爲齊强逼魯爲平者，何不如乞盟、乞師、來獻捷之例殺恥乎？

衛侯惡卒。《穀梁》曰：「王父名子也。」蓋言臣之子不敢與世子同名，有生在世子前王父名之者，則亦不改也。以言衛齊惡，蓋王父名之爾。説者不曉，以謂唯「王父名子，王父卒，則稱王父命名之」，是則不可。

八年，陳侯之弟招。《穀梁》曰「向曰陳公子招，今曰陳侯之弟招，何也」云云，此問之非也。向曰陳公子者，乃其常稱爾。

秋，蒐于紅。《穀梁》曰：「正也。」非也。蓋不學《周禮》者。

葬陳哀公。《穀梁》曰：「不與楚滅，閔之也。」非也。此與齊侯葬紀伯姬何異哉？

十二年，齊高偃帥師納北燕伯于陽。《穀梁》曰：「納者，内弗受也。」非也。諸侯失國，諸侯納之，救患哀禍也。顧以爲弗受，反當遂其亂臣賊子之心乎？又曰：「燕伯之不名，何也？不以高偃挈燕伯也。」亦非也。楚人圍陳，納頓子於頓。《穀梁》以謂：「納頓子者，陳也。」陳之挈頓子可矣，即何不名頓子乎？

十三年，公不與盟。《穀梁》曰：「可以與而不與，譏在公也。」非也。公於晉唯令之從，豈其獨能違衆不盟乎？推《穀梁》之意，以「與」爲「相與」之「與」；推《春秋》之意，則「與」爲「與及」之「與」。

葬蔡靈公。《穀梁》曰：「不與楚滅，且成諸侯之事。」非也。是本不當滅蔡，❶則蔡雖滅，非滅也。今蔡侯復國，例得葬耳，不爲諸侯而成之也。

十五年，叔弓卒，去樂卒事。《穀梁》曰：「君在祭樂之中，大夫有變，以聞，可乎？大夫，國體也。古之人重死，君命無所不通。」非也。按《禮記》：衛侯曰：「柳莊死，雖當祭，必告。」然則當祭不告者，禮也，當祭而告者，變也，其亦可知矣。

十七年，楚人及吴戰于長岸。《穀梁》曰：「進楚子，故曰戰。」非也。戰則云戰，敗則云敗，豈擇於吴、楚哉？且楚其與中國並久矣，豈至此而進之哉？

十八年，宋、衛、陳、鄭災。《穀梁》曰：「或曰，人有謂鄭子産曰：『某日有災。』子産曰：『天者神，子惡知之？是人也，同日而爲四國災。』」此非智者之語，何足爲説也。

十九年，許世子止弑其君買。《穀梁》曰：「日弑，正卒也。」冬，葬許悼公。《穀梁》曰：「日卒時葬，不使止爲弑父也。」皆非也。州吁、宋萬、商臣、商人、歸生、夏徵舒、崔杼、甯喜，此皆弑其君而書日者，可云皆正卒乎？春，葬陳靈公，可云「不使夏徵舒爲弑君」乎？大凡《春秋》所書，褒貶豈不明哉？待日月而後見之，此所以泥而不通也。

❶「是」，明抄本作「楚」。

二十年，公孫會自夢出奔宋。《穀梁》曰：「自夢者，專乎夢也。曹無大夫，其曰公孫，言其以貴取之，而不以叛也。」非也。若臣不叛君，常事爾，何足褒哉？褒其有功，貶其叛國，❶兩者之中，勿咎勿譽可也。

二十一年，蔡侯東出奔楚。《穀梁》曰：「東者，東國也。何爲謂之東？王父誘而殺焉，父執而用焉。奔而又奔之，曰東，惡之而貶之也。」非也。即仲尼欲如此貶東國者，❷書東國不亦足乎？❸徒貶其半名何爲？❹即貶其半名爲法者，❺使蔡侯止名東，❻當復貶去其上下而云蔡侯田乎？

二十二年，劉子、單子以王猛居于皇。《穀梁》曰：「王猛，嫌也。」非也。若王猛嫌，豈得云居乎？劉子、單子以王猛入于王城。《穀梁》曰：「入者，内不受也。」非也。必以入爲内弗受，則「天王入于成周」，亦弗受乎？

王子猛卒。《穀梁》曰：「此不卒者也。」非也。猛雖未成君，然謂之小子王，卒固當告於諸侯。諸侯之未成君之卒，乃不書爾。又曰：「其曰卒，失嫌也。」亦非也。猛未逾年，不可言崩，又不可言薨，是以通言卒

---

❶「國」下，原有「之」字，今據明抄本删。

❷「者」，明抄本作「當」，屬下讀。

❸「書」，明抄本作「著」。

❹「爲」，明抄本作「謂」。

❺「其」，明抄本無此字。「法」，明抄本作「去」。

❻「止」，明抄本作「正」。

爾，何嫌之失？

二十三年，吴敗蔡、胡、沈、頓之師。《穀梁》曰：「中國不言敗。」非也。敗者偏敗，戰者偏戰。偏敗詐也，偏戰信也。夫夷狄者多詐，《春秋》自宜書以見之，何有反匿其詐乎？夷狄敗中國則曰敗，中國敗夷狄則曰敗，唯真夷狄與中國不言戰，此爲異耳。至于吴、楚乎，雖有夷狄之名哉，其實兄弟僚友也。今一概以吴、楚之君比赤狄、白狄、山戎、戎蠻，不亦羞太伯、鬻熊哉？

尹氏立王子朝。《穀梁》曰：「其不名，何也？别嫌乎尹氏之朝也。」非也。《春秋》豈嫌於尹氏之朝哉？衛人立晉，衆所欲立也，不曰公子，君位定矣；尹氏立王子朝，獨尹氏所欲立也，已僭位號，猶稱王子，言莫自君也。此固逆順之差，安可不詳哉？

二十六年，公圍成。《穀梁》曰：「言圍，大公也。」非也。公失國而圍成，師在封内而書之，此小之甚者，不可謂大。

定　公

二年，雉門及兩觀災。《穀梁》曰：「其不言雉門災及兩觀，何也？災自兩觀始也。」非也。吾於《公羊》既言之矣。

新作雉門及兩觀。《穀梁》曰：「其以尊者親之，何也？雖不正也，於美猶可也。」非也。此自記事之體耳，雉門先災，兩觀後災，不得不曰「雉門及兩觀災」。若不言「及」，則似雉門之兩觀災，雉門乃無恙也。既災之後，魯人修舊，理當先門。門者，所出入者；觀者，門飾也，亦各順其序而書之，非聖人横出此意見也。

四年，公及諸侯盟于皐鼬。《穀梁》曰：「一事而再會。」是也。其曰「公志於後會」，則非也。當此之時，魯國微甚，會之進退非其所敢專，何與於責而謂之疑乎？

劉卷卒。《穀梁》曰：「此不卒而卒者，賢也。天王崩，爲諸侯主也。」所謂天王崩，則昭二十二年景王矣；爲諸侯主，則劉子、單子以王猛居于皇是矣。以兩者論之，卷既爲諸侯主，而《春秋》又稱其賢，是王猛本正也。王猛本正，而《穀梁》謂其篡，何哉？

蔡侯以吴子及楚人戰于柏舉。《穀梁》叙其事曰：「何以不言救也？救，大也。」謂夷狄漸進，❶未可同於中國。此妄矣。狄人救齊，《穀梁》以謂「功近而德遠」，不唯得稱救而已矣，又進之稱人，曾謂吴不如狄乎？何其賞罰之偏也！❷

吴入楚。《穀梁》曰：「何以不言滅？欲存楚也。」非也。楚實未滅，當言入而已矣，豈《春秋》固存之哉？且凡滅國，《春秋》未嘗不存也，豈於楚也獨存之邪？

五年，丙申，季孫意如卒。按《穀梁》例：「大夫不日卒，惡也。」意如逐君，可謂惡矣，其日卒，何哉？豈謂入人之國重於逐己之君哉？

---

❶「謂」，明抄本作「云」。

❷「其」，明抄本作「所」。

七年，齊人執衛行人北宫結以侵衛。《穀梁》曰：「以，重辭也，衛人重北宫結。」非也。執其使，伐其國，文加「以」則見之，不加「以」則不見也，乃其理然，豈爲重乎？

八年，公至自侵齊。《穀梁》曰：「公如往時致月，危致也；往月致時，危往也；往月致月，惡之也。」非也。公如往時致月，此則文公十三年冬公如晉、十四年正月公至自晉是也。是時公未至晉，而衛侯會公于沓，至晉而得其君盟，盟而反，鄭伯又會公于棐，一出而三國附，最榮矣，何以危致之也？夫往月致時，此則宣十七年六月同盟于斷道，秋公至自會是也。是時諸侯協心而同外楚，中國爲一，❶無有他變，何以危往也？夫往月致月，此則僖四年正月侵蔡，蔡潰，遂伐楚，八月公至自伐楚是也。是時齊桓主諸侯，《穀梁》以齊桓爲知所侵，又曰「以伐楚致，大伐楚」，最盛矣，何以惡之也？且《穀梁》欲言其危，當得其危之狀；欲言其惡，當指其惡之形。今謂之危，無狀也，謂之惡，無形也，設空文而無實驗，不可致詰，非所以解經也，故略舉三事以彰其不然。

十年，公至自頰谷。《穀梁》曰：「離會不致。致，危之也。」非也。近上八年，公會晉師于瓦，亦致，又何危乎？且如《穀梁》所説，頰谷之會，聖人相之，齊侯震懼，歸地謝過，齊則危矣，魯何危乎？又曰：「其以地致，何也？危之也。」亦非也。兩國會盟，致皆以地，此常例爾，何説危哉？

十一年，宋公之弟辰及仲佗、石彄自陳入于蕭，以叛。《穀梁》曰：「辰，未失其弟也。」非也。公子不去

---

❶「中」上，明抄本有「是」字。

國，而辰棄親出奔，挾黨爲亂，以謂「未失其弟」，何妄甚也！

十三年，晉趙鞅歸于晉。《穀梁》曰：「其言歸，貴其以地反也。」非也。苟使趙鞅爲之不義，雖以地反，能免於貶乎？然則鞅之得言歸，非貴其以地反也，貴其忠信足恃也。

十四年，天王使石尚來歸脤。《穀梁》曰：「石尚欲書《春秋》，諫曰：『久矣，周之不行禮於魯也，請行脤。』」不知石尚欲書孔子之《春秋》乎，魯國之《春秋》乎？若孔子之《春秋》也，孔子是時未作《春秋》，石尚安得書？如魯國之《春秋》也，王人至則書之矣，何足以爲榮邪？凡人之欲書《春秋》者，以有殊功異德，欲使後世見也，石尚何有而欲書乎？是殆不然。

哀公

二年，納衛世子。《穀梁》之説非也，江熙是矣。

四年，盜弑蔡侯申。《穀梁》曰：「稱盜以弑君，不以上下道道也。」非也。盜即微者爾，辟稱人，故云盜也。即不以上下道道，曷爲稱弑乎？

五年，閏月，葬齊景公。《穀梁》曰：「不正其閏也。」非也。喪以年斷者不以閏數，以月斷者則以閏數。葬之爲事，以月斷者也，以閏數宜矣，何謂不正乎？

六年，陳乞弑其君荼。《穀梁》曰：「陽生正，荼不正。」然而荼受命，陽生不受命。如此，陽生得罪於先君，荼乃其君也，弑先君所命，是則弑其君矣，又何云「不以陽生君荼」乎？假令先君廢陽生爲非義，自可聽天子伯主治之耳。今至躬弒其君，《春秋》猶詭其罪以與陳乞，何哉？且令陳乞無預陽生之事，《春秋》又將强委一卿以弒君之罪乎？要之，陳乞主陽生而弒荼，可知也。

七年，入邾，以邾子益來。《穀梁》曰：「其言來者，外魯之辭。」非也。《春秋》褒善貶惡，直書「入邾」，又言「以邾子益來」，於君親之過而無所隱，義已足矣，豈以一失之故，遂外其君乎？且令《春秋》不外其君，則當曰「以邾子益歸」乎？夫「歸」可施於人，不可施於我；「來」可施於我，不可施於人。詳於此之意者，可以知《春秋》之文矣。

十二年，孟子卒。《穀梁》曰：「其不言夫人，諱取同姓也。」非也。孟子者，孟姬，而曰孟子，則是諱同姓矣。不曰夫人，豈諱同姓乎？

十四年，獲麟。《穀梁》曰：「不言其來，不外麟也。不言有，不使麟不恒有也。」皆非也。謂之獲麟矣，則不得言其來，不得言其有，記事之理也，何説乎？即以言其來爲外之，「季子來歸」，亦外之也。即以言其有爲使不恒有，「大有年」亦使不恒有邪？故守一而廢百，謂之章句之儒，去道遠矣。

七經小傳

〔北宋〕劉敞 撰
楊韶蓉 校點

校點説明

劉敞(一〇一九—一〇六八),字原父,一作原甫,號公是,吉州新喻(今江西新余)人。祖父劉式隨南唐後主李煜入宋,終刑部侍郎。父劉立之歷官尚書虞部、比部員外郎、主客郎中、湖北路轉運使、益州路轉運使等職。劉敞與弟攽同舉仁宗慶曆六年(一〇四六)進士,敞廷試第一,因親嫌列爲第二,以大理評事通判蔡州。累官至給事中。三次出任地方官,皆有善政。劉攽爲其撰《行狀》,歐陽脩撰《墓誌銘》。《宋史》卷三百一十九有傳。

劉敞爲官三十年,直言敢諫,忠直無私,事仁宗、英宗、神宗三朝,從容進見,直言逆耳,雖不合於世,「而特被人主之知」(《墓誌銘》)。爲人循理蹈義,「不以纖毫異内外也」(《行狀》)。讀書心悟理解,志氣開發,「自六經、百氏、古今傳記,下至天文、地理、卜醫、數術、浮圖、老莊之説,無所不通」(《墓誌銘》)。「所著《春秋傳》十五卷,《春秋權衡》十七卷,《春秋説例》二卷,《春秋文權》二卷,《春秋意林》五卷,《弟子記》五卷,《七經小傳》五卷,皆成書。《易外傳》二十卷,《元滋》九篇,《通古》五卷,《古風》五卷,皆未就。《文集》若干卷。」(《行狀》)此外,就史録所及,尚有《尚書解》、《三劉漢書標注》、《漢官儀》、《先秦古器圖》、《雜律賦》、《使北語録》等著述（據張尚英《劉敞著述考述》，《宋代文化研究》第十二輯），内容涉及經學、史學、金石之學、文學等領域。

在宋代學術史上，劉敞具有開風氣的地位。《宋史》本傳論劉敞治學「長於《春秋》」，所著《春秋》五書開北宋一代《春秋》學之風氣。王國維《隨庵吉金圖序》稱：「私家藏器，莫先於劉原仲父。」（《王國維先生全集·觀堂集林》卷二十三，台灣大通書局一九七六年版）認爲「李伯時之《考古圖》，王楚之《宣和博古圖》皆用其例」（《宋代之金石學》，《王國維先生全集·静庵文集續編》）。其雜論經義之語的《七經小傳》，歐陽脩述其「盛行於學者」（《墓誌銘》），開北宋解經疑變舊義、創立新説的風氣。

《七經小傳》是劉敞於慶曆間（一〇四一—一〇四八）所撰雜論經義的解經之作，所論涉《尚書》、《毛詩》、《周禮》、《儀禮》、《禮記》、《公羊》、《論語》七經，因《公羊》目下又有《左傳》、《國語》各一條，故實涉九經。形式上不載所解原書全文，而是依篇次摘引，有説者，則先列原文或舊注，繼之以説論；無説者，則連原文也略而不録。内容上除揭發義理外，就經文文本方面亦多有「脱簡」、「衍簡」、「錯簡」、「字誤」、「句誤」等的疑辨。共計論《尚書》二十二條，《毛詩》三十三條，《周禮》四十條，《儀禮》四條，《禮記》三十條，《公羊》、《左傳》、《國語》

各一條,《論語》八十五條。《論語》諸條論説體例又多有與其他諸經不統一處。對於緣何論九經而名曰《七經小傳》、《論語》諸條論例不同,四庫館臣均有辨證,所論頗爲合理(詳附録一《四庫全書總目七經小傳提要》)。

《行狀》與《墓誌銘》皆記述《七經小傳》五卷。宋元明清間官私書目或著録爲五卷,或著録爲三卷,如《郡齋讀書志》、《中興館閣書目》、《宋史・藝文志》均著録爲五卷,而《直齋書録解題》、《文獻通考・經籍考》、《讀書敏求記》則著録爲三卷。焦竑《國史經籍志》著録《七經小傳》五卷,祁承㸁《澹生堂書目》亦著録《公是先生七經小傳》一册五卷,説明在明代中後期尚有五卷本流傳,之後五卷本即不見著録。

今傳世諸本皆爲三卷本。彭元瑞《天禄琳瑯書目後編》著録宋刻《公是先生七經小傳》一函一册,云:「書三卷,……書中『匡』字、『殷』字闕筆,『桓』字不闕筆,可證爲北宋本。傳皮唐寅、曹溶、徐乾學、朱彝尊家,末有『唐寅藏書』四字。」(上海古籍出版社《中國歷代書目題跋叢書》,二〇〇七年版)傅增湘《藏園群書經眼録》亦著録清宫藏書《公是先生七經小傳》三卷,云:「宋刊本,半葉十行,行二十字,白口,左右雙闌,版心上記字數,下記刊工姓名。宋諱殷、恒、樹皆缺末筆。鈐有徐乾學、曹溶、留真館、盧保藏印。又有『衛國經史之章』朱文大印。」(中華書局《書目題跋叢書》,二〇〇九年版)民國間商務印書館《續古逸叢書》、《四部叢刊續編》即據此天禄琳瑯藏宋刻《公是先生七經小傳》影印。檢之全稿,共有「恒」、「殷」、「匡」、「筐」、「玄」、「弦」、「讓」、「敦」、「樹」九字闕末筆避諱,其刊刻時間當在宋光宗紹熙年或之後。此外,「殷」字除闕筆外,亦有改「嗣」字避諱的情況,「玄」字也有改「元」字避諱的情況。卷下《論語》第六十七條計有八十四字漫漶殘泐,《四部叢刊續編》據他本予以描補。此本今不見諸家館藏著録,幸有《續古逸叢書》、《四部叢刊續編》影印存其真。除宋本外,清代有康熙十九年刻《通志堂經解》本、乾隆十六年水西劉氏刻《公是遺書》本、《四庫全書》本、嘉道間藤花榭刻《經學五書》本等,皆爲三卷本。

經實際校勘,《通志堂經解》本、《公是遺書》本當同出一源,《四庫》本、《經學五書》本皆源出於《通志堂經解》本。據《公是遺書》本《七經小傳》後劉安孫《跋》「惟吾先世手録《三劉先生集》一册,世世寶藏,以爲手澤之存。……今以縣侯與邑大人晏一齋修譔誌書,訪求三劉遺集,乃敢出而觀之」,則《公是遺書》本《七經小傳》當出自劉氏家傳《三劉先生集》。據實際校勘結果,宋本中「爾」、「按」、「于」、「嶮」、「大」、「簇」、「惟」等字,《通志堂經解》本作「耳」、「案」、「於」、「險」、「太」、「蔟」、「唯」,《公是遺書》本皆同,且《通志堂經解》本不同於宋本之處，《公是遺書》本皆同《通志堂經解》本，宋本誤而《通志堂經解》本是者，《公是遺書》本亦皆同《通志堂經解》本，宋本是而《通志堂經解》本誤者，《公是遺書》本亦同其誤。如卷上《尚書・皋陶謨》第一條中「惟聖人惟能王天下」一句，其中下「惟」字《通志堂經解》本作「爲」，《公是遺書》本亦作「爲」。「先有司赦小過舉賢材」之「材」字《通志堂經解》本作「才」，《公是遺書》本亦作「才」。卷中《周禮・簭人》條「改巫爲簭以準太卜作龜之八命而爲説也」一句，其中「以」字《通志堂經解》本作「似」，《公是遺書》本亦作「似」。卷上《詩經・白駒》條「故上刺其君之不能下怨賢者之棄吾君」一句，「不能」下顯有脱字，《通志堂經解》本有「下賢」二字，《公是遺書》本亦有此二字。卷下《論語》第六十二條中「鄉人皆惡之言者有人於此」一句，其中「言者」二字誤倒，《通志堂經解》本乙正，《公是遺書》本亦乙正。卷上《詩經・鼓鍾》條「文王世子曰小樂正學干」一句，其中「樂」字《通志堂經解》本誤爲「學」，《公是遺書》本亦誤（以上舉例《四庫》本、《經學五書》本皆同《通志堂經解》本）。據此可以判定，《通志堂經解》本所出當與《公是遺書》本所出《三劉先生集》同源。但《公是遺書》本與《通志堂經解》本亦屢有異文，且《公是遺書》本誤處，《通志堂經解》本多與宋本同，爲正。

此次整理，以《續古逸叢書》影印宋本爲底本，以哈佛大學漢和圖書館藏清康熙十九年

（一六八〇）刻《通志堂經解》本（簡稱《經解》本）、《公是遺書》本（簡稱《遺書》本）、景印文淵閣《四庫全書》本（簡稱《四庫》本）爲校本。《四庫》本雖源於《通志堂經解》本，但其間有校正，故亦列爲校本。《經學五書》本亦出於《通志堂經解》本，但不僅無有校正，反新增不少訛誤，無校勘價值，故不列入校本。

此次整理，經文斷句，一以劉敞的理解爲準。書中引文，皆與現通行本作了核對，於重要異文處皆出校記。劉敞誤引之處，亦出校予以辨正。凡屬直引的引文，皆標注引號。與原文差别較大，屬意引或略引的情况則不標注引號。闕筆諱字逕補足筆畫，不再出校。

原書只分卷而無目録，爲便於讀者檢閲，此次整理新編制了目録。爲便於研究者研究利用，借此次整理之機，將《四庫全書總目七經小傳提要》、《公是遺書本七經小傳跋》亦作了整理，作爲「附録」附後。

限於學識，錯誤在所難免，敬請讀者批評指正。

校點者　楊韶蓉

公是先生七經小傳卷上

尚　書

《堯典》曰：「申命羲叔，宅南交。」説者曰「春與夏交」，非也。冬與秋交，秋與夏交，春與冬交，亦何不曰西交、北交、東交乎？且春曰「嵎夷」、曰「暘谷」，秋曰「宅西」、曰「昧谷」，冬曰「朔方」、曰「幽都」，此皆指地而言，不當至於夏獨以氣言也。本蓋言「宅南曰交趾」，後人傳寫脱兩字，故爾非真也。春云「宅嵎夷」，秋云「宅西」，推秋之西而知嵎夷爲東也。夏云「宅南」，冬云「宅朔方」，推夏之南而知朔方爲北也。此蓋堯舜時四境所至、四岳所統也，故舉以言爾。

《舜典》曰：「正月上日，受終于文祖。」「輯五瑞」者，收諸侯圭瑞還之王府。❶「既月乃日」者，既正月之明日，謂二月朔耳。輯五瑞，必俟既月之明日頒之諸侯者，以新曆數也。

「修五禮、五玉、三帛、二生、一死贄，如五器，卒乃復。」「如」者，同也。「五器」者，吉、凶、禮、樂及戎器。同之，一制度也。「卒乃復」者，巡守事畢，王乃還都也。

---

❶ 「王」，疑當爲「玉」。

「五載一巡守」者，唐虞氏分天下五服，其在畿内甸服之君，則皆執事之人也，朝夕見焉，故不特修朝覲之禮。至於侯服當朝一年，綏服當朝二年，要服當朝三年，荒服當朝四年，則天下諸侯畢，皆一朝。一朝則天子巡守，故五載一巡守也。

「夔曰：『於！予擊石拊石，百獸率舞。』」《益稷》之末又有：「夔曰：『於！予擊石拊石，百獸率舞。』」然則《舜典》之末衍一簡也。何以知之邪？方舜之命二十二人，莫不讓者，惟夔、龍爲否，則亦已矣，又自贊其能，夔必不爲也。且夔於爾時始見命典樂，不應遂已有「百獸率舞」之事，是今日適越而昔至也。

《九共》九篇，「共」當作「丘」。古文「丘」作「𠀉」，與「共」相近，故誤傳以爲「共」耳。「九丘」者，即所謂「八索」、「九丘」。按《小序》：「帝釐下土，方設居方，别生分類，作《汩作》、《九共》及《稾飫》。」然則《汩作》之篇，言所以「釐下土」、興工致治之道尔。《九丘》者，乃所謂「方設居方，别生分類」者也。九州殊土異俗，各因其性，順其舊而教擾之，故爲九篇，篇言一州也。舜「肇十有二州」，而今但「九」者，幽、并之俗與冀州類，營州之俗與青州類，但疆土廣大，故分之耳，至於人、物，自如舊也。孔安國爲隸古定《書》，不知「丘」字誤爲「共」，遂肆臆説云「述《職方》以除《九丘》」。案《職方氏》之書，一官所守耳。《周禮》出於周公，仲尼未嘗删述，而云「除《九丘》」乎？又今《職方氏》所掌，但其地名山川大較，豈與「方設居方，别生分類」比乎？此云《九共》，當爲《九丘》必也。《禹貢》雖載九州之地形，乃是治水之書，亦無「方設居方，别生分類」之事。則《禹貢》所言者，形質也；《九丘》所言者，情性也。❶ 惜哉！此《書》之亡，不及見有虞氏之明德也。

《大禹謨》：「益曰：『都！帝德廣運，乃聖乃神，乃武乃文，皇天眷命，奄有四海，爲天下君。』禹曰：『惠迪吉，從逆凶，惟影響。』」此言帝賞罰之審且速也，故能爲天下君。

《臯陶謨》曰：「都！亦行有九德，亦言其人有德。」此説性善也。「行有九德」者，言人之性固有九德也，寬、柔、愿、亂、擾、直、簡、剛、彊是也。「亦言其人有德」者，言性雖有德，猶待其人之有德，乃成德也，栗、立、恭、敬、毅、温、廉、塞、義是也。「愿而恭」，恭與愿一物爾，愿者益恭，非德性相濟者也，「恭」當作「荼」，字誤也。「荼」者，舒也。愿慤過者患在不荼，故以荼濟愿也。「簡而廉」，簡者，簡易也，簡易之人失在無廉隅，故濟以廉，所謂居敬也。「彰厥有常，吉哉」，「吉」猶「士」也，所謂吉士也。於九德之中，能一德有常，則可謂士矣。三德可以爲卿大夫，六德可以爲諸侯，「九德咸事」，可以王天下。然則有常，所謂「有恒」；三德，所謂「善人」；六德，所謂「君子」；九德，所謂「聖人」。惟聖人惟能王天下，❷君子可以爲諸侯，善人可以爲卿大夫，有恒者可以爲士。以孔子之徒論之，「顔淵問爲邦，子曰：行夏之時，乘殷之輅，服周之

❶「情性」，《遺書》本作「性情」。

❷ 下「惟」字，《經解》本、《遺書》本、《四庫》本作「爲」。

冕」，此王天下之任，聖人之德也。又曰「雍也可使南面。先有司，赦小過，舉賢材」，❶此君一國之任，君子之德也。又曰「由也，千乘之國，可使治其賦也」，「升堂未入於室」，此卿大夫之任，善人之德也。又曰「不得中行而與之，必也狂狷乎」，狂者進取，狷者有所不爲，此吉士之任也，有恒之德也。物之性未有能兼剛柔者也，❷謂聖人備九德，然則聖人之性剛且柔乎？曰：聖人神矣，其性無所不備。無所不備者，或不可得而聞矣。不可得而聞，則所聞者，常聞其接於事爲之迹爾。皐陶稱舜曰「臨下以簡，御衆以寬」，此九德之二也。極此言之意，故當曰事親以柔，行己以愿，臨事以亂，任賢以擾，秉德以直，斷謀以剛，敷政以彊，此所謂大備之人也。

《益稷》曰：禹曰：「弼成五服，至于五千，州十有二師。外薄四海，咸建五長，各迪有功。」説者謂禹治水，州用三萬人，非也。「師」猶「長」爾。一州十二師，以商周之制推之，則連率、卒正之類也。以五長稽之，則五國有長，而十長有師乎？長所以長也，師所以師也。十長之師凡五十國，一州十二師，則六百國也。州六百國，計十二州則七千二百國也。十二州之外薄于四海，又有五長，是以禹會諸侯於塗山，執玉帛者萬國也。

「笙鏞以閒，鳥獸蹌蹌」，何謂也？曰：古者制樂皆有所法也，或法於鳥，或法於獸。其聲清揚而短聞者，皆

❶ 「材」，《經解》本、《遺書》本、《四庫》本作「才」。
❷ 「兼」，《遺書》本作「秉」。

法之鳥也；其聲宏濁而遠聞者，皆法之獸也。則此言笙鏞之器各得其法，而盡其聲，則鳥獸蹌蹌然也。「擊石拊石，百獸率舞」，何謂也？曰：聖王功成而作樂，樂行而物遂，則此言四海之内，血氣之類莫不逸豫而自得也。人樂極則舞，獸不能舞，推其樂極則亦宜舞也，故謂之「率舞」也。「擊石拊石」何也？曰：凡樂厚聲石，此言所擊者與所拊者皆厚以和，皆泊以恬，則能以感人者也。

《禹貢》：青州「萊夷作牧，厥篚檿、絲」。徐州「淮夷蠙珠暨魚，厥篚玄纖縞」。揚州「島夷卉服，❶厥篚織貝」。予謂三篚皆三夷之貢也，故序於三夷下。「織」讀如「士不衣織」之「織」。染貝爲織，島夷所服，蓋如厚繒。貝者，木名耳。

「五百里要服，三百里夷，二百里蔡。五百里荒服，三百里蠻，二百里流。」凡唐虞九州，州方千里，適三千里矣，要、荒則在九州之外。「三百里夷」者，稍以夷禮通之，若春秋杞、鄫、葛、莒也。「三百里蠻」者，亦言雜以蠻俗，待之若春秋楚、越也。「二百里蔡」者，「蔡」讀如「蔡蔡叔」之「蔡」。「二百里流」，「流」讀如「流共工」之「流」。輕罪則蔡於要服，重罪則流于荒服，所謂「投之四裔」、「屏之遠方」者也，此則「五宅三居」之二矣，然則其一在綏服，九州之内也。凡夷性近於人，蠻性遠於人，故近者稱夷，遠者稱蠻也。

《嗣征》曰：❷「火炎崐岡，玉石俱焚。天吏逸德，烈于猛火。殲厥渠魁，脅從罔治。」言火炎則玉石俱焚，吏逸

❶ 「楊」，《四庫》本作「揚」。

❷ 「嗣」，當作「胤」，作者避宋太祖趙匡胤名諱改。

則善惡并誅，若此，則是威烈甚於火矣，故不欲如火，但殲厥渠魁而已，所以分别玉、石。

《湯誓》曰：「伊尹相湯伐桀，升自陑。」「陑」者，桀恃嶮也。「升」之者，言其易也。著此者，言桀雖據險，亦不能拒湯，所謂地利不如人和。孔氏注乃曰「出其不意」，孫吴之師非湯與伊尹之義也。

《伊訓》曰：「惟元祀十有二月乙丑，伊尹祠于先王。奉嗣王祗見厥祖。」「元祀」者，太甲之元年也。「十有二月」者，夏正十二月，殷正月也。舉元祀於上，則明十二月者殷正月也。不言正月而云十二月者，於《書》未有言王者三統之辨，使上下互相備也。此先君以去年十二月夏之十一月崩，故太甲以今年正月夏之十二月朝廟，正君臣。至三年十二月，則二十六月喪畢，而以冕服歸于亳矣。若謂十二月亦殷之曆者，古天子逾年改元，一年不二君，則元祀十二月乃太甲改元之後十二月也，去先君崩一朞矣，至三年十二月太甲乃歸于亳。歸于亳之時，凡居喪三十七月，不得爲二十六月也。欲就二十六月而言之，則太甲以先君之末遂爲元年乃可爾，而非逾年改元、一年不二君之義，伊尹豈爲之哉？

「臣下不匡，其刑墨。」「墨」者，非刑名也，謂其刑如墨也。貪以敗官爲墨，今臣不匡君，是貪位明矣，故使坐貪也。《傳》曰：「昏墨賊殺，臯陶之刑也。」

《微子》曰：「父師若曰：『我舊云刻子，王子弗出，我乃顛隮。』」「刻」猶「害」也，言我舊常云紂欲害子，今王子不出，必見殺。王子見殺，我乃隕滅矣。所以然者，三仁存則殷存，三仁亡則殷亡，武王觀兵還師，此其驗也。均之不可亡，而微子先遯于荒者，微子以地逼，見疑欲害。與其見殺而速亡，不如避禍而緩死也。然則三人亦何向何背？何去何處？勢物之變，微子以母兄宜避，箕子以同姓宜留。此仁者之外化内不化也，故曰「爲百世師」。

《泰誓》曰：「惟十有一年，武王伐殷。」孔氏曰：「觀兵孟津，以卜諸侯伐紂之心。諸侯僉同，乃退以示弱。」非也。《詩》云：「匪棘其欲，聿追來孝。」聖人豈有私天下之心哉？觀兵孟津者，所以憚紂也，欲其畏威悔過，反善自修也。如紂遂能改者，武王亦北面事之而已矣。然則進非示强也，退非示弱也。進所以警其可畏，退所以待其可改。及其終不畏，終不改，然後取之。此篇稱紂「罔有悛心，乃夷居，弗事上帝神祇」，足以知武王之退非示弱而襲之明矣。

《武成》曰：「武王伐殷，往伐，歸獸，識其政事，作《武成》。」「識」，記也，言史官具記武王克商所施行之政，以爲此書也。然此書簡策錯亂，兼有亡逸，粗次定之于下曰：「惟一月壬辰，旁死魄。越翼日，癸巳，王朝步自周，于征伐商」，此下當次以「厎商之罪，告于皇天后土、所過名山大川」云云，下至「大賚于四海，而萬姓悦服」，皆在紂都所行之事也，然後次以「厥四月，哉生明，王來自商，至于豐」，然後又次以「丁未，祀于周廟」云云，下至「予小子其承厥志」，此下武王之誥未終，當有百工受命之語，計脱五六簡矣，然後次以「乃偃武修文」云云，然後又次以「列爵惟五」云云。

「戊午，師逾孟津。癸亥，陳于商郊。甲子，俟天休命。」經文「甲子」二字在「休命」下。孔氏曰：「自河至朝歌出四百里，五日而至，赴敵宜速。」非也。傳曰：紂使膠鬲問師期，武王告以甲子。武王恐失期而膠鬲死，於是亟行軍。吏曰請少緩，武王不可，曰膠鬲，賢者也。吾以此傳雖不見經，而以解此經爲合。夫王者之師，正而不奇，不乘人以險，不掩人以不備者也，何以「赴敵宜速」哉？

《無逸》曰：「此厥不聽，人乃訓之。」又曰：「此厥不聽，人乃或譸張爲幻。」此兩「聽」字皆當作「德」字，字形相似，故誤爾。

毛詩

子夏序《詩》云：❶「禮義廢，政教失，國異政，家殊俗，而變風變雅作矣。」然則諸國《風》，其言正義善、事合於道者，皆正風也；其有刺譏怨諷者，乃變風也。亦猶二《雅》，言文、武、成、康爲正雅，言幽、厲爲變雅矣。今説者皆斷《周南》、《召南》爲正風，自《邶》以下爲變風，遂令《淇奥》、《緇衣》與《南山》、《北門》同列，非夫子之意、子夏之指。且「國史明乎得失之迹，傷人倫之廢，哀刑政之苛」，爲變風可矣，若人倫不廢，刑政不苛，何故一本無「何」字，「故」作「顧」。不得爲正風乎？既横生分别，不與二《雅》同，又褒貶錯謬，實無文可據，未足以傳信也。

《葛覃》二章曰「葛之覃兮，施于中谷，維葉莫莫。是刈是穫，爲絺爲綌，服之無斁」者，葛居谷中，莫莫茂盛，於是則有人就而刈之、穫之，以爲絺、綌，而服之不厭，如后妃在家，德美充茂，則王者就聘之，以爲后妃，與之偕老矣。

《卷耳》序稱后妃「又當輔佐君子，求賢審官」，「内有進賢之志」，「至於憂勤」。吾於此義殊爲不曉。后妃但

---

❶ 「序詩」，《四庫》本作「詩序」，其餘諸本皆爲二空格。

主内事，所職陰教，善不出閨壼之中，業不過籩饋之事，何得知天下之賢而思進之乎？假令實可不害，武王豈責紂爲「牝雞無晨」？周公作《易》，何言「在中饋，無攸遂」乎？假令后妃思念進賢，爲社稷計，亦何至「朝夕憂勤」乎？要之，后妃本不與外事，自無緣知賢者不肖主名。若謂后妃賢當並治其國者，是開後世母后之亂，吕、武所以亂天下也。若爾，又何以號爲正風，教化萬世乎？且令自古婦人欲干預政事，故引此詩爲證，初雖以進賢審官爲號，已而晨鳴，便無可奈何矣！驗大姒、大任等，亦但治内事，無求賢審官之美，審知此《詩序》之誤也。蓋后妃於君子有夙夜警戒相成之道，此詩言后妃警戒人君，使求賢審官之意耳，不謂后妃己自求賢審官也。事體相類，辭意相混，故序《詩》者誤之。曰「采采卷耳，不盈頃筐」，采卷耳者欲求盈筐，今不得盈，心不在，故無獲也，以言爲國當求賢耳，而賢不至者，亦以心不專，故賢不來矣。如是，頃筐無所獲則失其所願，周行無所寘則失其所治，此爲后妃警戒求賢審官也。其餘又陳當知臣下之勤勞之事，亦謂從容警戒於君耳，非以后妃己所行也。

《甘棠》曰：「蔽芾甘棠，勿翦勿伐，召伯所茇。」「蔽芾」，盛貌。召伯在之時嘗憩息此棠樹之下，今其人雖不在，猶當勿伐此棠，蓋覩其物思其人，思其人則愛其樹，得人心之至也。詩人託事指意，足以達其情之深切著明而已，而説者遂謂召公真暴露此樹下。使召公爲墨子之道也，則或有之矣。若彼召公者，仁人也，則有朝廷宫室，是乃中庸之法、上下之節矣，安可非苦就行以干百姓之譽哉？「非苦就行」四字諸本皆爾，當考。

《旄丘》詩曰：「何其處也？必有與也。何其久也？必有以也。」言我所以處且久者，正以衛爲方伯連率爾。　怨問之也。

《泉水》詩曰：「我思肥泉，兹之永歎。」出同而歸異曰「肥」，作此詩之女，於今衛侯兄弟也，以言亦出同而歸異，不得相見爾，是之爲歎也。夫人有遺大夫歸寧兄弟禮。

「園有桃，其實之殽。」園之有桃，猶國之有君也。桃不能自用其實，故其實爲人之殽，猶君不能自用其民，反爲人有也。

「揚之水，白石鑿鑿。」此興晋人將叛而歸沃之意也。激揚之水湍疾騰蹙，反令白石鑿鑿然鮮明，猶昭公暗弱，不修德政，反驅百姓歸於沃，沃以盛强也。非揚之水不能使白石鑿鑿，非昭公微弱不能驅百姓歸沃，沃以盛强。卒章曰「我聞有命」者，道民將叛之實也。

《狼跋》曰：「公孫碩膚，赤舄几几。」「公孫」者，豳公之孫，謂周公也。周公有碩膚之德，故攝政而履人君之舄，几几然甚宜之也。毛以公孫爲成王，鄭以公孫爲公遜，皆非是。

《常棣》之四章曰：「兄弟鬩于牆，外禦其侮。每有良朋，烝也無戎。」按，此詩八章，七章合韻，惟此「戎」字不合韻，疑「戎」當作「戍」，戍亦禦也。字既相類，傳寫誤也。

《伐木》三章，章十二句，每一章首輒云「伐木」，凡三云「伐木」，故知當三章也。今毛氏《詩》斷六句爲一章，蓋誤矣。

「伐木丁丁。」「丁丁」，聲相應也。伐木者小事爾，猶求同志共事，其聲丁丁然，以言自天子至庶人亦當須友以相成也。彼伐木能求助於人，使有聲丁丁然，况任天下之事，事多重於伐木者乎！此乃詩意已。毛、鄭説俱非是也。

「有杕之杜，有睆其實。」「杕杜」，特生之杜也，以興君子于役則婦人特居焉。「睆然其實」者，方其盛時也。

《白駒》四章，皆興也。「白駒」以斥賢者，言若有是白駒食我之場苗者，我則縶維之，雖不得久留，猶願永終今朝焉，愛之厚也。以言若有賢者肯食王禄，王則羈縻之，雖不得久留，猶願永終今朝焉，亦愛之厚也。二章申慇懃，皆所以教王也。三章言有皎皎之白馬，其潔白可愛，猶賁然而來，今汝賢者何故自潔白則不肯來乎？此以屬賢者，故上刺其君之不能下賢，❶下怨賢者之棄吾君，忠厚之道也。四章「皎皎白駒，在彼空谷。生芻一束，其人如玉」。「生芻」，薄陋也，言白駒不見收，逸於空谷，其養甚薄，生芻一束而已，猶賢者不爲世用而甘於菲薄也。

「黄鳥黄鳥，無集于穀，無啄我粟。此邦之人，不我肯穀。言還言歸，復我邦族。」興也。黄鳥集穀啄粟，則有彈射捕逐之害，猶我嫁于此邦，居于此室，而遭衰薄之俗，有斥逐之辱。一人之性不足以變一家，一家之俗不足以變一邦，而云爾者，陰禮不修，則舉國皆汙，故曰「復我邦族」也。

《十月之交》：「天命不徹，我不敢傚我友自逸。」「徹」，均也。

《小旻》四章章八句，二章章七句，乃得其理，今誤爲三章八句，三章七句。卒章曰：「不敢暴虎，不敢馮河，人知其一，莫知其他。」此言小人短慮，暴虎馮河之患，患在目前，則知避之；喪國亡家之禍，禍在歲月，故

❶ 「下賢」，原脱，據《經解》本、《遺書》本、《四庫》本補。

不知憂。「戰戰兢兢，如臨深淵，如履薄冰」者，言善爲國者當如此矣。

《小弁》曰：「鹿斯之奔，維足伎伎。」「伎伎」，顧其子也。「雉之朝雊，尚求其雌。」「其雌」，妃也。言王放逐太子，曾不如鹿乎？廢黜申后，曾不如雉乎？「譬彼瘣木，疾用無枝」者，木瘣則無枝，無枝則木死矣，亦若王受讒放逐太子，自殘其嗣，其嗣誠殘，王亦且斃踣矣。「相彼投兔，尚或先之」者，兔爲人所驅，急更投人，人哀其窮，則及驅者未至而先存之。兔雖可利，以其可憐，猶存之也，何則？誠不忍其心之窮急也，以言王何獨忍人哉？今俗猶言飛鳥入懷，勿殺，殺之不祥。此投兔之比。

《巷伯》之詩者，孟子所作也。孟子仕一作「寺」。人，以避嫌不審，爲讒者譖之，至加宮刑爲寺人，故作此詩也。詩名《巷伯》者，是其身所病者，故以冠篇。末云「楊園之道，猗于畝丘」者，言讒人罔極，不獨譖己而已，必將上及大臣、骨肉，但先自己始也，故曰「凡百君子，敬而聽之」。其後，王后、太子及大夫果多以讒廢者。

《谷風》曰：「習習谷風，維山崔嵬。無草不死，無木不萎。忘我大德，思我小怨。」習習之風，生草木也；崔嵬之山，養草木也。然而不能使草長不死，不能使木長不萎者，天地之功有所不足也，奈何「忘我大德，思我小怨」乎？

「四月維夏，六月徂暑。先祖匪人，胡寧忍予？」此不欲生之辭也。我之先祖曾匪以人恩畜我乎？何爲忍使我當此亂世而生也。「滔滔江漢，南國之紀。盡瘁以仕，寧莫我有」者，江漢之水能紀綱南國諸川而有之，今我盡勞從仕，王曾不顧有於我。計王之德，不若江漢之水也。「匪鶉匪鳶，翰飛戾天。匪鱣匪鮪，潛逃于淵」者，言怨亂並興，憂之之辭也。曾不爲鶉、鳶乎翰飛戾天，曾不爲鱣、鮪乎潛逃于淵，言非此四者，則皆罹其患矣。

《北山》五章章六句。故言六章，三章六句，三章四句，非。

「無將大車，祇自塵兮。無思百憂，祇自疧兮。」博士讀「疧」爲「邸」，非也。「疧」當作「瘖」，讀如「縉」，❶病也，字誤耳。

《小明》四章章十二句。故言五章，三章十二句，二章六句，非。

《鼓鍾》詩曰：「以《雅》以《南》。」《文王世子》曰：「小樂正學干，大胥贊之。籥師學戈，籥師丞贊之。胥鼓《南》。」此言「南」者，皆指文王樂也，則吴季子所觀《象箾》、《南籥》者也，非南夷之樂也。南夷之樂曰《任》，不曰《南》。謂之曰《南》，强厥名矣。《鼓鍾》之詩傷幽王亂文、武之樂，故末及《雅》與《南》也。《雅》亦用籥，《南》亦用籥，故云「以籥不僭」也。然文王之樂稱《象箾》、《南籥》者，文王之化，先被江漢之域，故作樂以象其功也。「象」者，象南方之譯云。

《信南山》曰：「中田有廬。」於田中作廬，此井田之法也。廬舍居内，貴人也。公田次之，先公也。私田居外，後私也。

「采菽采菽，筐之筥之。」興也。菽，薄物，采以爲藿，然而不可不敬，故或「筐之」，或「筥之」，况諸侯之君乎？故當有以厚錫予之也。「觱沸檻泉，言采其芹。」采芹者以檻泉潔清，則就采其菹，况諸侯之君，有修潔之

---

❶「讀如縉」三字，《四庫》本無。

德乎？亦不可不以恩禮接之也。

《假樂》故言四章，章六句。以文理考之，實六章，章四句。

《卷阿》詩曰：「似先公酋矣。」召康公則何以不欲成王似先王而獨曰「似先公」乎？曰：成王之時，周之先王惟有文、武，文、武皆聖人，不可似也，是以欲成王似其可及者，則莫若先公也。然則聖人不可及而大賢有可到，非不欲其似先王也，智不能也。以爲不然，復察於《詩》，召公戒成王則作《公劉》之詩，周公戒成王則作大王之詩，所以不及文、武者，其意皆可知矣。

《常武》：「有常德以立武事，因以爲戒然。」「常德」者，「既敬既戒，惠此南國」是也，言宣王命太師皇父爲家宰，整其六軍，既敬矣，既戒矣，無負於南國矣。而南國今不率職，故可以征之。此謂先自治，然後治人，故曰「常德」。二章「命程伯休父」者，南國既有變，故勑大司馬「陳行」「戒師旅」而往討。太師皇父爲家宰，實總六軍，故曰「整我六師」。程伯休父爲大司馬，專軍政，故戒「左右陳行」也。「因以爲戒」者，「王猶允塞，徐方既來」，「徐方不回，王曰還歸」是也。凡兵出則戒於詐，故曰「王猶允塞」，乃能來也。武成則戒於瀆，故曰「還歸」者，止於義也。

季札聞歌《小雅》而曰：「美哉！思而不貳，怨而不言，其周德之衰乎！猶有先王之遺民焉。」杜注云：「衰，小也。先王，殷王也。」文中子曰：「季札焉知樂？《小雅》，周之盛也。」予謂二子之説皆未得其真。何者？「思而不貳，怨而不言」，何關殷之末王乎？若聞《鹿鳴》、《魚麗》而謂之衰，又何以爲季札乎？蓋昔者周德既衰，樂章錯亂，太師非其人，不知《小雅》自有正雅，《大雅》自有變雅，而遂誤以凡變雅者爲《小雅》，凡正雅者爲《大雅》，而季札所聞適皆《節南山》之類，故有周德衰之歎耳。後至仲尼「自衛反魯」，乃始分《雅》、《頌》，「各得其所」。由仲尼而《雅》、《頌》「各得其所」，則仲尼以前大、小《雅》不得其所矣，故季札所聞者皆厲、宣、幽王之《詩》，而當時太師目之爲《小雅》者也。此其所以稱「怨而不言」，不亦宜乎？《七月》詩，周公作也。《公劉》詩，召公作也。周公、召公，等也。《七月》陳王業之本，《公劉》亦云「戒以民事，美公劉之厚於民」，其意亦等也。周公作之，戒成王也。召公作之，戒成王也。戒成王等也。《七月》之興當既王之後，《公劉》之興亦當既王之後，其時又等也。然而《七月》則繫《豳風》，《公劉》則入《大雅》，何也？公劉豈非豳國之君，《七月》豈非公劉之詩乎？先儒以爲，周公遭變，故《七月》爲變風；召公無變，故《公劉》爲《大雅》。其然乎？其不然乎？《豳風》者，名之爲「豳」，實周公《詩》耳。周公之《詩》何不名曰《周公國風》而曰《豳》乎？周者，畿内國也。畿内諸侯上繫於王，不得國别風也。何不編於魯？魯者，伯禽封耳，周公不之魯也。何不編之《雅》，與《公劉》相倫？《公劉》之詩言其政事，《七月》之詩言其風俗。既曰風矣，不得編於《雅》矣。周公作《詩》，意在於豳，而周公之《詩》無所可繫，故因謂之《豳》也。就《豳》言之，《七月》、《東山》皆正風也，《鴟鴞》以下皆變風也。由是言之，《豳・七月》自無緣入《雅》，不得云周公遭變，故爲變風也。且以《七月》、《東山》爲變風，世復有正風者乎？且復有不變風者乎？曰：然則《鴟鴞》、《破斧》之屬何不列之於《雅》？曰：列之於《雅》，是爲變雅。成王雖始疑周公而終任之，攝政六年而後「復子明辟」，君臣之道亦無閒矣。君子成人之美，故不使成王之世有變雅之聲，而攝引其詩，使還周公也。曰：《東山》之詩非刺也，亦何以不入《雅》？曰：當此之時，成王猶諒闇，故兹事不爲成王之美，亦不入《雅》，明總己之際，責在冢宰也，與《春秋》「毛伯來求金」相似。乃知聖人之意，六經如合符契耳。

《維清》之詩《序》曰：「奏《象舞》也。」《象》則文王之樂，所謂《象箾》者，蓋文舞也，故其辭稱「文王之典」。夫文王之舞謂之《象》，武王之舞謂之《武》。將舞《象》則先歌《維清》，是以其《序》曰「奏《象舞》」，其辭曰「文王」也。將舞《武》則先歌《武》，是以《武》之《序》曰「奏《大武》」，其辭曰「於皇武王」也。《内則》十三學舞《勺》。《勺》，《大武》也。十五學舞《象》。《象》則《象箾》也。教者當舉時王之教，學者當舉時王之樂，故《勺》與《象》明文、武之功也。

「《雝》，禘太祖也。」太祖即后稷矣。

「《長發》，大禘也。」此「禘于宗廟」之「禘」，所謂「五年再殷祭」，與「祫」連稱者也。禘于太祖，則功臣與祭，故末章言伊尹也。云「昔在中葉」者，作此詩之時，指湯未受命之前爲中葉也。「有震且業」者，常有震恐危業之事，即《仲虺》云「肇我邦于有夏，❶若苗之有莠，若粟之有秕。小大戰戰，罔不懼于非辜」者，此也。

❶ 「于」，《尚書正義》作「予」。阮校云：「各本『予』作『于』，案『予』，字誤也。」（各經《正義》皆據阮校《十三經注疏》本，中華書局影印版。後不再注。）

公是先生七經小傳卷中

周　禮

《太宰》：「以八柄詔王馭羣臣。」「三曰予，以馭其幸。」「幸」者，王所親幸也，可賜予之，不可爵之者也。「四曰置，以馭其行。」「置」者，耆老廢退之人，雖當廢退，其素行賢明，特置之，若公族穆子辭疾，晋侯使掌公族大夫者也。「五曰生，以馭其福。」「福」者，其人本坐死，以親故功貴者議而免之，是其福矣。楚誅鬬氏而免箴尹克黄，改命曰生，則此類也。「六曰奪，以馭其貧。」「奪」者，削其田邑禄賦。「七曰廢，以馭其罪。」「廢」者，除其名籍也。「八曰誅，以馭其過。」「誅」者，殺也。「過」當作「禍」，聲之誤耳。有馭其福，則有馭其禍矣。福稱生，則禍稱誅矣。「八柄」者，先叙賞而後言罰，賞則先重，罰則後重，故誅最後言也。康成謂「誅」爲「齒路馬有誅」之「誅」，如此，則「八柄」無死，《書》曰「用罪罰厥死」，義不可解。又内史貳八柄，爵、禄、廢、置、予、奪、生七者皆同，而其一爲殺，殺則誅也。

「以九兩繫邦國之民。一曰牧，以地得民。」「牧」者，司牧也，謂邦國之君也。諸侯世，故曰「以地得民」。「二曰長，以貴得民。三曰師，以賢得民。」「師」者，人師也，師之得民與人君等。「四曰儒，以道得民。」「儒」者，藝術之稱，儒之得民與人君等。「八曰友，以任得民。」「友」者，人友也，友之得民與師、儒等。三者皆有得民之端，故王者使民尊師貴儒而友賢。三者皆得其義，則王事成；三者皆失其義，則王事不成。其所以繫邦國之民，使民不離，「師」則甚於「宗」，「友」則甚於「藪」。「主以利得民」，「主」讀如「觀近臣以其所爲主」之「主」。

「乃施典于邦國而建其牧，立其監，設其參，傅其伍，陳其殷，置其輔。」「牧」亦司牧，謂邦國之君也。「監」者，其家嗣也。《春秋傳》曰：「君行則守，有守則從，從曰撫軍，守曰監國。」諸侯世，故「立其監」也，所謂「牧以地得民」者也。「乃施則于都鄙而建其長，立其兩，設其伍，陳其殷，置其輔。」「長」者，都鄙之君，所謂「長以貴得民」者也，不世，故不曰「立其監」。

《宫正》：「凡邦之事蹕宫中，廟中則執燭。」「凡邦之事蹕宫中」者，王有祭祀出入之事，宫正主爲王蹕于宫中矣。蓋宫正所治，蹕之者則隸僕也，宫正主爲命之。「廟中則執燭」者，王祭于廟，廟中不當蹕，則宫正執燭焉。康成讀「凡邦之事蹕宫中廟中，句。則執燭」，若然，則本但曰「曰」一作「名」。「凡邦之事，宫中廟中則執燭」，無爲加「蹕」字也。若宫正爲蹕，則誰執燭乎？按廟中不蹕，無緣有「蹕」。

《大府》：「頒其貨于受藏之府，頒其賄于受用之府。」「貨」者，九貢九賦所入未用者。「賄」者，九式所用之餘以共玩好之用者。「受用之府」，其玉府與？

《玉府》：「凡王之獻金玉、❶文織、良貨賄之物，受而藏之。」「獻」，讀如「大夫出疆必告，反必有獻於君」之

❶ 「金玉」下，《周禮注疏》有「兵器」二字。

「獻」，《傳》曰「穎考叔有獻於公」是也。

《大司徒》：「以土宜之灋辨十有二土之名物，以相民宅，而知其利害，以阜人民，以蕃鳥獸，以毓草木，以任土事。」「十有二土」者，即十二州也。州各有宜，如職方氏所掌耳。周雖合十二州爲九州，然本堯所分十二異宜，故職方氏從時王之制以正其名，而大司徒因上古之法以教民。

「辨十有二壤之物而知其種，以教稼穡樹蓺。」上言十二土者，汎言十二異宜，草木禽獸五穀宜種也。此言十二壤者，率一土復有此十二之別，當知其種之所入，即草人所掌「糞種」之法。「騂剛用牛，赤緹用羊，墳壤用麋，渴澤用鹿，鹹潟用貆，勃壤用狐，埴壚用豕，彊檃用蕡，輕爂用犬」，凡九也。又有青黎、塗泥、墳壚，草人不掌者。青黎、塗泥可不必糞，墳壚則從埴壚矣。此所謂十二壤。

「以土均之灋辨五物九等，制天下之地征，以作民職。」「九等」者，即《禹貢》定天下之土田有上上、上中、上下、中上、中中、中下、下上、下中、下下也。

《鄉大夫職》曰：「國中自七尺以及六十，野自六尺以及六十有五，皆征之。其舍者，國中貴者、賢者、能者、服公事者、老者、疾者皆舍。」「貴者」，自命士以上也。「賢者、能者」，俊造學士也。士、工、賈皆謂之「國中」。

《牛人》：「凡祭祀，共其享牛、求牛，以授職人而芻之。」「享牛」，享神之牛也。「求」讀如「逑」。逑，配也。配神者之牛。以郊禮言之，享牛所謂帝牛，求牛所謂稷牛。《周書・召誥》：「用牲于郊，牛二。」

《載師職》曰：「以宅田、士田、賈田任近郊之地。」「宅」，謂士之未仕者。《儀禮》曰：「宅者，在邦曰市井之臣，在野曰草茅之臣。」《孟子》皆曰「庶人」。庶人不傳贄爲臣，不見君也。鄭云宅謂致仕者，非也。「士田」

者，「士」當作「工」，字誤耳。工亦受田，此是矣。賈亦受田，「賈田」是矣。於近郊之地授處士之田，授百工之田，授商賈之田，三者皆居國中，故授近地。《孟子》曰：「國中什一，使自賦。」下文云「近郊什一」，義相發也。凡言「國中」者，皆指士、工、商。言「野」者，皆農夫也。《鄉大夫職》云「國中自七尺以及六十，野自六尺以及六十有五，皆征之」，此以國中者受田非其本職，故早免之耳。鄭云「士田」者，「士讀如仕。仕者亦受田，所謂圭田」，非也。仕而受田者，禄也。圭田則其邑也，非所以耕也。審如鄭意，仕且耕乎？又《載師》偏序受田之名，獨不及工。工與賈等爾，有賈田，無工田，是工惟不受田乎？《食貨志》何以云「工、商皆受田」也？此又鄭所自知者。「凡任地，國宅無征，園廛二十而一，近郊十一，遠郊二十而三，甸、稍、縣、都，皆無過十二，惟其漆林之征二十而五。」「國宅」者，謂國也，宅也，皆無征。「國」者，即上文「廛里任國中之地」者也。「宅」者，即上文「宅田」也。廛田無征，宅田無征，其餘皆有征矣。此但覆解上文自國至都征税之差，更無別少異，而兩鄭俱不曉，或謂是「城中宅」，或謂是「官宮室」，皆妄也。又曰「國宅無征」，「以廛里任國中之地」，「廛里」者，士、民之里居，工、賈之市肆，皆是也；「宅」者，「以宅田、工田、賈田任近郊之地」也。工、賈有征，宅者無征。云「近郊十一」者，則《孟子》所云「國中什一，使自賦」是也。

「師氏」、「保氏」，官也。周公爲師，召公爲保，太師、太保，所謂三公者也。康成合之，非是。

《調人》：「凡和難，父之讎辟諸海外，兄弟之讎辟諸千里之外，從父兄弟之讎不同國，君之讎眡父，師長之讎眡兄弟，主友之讎眡從父兄弟。」此「讎」者，蓋謂遇人不以禮而見殺者也。以其不直，故子弟雖欲讎之，而調人推其本情不聽也。遇人不以禮，雖誠有罪，殺之者亦專殺也，故使辟焉，以全子弟之心。又曰：「勿辟，則與之瑞節而以執之。」「勿辟」者，則殺人不忌，乃當正治其罪，子展所以黜游氏之義也。「凡殺人有反殺者，使邦國交讎之。」此謂吏以法殺人而死者之親敢報之者，則邦國交讎之。《公羊傳》曰：「父受誅，子復讎，推刃之道也。」

「凡殺人而義者，不同國，令勿讎，讎之則死。」殺人而合於義，爲隱謀禍惡之未發而能先事殺之，若逋逃桀暴者。《朝士職》曰：「凡盜賊軍鄉邑及家人，殺之無罪。」是此也。遷其子孫使居異國，又令勿讎。

《司市》：「國君過市則刑人赦，夫人過市罰一幕，世子過市罰一帟，命夫過市罰一蓋，命婦過市罰一帷。」「市」者，商賈交利之地也，君子無故不得觀焉。設罰懲之，深遠於利之意也。國君則赦其刑人，所赦者，市刑也。大刑扑罰，中刑徇罰，小刑憲罰。自夫人以下，則司市舉之，使出此物焉。婦人於市，尤非其事，故罰比男子差重也。帟、蓋皆在上，帷、幙以屏蔽，異男女也，言不及天子王后者，尤非所宜，亦罰不及至尊也。

《遂人職》曰：「上地，夫一廛，田百畮，萊五十畮，餘夫亦如之。中地，夫一廛，田百畮，萊百畮，餘夫亦如之。下地，夫一廛，田百畮，萊二百畮，餘夫亦如之。」「亦如之」者，亦如其萊也。餘夫未具夫婦，未當受田，如其萊而已。《孟子》曰：「圭田五十畝，餘夫二十五畝。」

《旅師》：「掌聚野之耡粟、屋粟、閒粟。」「旅」讀如「葆旅」之「旅」。野生曰旅，此官主野事，故以旅爲號。

《大宗伯》：「以肆獻祼享先王，以饋食享先王。」此兩者正謂禘也、祫也。禘禮以祼爲重，祫禮以饋食爲重。禴、祠、烝、嘗，雖皆有祼、饋之事，恐其節文略殊，非禘、祫之禮比也。古禮既亡，不可知之。孔子曰：「禘自既灌而往者，吾不欲觀之矣。」明禘禮以灌爲重。「肆」猶「旅」也。禘禮及毁廟，故旅獻。「時見曰會，殷見曰同。」「時見」者，同時而見。「殷見」者，見於方岳之下。「時見」，則《周官》所謂「六年五服一朝」者也。「殷見」，則「又六年，王乃時巡，考制度于方岳」者也。❶謂之同盟者，蓋諸侯於是齊盟，所謂同盟矣。

「以天産作陰德，以中禮防之。以地産作陽德，以和樂防之。」「産」，生也。「作」，爲也。人所受於天以生者，謂之天産。所受於地以生者，謂之地産。受於天以生者，貌、言、視、聽、思，本稟於五行，内以爲性，外以爲教者也，不防以中禮則失。謂之「陰」者，以其受之天，天道默定也。謂之「德」者，教之所以起也。受於地以生者，剛、柔、緩、急、輕、重、仁、武，本稟於山川，内以爲情，外以爲形者也，不防以和樂則過。謂之「陽」者，以其受之地，地體顯著也。

「王大封，則先告后土。」「后土」，社也。王封諸侯，取太社之土，苞之以白茅而授之。爲其將取是土，故大宗伯先告焉，敬其事也。

《司尊彝》：凡「鬱齊獻酌」。「獻」讀如「獻莫重於裸」之「獻」。「鬱齊」，惟裸用之，於獻最重，故曰「獻酌」也。《典瑞》曰：「裸圭有瓚以肆先王，以裸賓客。」「肆」猶「旅」也，大祭旅獻也。《宗伯職》曰：「以肆獻裸享先王。」謂大禘時。「《雝》禘」之篇曰：「相予肆祀。」《書》曰：「肆類于上帝。」皆同義。《大祝》又有肆享之説，

❶ 按「方」，《尚書正義》作「四」。

在後。

《大司樂》：「凡樂，圜鐘爲宫，黄鐘爲角，大簇爲徵，姑洗爲羽，靁鼓靁鼗，孤竹之管，雲和之琴瑟，《雲門》之舞，冬日至，於地上之圜丘奏之，若樂六變，則天神皆降，可得而禮矣。」「圜鐘」、「黄鐘」者，皆《雲門》之樂所用之均也。「六變」者，《雲門》之樂一終。

「《咸池》之舞，夏日至，於澤中之方丘奏之，若樂八變，則地示皆出，可得而禮矣。」此《咸池》之樂，蓋八變而終，其聲之均則自函鐘以下。

「《九磬》之舞，於宗廟之中奏之，若樂九變，則人鬼可得而禮矣。」「《九磬》」者，《磬》九變而一終，《書》云「《簫韶》九成，鳳皇來儀」是也，其聲之均則自黄鐘以下。

《鐘師》：掌「奏《九夏》」。鄭、賈諸儒皆以《九夏》爲《頌》詩之篇。《春秋傳》稱「金奏《肆夏》之三」，「工歌《文王》之三」。《夏》云「金奏」，《文王》云「工歌」，則《夏》非《頌》篇明矣。然則《九夏》乃有聲而無辭者也。

《簭人》：「掌《三易》，以辨九簭之名。」「一曰巫更，二曰巫咸，三曰巫式，四曰巫目，五曰巫易，六曰巫比，七曰巫祠，八曰巫參，九曰巫環，以辨吉凶。」予謂掌九簭之名而以辨吉凶，則不可以巫爲簭矣。改巫爲簭，以準《太卜》「作龜之八命」而爲説也。❶彼自云「八命」爾，以九巫况之，不近也。此乃前世通於占者九人，其遺法存於書可傳者也。古者占簭之工通謂之巫，更、咸、式、目等皆其名也。「巫咸」見於他書多矣。

❶「以」，《經解》本、《遺書》本、《四庫》本作「似」。

「昜」疑爲「易」，「易」，古「陽」字，所謂「巫陽」也。其他則未聞，雖未聞，不害其有也。

《大祝》：「凡大禋祀、肆享、祭示，則執明水火而號祝。」「大禋祀」者，祭天圜丘也。「肆享」者，宗廟大禘也。「祭示」，方澤也。三者禮最大，故特言之。肆享爲禘可知矣。

《大司馬》：「以九畿之籍施邦國之政職。」九畿相距萬里，過禹迹多矣。又《周書》稱「侯、甸、男、采、衛」而止，則蠻、夷、鎮、蕃者未取之乎？疑本但云「又其外五百里曰蠻圻，謂直王畿之南者。五百里曰夷圻，直王畿之東者。五百里曰鎮圻，直王畿之北者。五百里曰蕃圻，直王畿之西者。」此九畿相距爲七千里，近合事理，通於《禹貢》而約於《周書》矣。所以分蠻夷之名者，在南方曰蠻，在東方曰夷。狄或謂之鎮，戎或謂之蕃與？疑寫《周禮》者習言「又其外」，故遂誤增之耳。説者以謂不然，胡不試以天下地形正之？洛邑爲中，其東出者不三千里至海矣？其南出者至朱崖、交趾五千餘里耳，是乃古所謂「日下北户」者矣，「越裳九譯」不甚此矣，周公所辭也，豈大司馬能施政職哉？又此以人步爲里，而里以投足爲計。步九畿之法，考以日景而筭於土圭，比之人步迂直懸矣，大約三分去二，則五千里之圻必萬五千里乃能足矣。❶

《司勳》：「凡有功者」，「祭于大烝，司勳詔之」。按「烝」，常祀，無言大者。「大烝」，其禘、祫與？《文二年》「大事于太廟，躋僖公」者，祫也，而《外傳》謂之「烝」，此其一隅矣。

❶「圻」，原作「折」，據上下文義改。

「凡頒賞地，參之一食，惟加田無國征。」❶予謂「加田」者，凡家臣邑宰之田。《國語》曰「官宰食加」，然則古以官宰之田謂之加矣。「無國征」者，不征於國，以其自有君也。家臣之征當入於家，陪臣之征當入於國，諸侯之征當入於王，此其分也。《禮》：「夫圭田無征。」大夫之田謂之圭田，「夫圭田」亦自受田而不征於國，征之爲「倍征」，故曰「以厚賢」也。

《隸僕》：「掌五寢之埽除糞洒之事。」「五寢」者，夫人以下所居也。王后所居謂之正內，隸僕不掌，蓋自有寺人內豎云。「祭祀脩寢」者，「脩」讀爲「滌」。祭祀則齊，齊則大滌五寢，使人涓潔，不犯禁也。謂之「滌」者，□其名也。❷「大喪，復于大寢小寢」者，❸大寢，內寢；小寢、燕寢，正內也。《春秋》「莊公薨于路寢」，「僖公薨于小寢」。鄭玄云「五寢」爲「五廟之寢」，玄本謂「天子五廟」，故云爾，非正也。又隸僕乃掌「洗乘石」、「蹕宮中之事」，古者人神不參，若典職宗廟，何緣褻之於宮中而外役乎？

《掌囚》：「凡囚者，上罪梏拲而桎，中罪桎梏，下罪梏。」「梏」者，校也，在頸曰梏。《春秋傳》曰：「以弓梏華弱於朝。」謂之梏者，以其在首，猶牛馬牿爾。

---

❶ 「征」，《周禮注疏》作「正」。鄭玄引鄭衆注云：「正謂稅也。」《釋文》云：「『正』音『征』，注同。本亦作『征』。」

❷ 「□」，原爲墨丁，《經解》本爲空格，《遺書》本爲墨丁，《四庫》本注「闕」。

❸ 按「大寢小寢」，《周禮注疏》作「小寢大寢」。

《萍氏》，謂之「萍」者，此職掌「幾酒」。《神農書》曰「萍能勝酒」，欲其制之也。

《大行人》：「時聘以結諸侯之好，殷覜以除邦國之慝。」此與「閒問」等皆王使臣於諸侯之禮也。「時聘」，以時聘諸侯，五服各有時也。「殷覜」者，遍問天下諸侯也，於下「三歲徧覜」諸侯是也，❶故曰「以除邦國之慝」。《注》以聘、覜爲諸侯見王，非也，蓋惑於《大宗伯》文無「閒問」等而但言聘、覜，所以亂之也。

《考工記》曰：「國有六職，百工與居一焉。」「六職」者，「坐而論道」，一職也；「作而行之」，二也；「審曲面勢」，三也；「通四方之珍異」，四也；「飭力以長地材」，五也；「治絲麻」，六也。此文首尾自明，不須横以六官説之。

「梓人爲飲器，勺一升，爵一升，觚三升。獻以爵而酬以觚，一獻而三酬，則一豆矣。食一豆肉，飲一豆酒，中人之食也。」「一獻而三酬」者，獻以一升，酬以三升也，并而計之爲四升，四升爲豆。豆雖非飲器，其計數則然。

「匠人營國，方九里。」以爲天子之居太狹，亂於上公。又《詩》云：「上入執宫功。」言鄉井之民至冬皆當入保城也。井田之制，城中之宅率一家二畝半，計地筭居，九里之城不能容七萬五千家。然則《周禮》所説乃天子中城也。《春秋》曰「城中城」，以諸侯之有中城，亦知天子之有中城也。《匠人》又云「宫隅之制」，宫隅則天子宫也，城隅則中城也。中城方九里，則宫城宜方三里。中城有左祖右社，九卿之室，則百官治事

---

❶「三」，原作「七」，據《周禮注疏》改。

之所也，民居不至焉，則限親疏也。其外城蓋經、傳無文。《公羊》説以爲千雉，雉長二百尺，凡方三十餘里，則足相容。

儀禮

《士冠禮》：「若不醴，則醮用酒。」醴謂三加畢以醴酒飲冠者于客位者也。不醴而醮，謂庶子矣。醴重醮輕。曾子問：「除喪不改冠乎？」孔子曰：天子賜諸侯服，「有冠醮，無冠醴」，醴爲重也。又《昬禮》，適婦醴之，庶婦醮之。丈夫之冠猶婦人之嫁，則「醮用酒」者必庶子也，下文曰「庶子」「冠于房外，南面，遂醮焉」是矣。又曰「孤子」「醴於阼」，❶知凡嫡子皆醴也。鄭注云：「『若不醴』，謂國有舊俗可行，聖人用焉。」又注「醮於客位」云「夏、殷禮」也，皆非也。夏、殷有天下千餘歲，冠禮行之久矣，設以醮爲禮者，溥天之下皆醮也，周公何以改之？然則「醮於客位」當曰「醴於客位」。嫡子冠於阼，醴於客位，以變爲敬也。庶子冠與醮相因，不於阼，亦不於客位，居房外，南面，略庶子也。醮禮繁，醴禮簡，以簡爲貴也。醮三舉，醴一辭，以少爲貴也。醮用酒，醴用醴，以質爲貴也。醮有折俎，醴脯醢而已，不尚味也。酒在房外，醴在房中，以變爲敬也。此皆聖人分别嫡庶，異其儀也。

《鄉射禮》曰：「鄉侯，上个五尋，中十尺。」「上个」者，最上幅也。「中」者，最中幅也。又曰：「侯道五十弓，弓

❶ 「醴」，《儀禮注疏》作「禮」。鄭注云：「今文『禮』作『醴』。」

二寸，以爲侯中。」此説中幅所以用十尺者，取之侯道者也。又曰：「倍中以爲躬，倍躬以爲左右舌。」此説躬與舌各一幅也。又曰：「下舌半上舌。」此説上下皆躬舌也。侯中一幅，上二幅，下二幅，幅各闊二尺，則與侯中方矣，《梓人職》所謂「廣與崇方」者也。先量侯道，乃制侯中。既制侯中，乃定躬舌。既定躬舌，乃因侯中之廣而求其崇，必方其足。凡五十弓之侯，其中十尺，其布五幅，躬、舌各一幅也。七十弓之侯，其中丈四尺，其布七幅，躬各二幅，舌各一幅也。九十弓之侯，其中丈八尺，其布九幅，躬與舌各二幅也。其崇則中十尺，崇亦十尺矣；中丈四尺，崇亦丈四尺矣；中丈八尺，崇亦丈八尺矣。謂之中者，正以其居中也。中者，對上之言也。有上有中，則有下矣。九十弓之侯，布九幅，以五爲中。七十弓之侯，布七幅，以四爲中。五十弓之侯，布五幅，以三爲中矣。《大射儀》曰：「大侯之崇見鵠於參，參見鵠於干，干不及地武。」此高下之節也。大侯崇丈八尺，棲鵠於其中，從遠視之，令出於參之右，舌下也。所以必出於舌下者，舌能蔽之，故以見爲節也。干侯之鵠則去地武，武三尺也。世言步武，步六尺，則武三尺。武者，迹之也，兩迹之閒則三尺，武以是名之。干侯之鵠用此爲高，亦幾中矣。其設之次，大侯在東，參次之，干次之，使密不至相掩，踈足以射，其勢參差相入，是謂貍步。鄭云「『中』猶『身』也」，身之外復有躬、舌。躬、舌、身三者異者，則五十弓之侯其崇丈八尺，七十弓之侯其崇二丈二尺，九十弓之侯其崇二丈六尺。既難卷舒矣，至其設之，又令參侯去地一丈五寸少半寸，計其上綱，則三丈二尺五寸少半寸也。大侯去地二丈二尺五寸少半寸，計其上綱，則四丈八尺五寸少半寸也。此之難信，不俟言矣。鄭意以謂不若是則大侯之鵠不見於參，參不見於干。然雖如鄭説，求之大侯之鵠，終不能見於參，參亦終不能見於干也。胡不嘗試以勾股求之？人去干五十步，干去參二十步，干高一丈九尺二寸，令人目高七尺，從干望參，計參侯之鵠去地二丈四尺五分寸之四乃能見之。今鄭所説參侯之鵠去地一丈九尺二寸，高則高矣，欲使鵠裁見，不足二寸；如使鵠盡見，不足四尺八寸五分寸之四。從參視大侯亦然。然則非也。且鄭意謂三侯重張，當使後侯高前侯耳，是與經不合。經令「獲者執旌」，各負其侯。執旌者，欲使射者視之審也。如令大侯在參之背，參在干之背，其去地皆數十尺，雖執旌，安得而負之？而射者亦安得而覩之哉？又經云「貍步張三侯」者，非謂射者之志，謂張之者之法也。而鄭以謂射當如貍之擬物，何預於張侯乎？且鄭不獨誤於此。經曰：「士旅酌，若命復射，❶則不獻庶子。司射命射，惟欲。卿大夫皆降，再拜稽首，公答拜。一發中，三侯皆獲。」是言值一中侯輒釋獲耳。而鄭以謂「矢揚觸而有參中者」，是又失之也，亦惑矣哉！

《喪服》：「無服之殤以日易月。」「以日易月」者，假令長子也，其本服三年，以日易月，則殤之二十五日。餘子也，其本服朞，以日易月，則殤之十三日。

《少牢饋食》曰：「日用丁巳。」❷又曰：「來日丁亥。」此皆取於丁者也。所以取於丁者，以先庚三日、後甲三日，所謂「内事用柔日」也。凡祭祀，卜日不卜辰，故郊卜辛，社卜甲，宗廟卜丁也。若卜辰，則此旬之辰後

---

❶ 「命」下，《儀禮注疏》有「曰」字。

❷ 「巳」，《儀禮注疏》作「己」。阮校云：「魏氏曰『己』音『纪』，陸音『祀』。按今本《釋文》『祀』亦誤作『紀』。」

旬或有不備矣。康成注「丁巳」乃云「來月之巳」，注「丁亥」乃云「苟有亥焉，可也」，皆失禮意。

禮記

《曲禮》曰：「疑事毋質，直而勿有。若夫坐如尸，立如齊。」「若夫」，説者以爲若丈夫，此僻而不辭。予按：曾子曰：「孝子惟巧變，故父母安之。若夫坐如尸，立如齊，弗信不言，言必齊色，此成人之善者也，未得爲人子之道也。」此兩「若夫」之文同，疑《曲禮》本取曾子之言而誤留「若夫」，不然，則當云「若夫坐如尸，立如齊，弗信不言，言必齊色，此成人之善者也」，而全脱一簡，失「弗信」以下一十五字。

「太上貴德，其次務施報。」「太上」者，致極之稱，猶言「大備」、「全德」之人也。全德之人，自得而已，奪之不以爲損，予之不以爲益，愛之不自以爲仁，利之不自以爲義，所謂「不知有之」者也。其次奪之知損，予之知益，愛之爲仁，利之爲義，所謂「親之譽之」者也。故施則必報，是以不可無禮也。自《禮記》、《老子》，凡所言「太上」者，皆若此，繫其人，不繫其時。

「執玉，其有藉者則裼，無藉者則襲。」此直謂朝聘時耳。圭、璋、璧、琮、琥、璜皆玉也，執璧、琮、琥、璜，則與帛、錦、繡、黼同升，所謂「有藉」。有藉則裼，「裼」者，禮差輕，尚文也。執圭、璋則特達，所謂「無藉」，無藉則襲，「襲」者，禮方敬，尚質也。裼、襲繫於有藉無藉，不繫於有繅無繅。又「繅」非「藉」，「藉」非「繅」。「藉」者薦也。「繅」者組也。禮之質文以圭、璋、琥、璜爲輕重，而不在一尺之組屈伸也。

「言謚曰類。」「類」當爲「誄」，聲誤爾，謂「誄而謚之」也。

《檀弓》曰：「聖人之葬人與？人之葬聖人也，子何觀焉？」「與」，語助辭。

「復，盡愛之道也，有禱祠之心焉。」「禱祠」，猶願幸耳。《史記》曰：「此禱祠而求也。」❶

「人喜則斯陶，陶斯咏，咏斯猶，猶斯舞，舞斯慍，慍斯戚，戚斯歎，歎斯辟，辟斯踴。」按人舞宜樂，不宜更慍，又不當漸至辟、踴，此中閒有遺文矣。蓋本曰：「人喜則斯陶，陶斯咏，咏斯猶，猶斯舞，舞斯蹈矣。人悲則斯慍，「慍」，憤不足。慍斯戚，戚斯歎，歎斯辟，辟斯踴矣。」自「喜」而下五變而至「蹈」，自「悲」而下亦五變而至「踴」，所謂「孺子慕者」也。

「般，爾以人母嘗巧，「嘗」，試也。則豈不得以其母以嘗巧者乎，「毋」當作「母」，字誤，以恕責之。則病者乎？」

「殷人作誓而民始畔，周人作會而民始疑。」誓、會皆當出於天子爾。殷既衰，諸侯專誓；周既衰，諸侯專盟。

《王制》曰：「千里之内曰甸，千里之外曰采，曰流。」此據綏服居中而言，内千里，外千里，則五服可知。「采」亦當作「蔡」，聲誤也。

「關譏而不征」，謂羈旅士民也，至於商，猶征之。

「五十養於鄉，六十養於國，七十養於學。」「養於鄉」者，鄉飲酒之禮，五十者始預於養也。「六十養於國」者，有命賙餼老者，則及之矣。「養於學」者，則君就行焉。

❶ 「祠」，《史記》（中華書局標點本）作「祀」。

《文王世子》「周人立四代之學」者，❶此直謂一處並建四學耳。周人辟雍，則辟雍最居中，其北爲有虞氏之學，其東爲夏后氏之學，其西爲商人之學。當學羽、籥、干、戈者就東序，學禮者就瞽宗，學《書》者就虞庠，辟雍惟天子養老及出師、成謀與受俘、大射等就焉。當天子至於辟雍，則三學之人環水而觀矣。周人又以有虞氏之庠建之於鄉，故鄉有庠；以夏后氏之序建之於州，故州有序；以商人之校建之於黨，故黨有校。自黨以下皆爲小學，而非四代之制，以教童子而已。擇小學之秀者移之校，擇校之秀者移之序，擇序之秀者移之庠，擇庠之秀者移之太學。太學在郊，以其包四代之制，故記禮者或有指虞庠名之，或有指東序名之，所以紛紛如此之多者，所指之體偏也。

「凡釋奠者，必有合也。有國故則否。」「合」謂「合樂」也，春釋采合舞，秋頒學合聲，釋奠則并合之，以侑神也。「有國故」者，謂凶禮、師旅也，惟是不合。

《郊特牲》曰：「凡飲，養陽氣也；凡食，養陰氣也。故春禘而秋嘗，春饗孤子，秋食耆老，其義一也，而食、嘗無樂。」此五字衍。

《玉藻》曰：「大夫私事使，私人擯則稱名。」鄭云若「晉侯使韓穿來言汶陽之田歸之于齊之類」，非也，此乃謂若趙襄子使楚隆弔吴夫差之類爾。凡大夫聘而傳命，則當稱「寡君」，至於私臣擯於君命，不得言主，故名之也。楚隆之詞曰「寡君之老無卹，使陪臣隆敢展謝之」，此則名者也。

---

❶ 按此句爲《文王世子》孔疏文。

《喪服小記》曰：「禮，不王不禘。」此一句當在前文「王者禘其祖之所自出」之上，脱誤在後爾。又曰「庶子王亦如之」，注云庶子「祭天立廟」，❶非也，此一句當承後文「慈母與妾母，不世祭也」之下，脱誤在前耳。又曰「而立四廟」，云天子立四廟，亦非也，此一句上有脱簡耳，文當曰「諸侯及其太祖而立四廟」。

《學記》曰：「發慮憲，求善良，足以謏聞，不足以動衆。」「發慮憲」者，言發動智慮，❷能求憲法也。「動」讀如《中庸》「明則動」之「動」，言此皆從善，未足以動人也。「就賢體遠，足以動衆，未足以化民。」「賢」謂「賢於人」之「賢」，「遠」謂「遠於人」之「遠」，可以動人矣，未能使人化也。凡動者言矜式之，化者言心服之，惟學可以「化民成俗」，謂其所傳者博，所教者衆，見之者詳也。

《樂記》曰：「知音而不知樂者，衆庶是也。惟君子爲能知樂。」所謂君子知樂者，知其「通倫理」也，知其扶性飾情而反之正也，知其創業象功移風俗也。

「《清廟》之瑟，朱弦而疏越，一倡而三歎，有遺音者矣。大饗之禮，尚玄酒而俎腥魚，大羹不和，有遺味者矣。」此皆言貴其本而忘其末也。「遺」者，忘也，棄也。《清廟》之瑟美其德而忘其音，大饗之禮美其敬而忘其味。凡樂以音爲之節，而反忘音焉，意不主於音也，意不主於音，是故朱弦疏越，乃可尚也。凡食饗

❶ 「云」，原作「示」，據《經解》本、《遺書》本、《四庫》本改。

❷ 「智」，《經解》本、《遺書》本、《四庫》本作「知」。

以味爲之文，而反忘味焉，意不主於味也，意不主於味，是故元酒大羹乃可尚也。❶主於音則不能遺音，不能遺音則雖繁手淫聲有不足矣，主於味則不能遺味，不能遺味則雖太牢庶羞有不足矣。故孔子曰「禮樂云」。

「散軍而郊射，左射《貍首》，右射《騶虞》。」「郊射」者，射於郊也。大射三侯，北面東上，故《貍首》爲左，《騶虞》爲右矣。《曲禮》曰：「主人入門而右。」

《雜記》曰：大夫訃於他國之大夫曰：「吾子之外私寡大夫某不禄，使某實。」「實」者，以異國傳聞疑言，使人實之也。

「褎衣。」「褎衣」者，加賜之衣，在數之外者也。

「違諸侯，之大夫，不反服。違大夫，之諸侯，不反服。」此言違而仕者，則不反服舊君，避新君也。然而違而未仕者，聞舊君之喪，則反服爾。《春秋傳》所謂未臣焉，有伐其國者，反死之可矣。既臣焉，而反死之，則不可。鄭玄云：「去諸侯仕諸侯，去大夫仕大夫，乃得爲舊君服。」非也。

「父母之喪，將祭而昆弟死，既殯而祭。如同宫，則雖臣妾，葬而後祭。」按喪不宜有異居，然則「昆」當作「兄」，兄弟或不同居矣。《喪服》曰：「小功以下爲兄弟。」

《喪大記》曰：「復衣不以衣尸，不以斂。」此兩句共一説耳，於文爲騈，然則本但云「復衣以衣尸，不以斂」也。

---

❶「元」，當作「玄」，作者避宋聖祖趙玄朗諱改。

「以衣尸」者，即《士喪禮》「以衣衣尸」者也。「不以斂」者，即《士喪禮》「浴而去之」者也。

《祭義》曰：「周人祭日，以朝及闇。」此言周人尚赤，大事用日出。先日欲出之初，猶逮及闇，則可行祭事矣，稍後則晝，晝則與殷人日中相亂。故季氏祭，仲由爲宰，「晏朝而退」，仲尼謂之「知禮」也。若曰周人之祭自朝及暮，則孔子無爲多仲由，仲由爲不知禮。

《中庸》曰：「故君子以人治人，改而止。」言迴己而作人，如是而已矣，此所謂「恕」也。

《表記》：「子曰：『君子不失足於人，不失色於人，不失口於人。』」「足」者，足恭也。「色」者，令色也。「口」，巧言也。此仲尼所與左丘明同其恥之三事也，故下自解之曰：「君子貌足畏也，色足憚也，言足信也。」信則不巧矣，憚則不令矣，畏則不足矣。注乃云「足容」、「色容」、「口容」，非也。

「子曰：『惟天子受命于天，士受命于君。』」注者曰「惟」當作「雖」，非也。此言天子之命在天，士之命在君，非天命不爲天子，非君命不爲士也，皆有制之已。

《射義》曰：「諸侯以《貍首》爲節。」鄭玄以《射儀》所引「曾孫侯氏」爲《貍首》之詩，非也。《騶虞》、《采蘋》、《采蘩》皆在二《南》，則《貍首》者亦必其儔矣，疑原壤所歌「貍首之斑然，執女手之卷然」即是其章首，但仲尼删《詩》之時，樂正已亡此篇，而諸侯朝覲之禮久絶，惡《貍首》之害己，又皆除其籍，故使不在二《南》也。或曰《貍首》，《鵲巢》也，篆文「貍」似「鵲」，「首」似「巢」，《鵲巢》之詩「御之」、「將之」、「成之」，此亦時會之道。

公羊 國語

《公羊傳》：《桓公二年》「宋督弒其君」，下注全衍。《莊九年》「齊人取子糾殺之，其何」，❶當云「其曰取之何」。《十六年》「公會」諸侯，「同盟于幽」，衍「公」字。《二十六年》「公伐戎」，少一「春」字。《閔公》篇當附《莊公》後。《僖十八年》「宋公會曹伯」「伐齊」，衍「會」字。《文十三年》「衛侯會公于沓」，少「公」字。《成二年》「齊侯使國佐如師。己酉，及國佐盟于袁婁」，後又云「及齊國佐盟于袁婁」，前文全衍，後文衍「齊」字。《十五年》「執曹伯歸之于京師」，衍「之」字。《襄二十四年》「大饑」，誤爲「譏」字。今本已作「饑」。《三十一年》「莒人弒其君密州」，下注衍「密州爲君惡」已下十四字。《昭元年》「衛石惡」，當作「衛齊惡」。《二十年》「華定出本陳」，「本」當作「奔」字。今本已作「奔」。《哀七年》「若使他人然」，當云「使若他人然」。

《左傳》曰：「都城過百雉，國之害也。」説者曰：百雉之城，三國之一也，據子、男而言也。又曰「大都不過三國之一，中五之一，小九之一」。然則設鄭伯建小都，才方一百七十餘步，豈有半里之地可爲都者？又其中、大計不過五百畝之田耳，城郭涂巷，三分去一，則僅得三百四十畝，如何建宗廟、社稷，如何居民，如何守禦？此不近人情之尤者。《公羊》云：「五板而堵，五堵而雉。」是也。

《國語》曰：「禘郊宗祖報。」「報」似有壇墠而無廟者。或曰：報者，毀廟之有功德者，祫則亦及之，故云「報」也。

---

❶「其何」，《春秋公羊注疏》作「其取之何」。

公是先生七經小傳卷下

論　語

「學而時習之，不亦説乎？ 温故而知新。 有朋自遠方來，不亦樂乎？ 朋，衆也，可以爲師而衆歸之。 人不知而不愠，不亦君子乎？」不患人之不己知。

「曾子曰：『吾日三省吾身：爲人謀而不忠乎？ 與朋友交而不信乎？ 傳不習乎？』」「傳」者，傳所受於師之道，今無乃不習而以教人乎？ 爲誤人爾。

「禮之用，和爲貴。 君所謂可而有否焉，君所謂否而有可焉，此之謂和。 先王之道，斯爲美。 小大由之，有所不行。 大，君臣也；小，父子也。「有所不行」者，「在醜夷不争」之類是。 知和而和，不以禮節之，亦不可行也。」此復説「有所不行」也。「獻可替否」，和也。「在醜夷不争」，禮也。 但知貴和爲和而不知禮有常節者，亦不可行也，故臣亦有「三諫而去」之道。 若三諫而不去，是又不以禮節者也。

「信近於義，言可復也。 恭近於禮，遠恥辱也。 因不失其親，亦可宗也。」「親」，近也。「信」者、「恭」者，雖未合於「義」、「禮」，苟能因其性而不失所近，人亦可尊。 此欲信者常務近義，恭者常務近禮，皆可宗也。

「林放問禮之本。 子曰：『大哉問！ 禮，與其奢也，寧儉；喪，與其易也，寧戚。』」夫以戚爲喪本可也，以儉爲禮本何哉？曰：林放本問賓客奉養之禮，非兼問五禮也。何以明之？問五禮之本，則不當答以儉，又不當引喪爲之偶，故知所問惟賓客奉養之禮也。賓客奉養之禮以儉爲本者，儉則任誠慤，誠慤乃本也，故《聘禮》曰「幣美則没禮」，又曰「多貨則傷德」。❶「幣」之與「貨」非所以爲本也，損其「美」，却其「多」，乃可謂之儉，儉則「禮」與「德」俱無傷，是本矣。《孟子》曰：「恭敬者幣之未將。」然則「禮」之字當讀如「厚爲之禮」之「禮」。

「子曰：『射不主皮，此《大射禮》篇文也。❷爲于僞反。力不同科，古之道也。』」解禮所以如此云者，爲力不同科也，是以君子貴德賤力，取其有威儀也。

儀封人曰：「二三子何患於喪乎？」「喪」讀如「問喪」之「喪」、「喪欲速貧」之「喪」。失位爲喪，是時仲尼去大夫，故云喪也。言喪不足患，是乃天下久無道，而天以夫子爲木鐸於其閒耳，故使之數失位周流也。

「子曰：『里仁爲美。擇不處仁，焉得知？』」「里」猶「居」也，言人爲身謀居，惟居於仁爲美，即擇居而不能居仁，不可謂知。

「仁者安仁，知者利仁。」仁者生而静，其爲仁，安之而已矣。知者動而復者也，動而復則利而後仁。利者非

❶「傷」下，《儀禮注疏》有「于」字。

❷按「射不主皮」，爲《鄉射禮》文。

利於爲仁之可以得利也，利猶動也，智者必動而後仁矣。❶

「惟仁者能好人，能惡人。」以其無好惡，故能定好惡。

「子曰：『苟志於仁矣，無惡也。』」此言人之行事苟能推心於仁，以善爲之，雖不中節，終不爲惡，謂之過可矣。

「子曰：『我未見好仁者，惡不仁者。好仁者，無以尚之；惡不仁者，其爲仁矣，不使不仁者加乎其身。』」所謂「好仁者」，安仁者也；「惡不仁者」，去不仁而就仁者也。去不仁而就仁，則是不欲使己有不仁之過也，雖不能及安仁者，亦可謂仁矣。

「子曰：『人之過也，各於其黨。觀過，斯知仁矣。』」此言君子有過，小人亦有過，但各自附近爲黨類耳，欲分別之者，小人之過常近利，君子之過常近善，舉其過而推言之，則知仁不仁之情。譬如「陳司敗問昭公知禮乎？孔子曰『知禮』」，此實過也，然仲尼之意非不知過，蓋欲厚其君，不得不受以爲過也。周公使管叔監殷，管叔以殷畔，此實過也，蓋欲親其兄，不得不受以爲過也。推孔子之厚其君、周公之親其兄，則其過也乃所以全其仁也。又曰：人之過或有以善爲之而不知其義者，故當徵黨類，以察其素行是非。

「子曰：『朝聞道，夕死可矣。』」「道」，仁也。所以未可死者，以不聞道也。苟聞夫道，朝聞之則夕死也可，夕聞之則朝死也可。非樂死也，非求死也，安死也。安死者，惟簡之而不得。

❶ 「智」，《經解》本、《遺書》本、《四庫》本作「知」。

「君子懷德，小人懷土。」君子，在上位者也。言君子懷於爲德，導之以德，則小人乃懷土重遷。如君子懷於用刑，導之以政，則小人不復懷土，將懷惠己者而歸之矣，所謂「免而無恥」也。此言小人之性無常，在上導之而已。

「子曰：『不患無位，患所以立。不患莫己知，求爲可知也。』」求知非也，求爲可知是也。知之者人也，莫知者己也。

「子曰：『道不行，乘桴浮於海。從我者，其由與？』子路聞之喜。」此一章意若仲尼真欲浮于海，是懟也，非君子之道矣，且又不當譏子路「無所取材」也。夫譏子路「無所取材」，則足以明浮于海非仲尼意。浮于海非仲尼意，而仲尼爲若言者，蓋言己在天下，道不行則去，周流四方，若乘桴之浮海，隨波轉薄矣。子路失指，謂仲尼真欲浮于海，故仲尼反以「無所取材」戲之也。

「宰予晝寢，子曰：『朽木不可彫也云云。』」學者多疑宰予之過輕而仲尼貶之重，此弗深考之蔽也。古者君子不晝夜居於內，晝居於內則問其疾，所以異男女之節，厲人倫也。如使宰予廢法縱欲，晝夜居於內，所謂亂男女之節，「俾晝作夜」，《大雅》之刺幽、厲是也，仲尼安得不深貶之？然則「寢」當讀爲「内寢」之「寢」，而説者蓋誤爲「眠寢」之「寢」。

「子貢曰：『夫子之文章，可得而聞也；夫子之言性與天道，不可得而聞也。』」此言惟聖人能盡人之性，盡物之性，長短大小深淺。「天道」者，天命也，聖人所獨知也，堯授舜、舜授禹是也。

「子路有聞，未之能行，惟恐有聞。」予謂「聞」讀如「聞斯行諸」之「聞」，「行」讀如「聞斯行諸」之「行」。子路周人之急常若不逮，❶此孔子所以戒其兼人也。

「陳文子有馬十乘，棄而違之。」凡大夫去其位曰「違」，「違」猶「喪」也。《春秋傳》曰：「卿違，從大夫之位。」又曰：「凡諸侯之大夫違，告于諸侯。」

「子曰：『十室之邑，必有忠信如丘者焉，聖人之忠信與人同耳，故雖十室之邑，必有之。不如丘之好學者也。』」❷人之忠信，暫至而已，不如聖人好而學之不倦也，此其所以異。

「有顏回者好學。三月不違仁，是好之。今也則亡，未聞好學者也。」其餘則日月至焉而已矣。

「女爲君子儒，無爲小人儒。」君子儒，將行之，所謂爲己者也。小人儒，將言之，所謂爲人者也。

「質勝文則野，「質」，誠慤也。「文」，儀貌也。由内出，故曰質。由外作，故曰文。野人不爲儀貌而多任誠慤。文勝質則史。「史」者，祝史也，習于儀貌而不任情實。文質彬彬，然後君子。」儀以飾情，外内相副，無所偏任。

「人之生也直，人所以取生者，皆正直之道也，若不由正直，則死矣。罔之生也幸而免。」有不由正直者，名之爲罔，言非人常生之道也，然而得生者，是幸也，非必然。

「樊遲問仁。曰：『仁者先難而後獲，可謂仁矣。』」行之似迂闊，望之似難成，不求近功者也，如是可謂仁。「難」讀如「爲之難」之「難」。難者，踐迹也。不難，未有能獲者也。

---

❶「迨」，《經解》本、《遺書》本、《四庫》本作「逮」。

❷「學」下，《論語注疏》無「者」字。

「子曰：『知者樂水，仁者樂山。知者動，仁者静。知者樂，仁者壽。』」知者則利仁者也，仁者則安仁者也。利仁者明而誠之，有似於水漸而進者，故曰「樂水」也；安仁者誠而明之，有似於山自然而高，故曰「樂山」也。凡明而誠之者，本動故也，故曰「知者動」；凡誠而明之者，本静故也，故曰「仁者静」。凡利仁者，去不善而就善，萬物皆備於我矣，故曰「樂」；凡安仁者，與造化爲一體，死生不得與之變，故曰「壽」。

「子曰：『齊一變，至於魯；魯一變，至於道。』」道，王道也。仲尼之時，齊强魯弱，然齊承霸者之餘，其俗尚功名，任權力，不如魯人習禮讓，守儒術，尊尊親親，於王道爲近。

「子曰：『觚不觚，觚哉！觚哉！』」此言作觚不依觚之制，終不成爲觚，猶學君子者不盡其道，終不成爲君子也。

「君子可逝也，「逝」讀如「逝將去汝」之「逝」。不可陷也；君子表微知著，不善斯去矣，可得而逝，不可得而陷。可欺也，可欺以其方。不可罔也。」難罔以非道。❶

「子見南子，子路不説。夫子矢之曰：『予所否者，天厭之！天厭之！』」舊説仲尼見南子，欲因以行道，非也。古者謂其君曰「君」，謂其夫人曰「小君」，仕者自當見小君。是時孔子仕於衛，故以禮見南子也。子路疑衛君無道，夫人無德，夫子不足復仕其朝，故孔子陳之曰：予所不仕者，皆棄絶於天者耳！衛君尚未也。或者子路爲衛君無道，夫人無德，疑夫子内貪仕其朝而外託於禮，故夫子自陳其意曰：我所不用

❶「非」下，《經解》本、《遺書》本、《四庫》本有「其」字。

正者，使「天厭之！」「天厭之！」尋子路性鄙，不爲無此，而仲尼自謂「知我者其天乎」，援天陳辭，亦不足怪。

「子貢曰：『如有博施於民而能濟衆，何如？可謂仁乎？』子曰：『何事於仁？必也聖乎！』」「博施」者，言其守約施博而衆皆濟，在上則堯、舜，在下則孔子是已。天地之内，性命之屬，莫不兼而利之、兼而愛之。物無愚智、無大小，皆樂其性而得其生，可謂「濟衆」矣。惟聖人及之。

「子曰：『默而識之，聖也。學而不厭，智也。誨人不倦，仁也。何有於我哉？』」自謙。謂此三事何有於我者，我何有此三事也？

「子曰：『志於道，據於德，依於仁，游於藝。』」此言以道、德爲内，以仁、藝爲外也。「志於道」者，所以立大本也；「據於德」者，所以盡其性也。「德者，得也」，凡道，苟能志之，又必安於己之自得以爲據。「依於仁」者，所以接萬事也，進退、行止、出處、語默，不可常同，要之仁而已。「游於藝」者，所以行於世也，禮、樂、射、御、書、數，與衆人共之，不可不爲也。此所謂「全德」，無内外之偏矣。

「不圖爲樂之至於斯也！」「不圖」，不意也。仲尼昔未嘗聞《韶》，乍聞之，樂甚，故曰不意舜之爲樂乃至於如此也。

「子不語怪、力、亂、神。」「語」讀如「吾語女」之「語」。人有挾怪而問者，挾力而問者，挾亂而問者，挾神而問者，皆不語之，此聖人知言也。「怪」讀如「素隱行怪」之「怪」，詭采衆名，非中庸之法者也。「力」，則子路問「君子尚勇」是矣。「亂」者，若孔文子「問軍旅」、白公「問微言」是矣。「神」者，季路問鬼與死是矣。

「文莫吾猶人也。言世多虚文過實，莫肯自謂「吾猶人」也。躬行君子，則吾未之有得。」

「子曰：『泰伯，其可謂至德也已矣。三以天下讓，民無得而稱焉。』」所謂「三以天下讓」者，言自竄荆吴以讓季歷也。所以讓季歷者，以季歷有昌也。所以貴昌者，以昌有發也。太伯見季歷既仁，而文、武又聖，知天之意方大啓周室，必有天下，故默焉而逃，是太伯讓仁人者一，讓聖人者二，故曰「三以天下讓」也。夫深知仁、聖之德，因見天命之運，獨出獨入，而百姓莫知者也，故曰「無得而稱焉」。辭一國之適，離逃竄之名，以自棄於蠻夷，往而不反，求仁得仁者也，故曰「可謂至德」矣。

「子曰：『大哉堯之爲君也！巍巍乎！惟天爲大，惟堯則之。』」此正言堯之讓也。天道，功成者去，爲而不恃，堯始以天下讓，故云「惟堯則之」。

「武王曰：『予有亂臣十人。』孔子曰：『有婦人焉，九人而已。』」舊説婦人即文母，予謂子無臣母之理。或云古文無「臣」字，如此則不成文。按武王即位已八十餘，未知文母猶存否。以義推之，此「亂臣」蓋邑姜，必非文母也。武王使九人者治外而邑姜治内，故得以同之亂臣。

「子罕言利與命與仁。」「罕」者，希也。希言利，「辟其號也」；希言命，所謂「天道不可得而聞也」；希言仁，所謂「中人以下不可以語上也」。既非其人，不言，故問仁者，或曰「仁則吾弗知」，或曰「未知，焉得仁」。

「子絶四：毋意，毋必，毋固，毋我。」或當以「四」作「二」，非也。「毋意」者，不逆詐，「不億不信」也，「億」則「意」也。「毋必」者，言不必信，行不必果，惟義所在也。「毋固」者，無可無不可也。「毋我」者，義陳於前，直服人之口也。

「子貢曰：『有美玉於斯，韞匵而藏諸？求善賈而沽諸？』」此子貢設事以問孔子也，言有美玉者當韞藏之邪？求善賈沽之邪？怪孔子有道不輒仕，故云爾。故孔子曰「沽之哉！沽之哉！我待賈者也」，言玉亦貴，沽之耳，但當待價，❶使人求之，不可衒賣也，故曰「我待賈者也」。世人皆干禄，而孔子應聘，此其操矣。

「子欲居九夷。」蓋徐州莒、魯之閒中國之夷，非海外之夷也。何以言之？仲尼稱「夷狄有君，不如諸夏之亡」，則無緣忽欲去中國而從夷狄矣。周末時，蓋戎夷與中國雜居，仲尼周流，未嘗三年淹，故其羈旅之際，適偶可居九夷耳，非忿懟中國莫能宗己而去之也。

「子曰：『苗而不秀者有矣夫！秀而不實者有矣夫！』」此言人之學譬於禾有苗而不及秀者，❷秀而不及實者，皆中道而畫，惟君子苗則秀，秀則實，所謂「大成之人」也。《管子》曰：夫禾，其始也，眴眴乎何其孺子也！其壯也，莊莊乎何其士也！其成也，由由乎兹免，何其君子也！「眴眴」者，苗也；「莊莊」者，秀也；「由由」者，實也。終此論者，秀與實在禾，而食之在人耳。

「子曰：『法語之言，能無從乎？改之爲貴。巽與之言，能無説乎？繹之爲貴。』」「巽」謂遜于志者也。「法語之言」，雖小人亦能面從，改之難耳。「巽與之言」，雖君子不能不心悦，繹之難耳。《商書》曰：「有言逆

❶「價」，《經解》本、《遺書》本、《四庫》本作「賈」。
❷「禾」，原作「未」，據《經解》本、《遺書》本、《四庫》本改。

于汝志，必求諸非道。」□求也，❶所謂繹也。

「子曰：『可與共學，未可與適道；可與適道，未可與立；可與立，未可與權。』」此言「權」之難也。「共學」也，「適道」也，「立」也，「權」也，四人也。「共學」以況有恒者，有恒者可與共學矣，未及適道也。「適道」以況善人，善人升堂不入於室，可與適道矣，未及於立也。「立」者，言立德立功也，立德立功者以況君子，君子可與立矣，未及於權也。能用「權」者，其惟仁、聖而已矣。權者，反經者也，反經之至，至於動天下、易君王，而當世不疑，後世不非，惟無心而體道者能之，湯、武、伊尹、周公是也。故有湯、武、伊尹、周公之心，則可以行權；無湯、武、伊尹、周公之心，則亂也。曹人欲君子臧，吴人欲君季札，皆辭不從，兩人者自知審矣，以謂己適可以立而未可以權也。❷權之設豈易然乎？

「不時，不食。」如果實未熟之類。

「子曰：『先進於禮樂，野人也；後進於禮樂，君子也。如用之，則吾從先進。』」此言文質之異也。凡誠慤爲質，禮樂爲文。人之舉事能先盡誠慤而後禮樂者，今之所謂野人也。野人猶言郊野之人，郊野之人質多而文少，務實而不務華。其舉事先飾禮樂而後誠慤者，今之所謂君子也。君子謂朝廷之人，習其文而忘其質。仲尼欲救周之敝，復夏之忠，故取「先進於禮樂」者。先進於禮樂者，言誠慤在禮樂之先。《孟子》

---

❶「□」，原爲墨丁，其他諸本此處皆無空格。

❷「謂」，《經解》本、《遺書》本、《四庫》本作「爲」。

曰：「恭敬者，幣之未將者也。」

「子曰：『從我於陳、蔡者，皆不及門也。』德行：顔淵、閔子騫、冉伯牛、仲弓；言語：宰我、子貢；政事：冉有、季路；文學：子游、子夏。」自「德行」以上，孔子語也，自「德行」而下，則弟子緣仲尼之言而記之者也。三千之徒足以升四科者，不惟此十人。此十人乃從我陳、蔡者耳。

「子張問善人之道。子曰：『不踐迹，亦不入於室。』」此言善人資性未能高絶，苟不踐迹，則亦不能入於室；每踐迹，則可以入室矣。「迹」者，禮樂法制也。然則有不待禮樂法制「而未始入於非人」者，雖不踐迹，而入室矣。

「子曰：『論篤是與，君子者乎？色莊者乎？』」「與」讀如「黨與」之「與」。篤於論者而與之，謂之君子乎？謂之色莊乎？蓋謂之君子矣。「莊」言色厲内荏。

「子路率爾而對。」「率爾」者，意氣發動，輕易之貌。又曰：「夫子何哂由也？」曰：「爲國以禮，其言不讓，是故哂之。」「不讓」者，言其不務德化，而貴勇力以當師旅，是争也。「夫子喟然歎曰：『吾與點也。』」按此章仲尼本但問：「如或知爾，則何以哉？」今曾點所言非「知爾」之事也，對不答問矣，而仲尼反自謂與之者點之意，以謂上苟知也，固當以此知之也。此乃所謂「事無事」、「爲無爲」矣，是《易》之「不事王侯，高尚其事」者也。巢、由知於堯、舜，故能全其讓；夷、齊知於武王，故能全其隱；四皓知於漢高，故能全其處。然則不事其事者，乃所以事也；不爲其爲者，乃所以爲也。此全德之所能，非曾點可及。曾點，進取者也，夷考其行而不掩，是以孟子謂之「狂」。

「顔淵問仁。子曰：『克己復禮爲仁。』」「克」者，勝也，勝己而反於禮，是爲仁，此中道也。上焉者不待於禮，然而不得不爲禮；下焉者不及於禮，然而不敢不爲禮。故雖有孔、顔之質，動而顧禮，所以行於世也；雖有庸俗之質，亦動而顧禮，所以免於世也。二者皆克己乃可。不然者，極孔、顔之質，必過；極庸俗之質，必放矣。

「死生有命，賢不必壽，不肖不必夭，是命也。富貴在天。」無犯義以謀富貴，則富貴乃在天而已。「天」者，不可知之原。

「子曰：『片言可以折獄者，其由也與？』」此言非佞折獄，惟良折獄也。子路信義著於人，人服之。所右也，則信以爲右；所左也，則亦信以爲左。兩俱無憾，是能以片言折獄者也，故曰「千乘之國」，可使「不信其盟而信子之言」。若由是推之，片言折獄尚其小者也。古者謂多言爲佞。多言不可以折獄。

「子路無宿諾。」「宿」，舊也，陳也。子路勇於義，其於人有所不諾，已諾之，則必行，故無宿諾也。「宿諾」猶陳言矣。

「夫達也者，質直而好義，察言而觀色。」其言語可察，其容貌可觀。

「子夏爲莒父宰，問政。子曰：『無欲速，無見小利。欲速，則不達；見小利，則大事不成。』」此言王者之功必緩且大也。「欲速」者，不任教化而任賞罰，諸霸者之政、刑名之學是也。「見小利」者，内欺其民以益財，外欺其鄰以益地，諸富國强兵之術是也。

「『人而無恒，不可以作巫、醫。』巫、醫皆主治人，無恒之人不可爲之，爲其反害人也，况可以無恒爲政乎？善夫！『不恒其德，或承之羞。』子曰：『不占而已矣。』」據見無恒，必當承之羞，不必占而知之。

「子貢問曰：『鄉人皆好之，何如？』子曰：『未可也。』『鄉人皆惡之，何如？』子曰：『未可也。不如鄉人之善者好之，其不善者惡之。』」此言人當信己之信也。子貢問「鄉人皆好之」者，言有人於此，鄉人皆好之，可信以賢乎？孔子曰「未可」者，或鄉原之人，在邦必聞故也。又問「鄉人皆惡之」者，言有人於此，❶鄉人皆惡之，可信以不肖乎？孔子曰「未可」者，或清士特立，慍于羣小故也。不如以己觀鄉人之行，誠合於善者，我因好之，其不合於善者，我亦惡之，此之謂「信己」。

「『克、伐、怨、欲不行焉，可以爲仁矣？』子曰：『可以爲難矣，仁則吾不知也。』」此言仁者，無克、無伐、無怨、無欲者也，非有之而不行。有之而不行，故可謂之難，未可謂之仁。難可以謂之近，未可以謂之真。子曰：「剛、毅、木、訥近仁。」剛則無欲者也。

「問管仲，曰『人也』。」「人」上當失一字，仲尼必不直曰「人」而已。彼非人而管仲乃獨曰人乎？不乃管仲外舉非人者？是豈仲尼之意也？或曰「人」當作「仁」，亦非也。管仲之功爲仁耳，仁之道非管仲所盡，仲尼亦不輕予之。《荀子》謂之「野人」，亦非也，義不合。

「子路曰：『桓公殺公子糾，召忽死之，管仲不死。』曰：『未仁乎？』」「子貢曰：『管仲非仁者與？桓公殺公子糾，不能死，又相之。』」子路、子貢皆以管仲不死疑其不仁，然則仁者且必死耶？世言死君者莫如比干、子胥，比干剖心，孔子謂之仁，子胥鴟夷，世不謂之仁。然則仁不必死，死不必仁明矣。子路、子貢何

❶ 「言」，原在「者」上，據《經解》本、《遺書》本、《四庫》本乙。

爲止以死不死論仁不仁乎？ 其意以謂仁者不樂生、不惡死也，而管仲可以死而不死，故疑也。 夫謂仁者不樂生、不惡死，是也；疑管仲死之爲仁，非也。 管仲未仁，雖死之，固亦未仁；管仲苟仁，雖不死，猶仁矣。 微子去之，箕子爲之奴，比干諫而死，孔子曰：「殷有三仁焉。」此之謂也。 然則管仲功用之臣，自實惜其死，將以其功用施之於世以成其仁功而已，孟子所謂天民者也。

「子曰：『古之學者爲己，今之學者爲人。』」「爲己」者，人知之亦樂之，人不知亦樂之者也。「爲人」者，舍其田而芸人之田者也。

「子曰：『作者七人矣。』」「七人」，所謂長沮、桀溺、丈人、石門、荷蕢、儀封人、楚狂接輿，但取見於《論語》者，❶此説非也。「辟世」、「辟地」、「辟色」、「辟言」不止此七人，七人與孔子同時耳，必同時，又有老聃、子桑伯子，非不能辟言、色者。 予謂「作」讀如「作者之謂聖」之「作」。 仲尼叙《書》始堯、舜，堯、舜以來始有典籍，故道典籍以來聖人得位而制作者凡七人，即堯也、舜也、禹也、湯也、文也、武也、周公也是矣，其意蓋言己獨不得位而無所制作云爾。 此一章孤立，偶與「避世」章相屬，❷學者不曉，故遂穿鑿妄解。 一説七人者即伯夷、叔齊、虞仲、夷逸、朱張、柳下惠、少連者也。 伯夷、叔齊不降其志，不辱其身，所謂「辟世」；柳下惠、少連降志辱身，言中倫，行中慮，所謂「辟色」也；虞仲、夷逸隱居放言，所謂「辟言」也；朱張

❶ 「取見」至「聖人」凡八十四字，底本殘泐，據《經解》本補。
❷ 「避」，《經解》本、《遺書》本、《四庫》本作「辟」。

無事迹，其「辟地」者與？

「衛靈公問陳於孔子。孔子對曰：『俎豆之事，則嘗聞之矣；軍旅之事，未之學也。』」此亦不語亂也。諸侯有朝會、聘享、祭祀、燕射之禮而不得專征伐，故曰「俎豆之事，則嘗聞之；軍旅之事，未之學也」。不斥言其不當問，而自謂「未之學」，所謂「邦無道則愚」。

「子曰：『賜也，汝以予爲多學而識之者與？』對曰：『然，非與？』曰：『非也，予一以貫之。』」「一以貫之」者，仁也。惟仁爲能一，惟一爲能貫。仁者之用心也，「敦兮其若樸」，寂兮其若谷，❶昭兮其若鑑，萬物莫足以嬰其中。萬物莫足以嬰其中，則雖言而未嘗言，雖爲而未嘗爲矣。故終日言而一，終日爲而一，未嘗變而事物爲之應。在上也可，在下也可，耕稼也可，陶漁也可，版築也可，商儈也可，此皆外之變，而非内之一也。故誠守其一，萬物備矣。由是而一可以應萬而萬不可以應一，故曰非「多學而識之者」，「多學」在一之外故也。世之多學者衆矣，鮮能定乎一，得其末不得其本，逐物而不反，而世因謂「可以無學，無學不害」，此原伯魯躓於前而老、莊敝於後也。

「子曰：『吾猶及史之闕文也。』」世亂，史之記注不明，前代之事有闕文者，仲尼猶及知之。至於編簡俱絶，非仲尼所知也，故《春秋》斷自隱公。

「耕也，餒在其中矣；學也，禄在其中矣。」耕者謀食而無以自樂，常有餒乏之憂；學者謀道而有以自足。

❶ 「寂」，河上公注《老子》（《四部叢刊》景宋本）作「曠」。

「子曰：『水火，吾見蹈而死者矣，未見蹈仁而死者也。』」此言蹈仁者未嘗死也。未嘗死者，非不死之謂也，言其安之無死地也。從此論之，仁者必壽明矣。「朝聞道，夕死可矣。」

「子曰：『當仁，不讓於師。』」此言當仁者宜爲人師，當仁者可不復讓於人師。當仁而讓於人師，則道幾乎不傳，此《孟子》所謂樂得英才而教育之。然則才非當仁，亦不可不讓爲人師。

「危而不持，顛而不扶，則將焉用彼相矣？」此以瞽者諭也。❶瞽者有相，所以持其危，扶其顛。

「子曰：『性相近也，習相遠也。』」人之性雖有高下而實皆善也，此之謂「相近」。及其習也，則有堯、桀之分，此之謂「相遠」。

「子曰：『惟上知與下愚不移。』」「不移」者，言其稟賦已定，非可强而遷也。「上知」，所謂生而知之；「下愚」，所謂困而不學矣。夫困而不學者，雖學不入，此知困而不能自反者也。知困而不能自反，耳目與人同，而神識與人異，疏之不通，誘之不達，故曰「愚」也，天下之冥冥者是也。然而不害於性善者，愚、智非善、惡故也。

「公山弗擾以費畔，召，子欲往，子路不說，曰：『末之也已，何必公山氏之之也？』子曰：『夫召我者，而豈徒哉？如有用我者，吾其爲東周乎？』」此釋子路之疑也。「吾其爲東周乎」者，言己不爲東周也。東周之俗，家臣則張私室以逼君，陪臣則張公室以逼天子，故所不爲也。此明雖之公山氏，非助其畔。

❶ 「諭」，《經解》本、《遺書》本、《四庫》本作「喻」。

「好仁不好學，其蔽也愚。」此無仁者之資而慕仁者之操者，故絕聖棄智，適所以愚。

「子曰：『禮云禮云，玉帛云乎哉？樂云樂云，鐘鼓云乎哉？』」此言禮者敬而已矣，非玉帛之謂也，玉帛所以飾敬也。樂者和而已矣，非鐘鼓之謂也，鐘鼓所以飾和也。苟敬矣，雖畎畝之中，禮亦備矣；苟和矣，雖閑居獨處，樂亦備矣。

「子貢曰：『君子亦有惡乎？』」此「君子」指孔子也。子貢疑孔子道大，故問之。其下曰「賜也亦有惡乎」云者，孔子反問子貢之言也。自「惡徼以爲知」以下，皆子貢答也。

「微子去之，箕子爲之奴，比干諫而死。孔子曰：『殷有三仁焉！』」三人或死或生，其事不同，而同謂之仁者，明死生不足言仁也。夫仁者有成質，略舉其大方而言之，則不遷怒，不貳過，不樂生，不惡死，端而虛，靜而一，若是者，「人貌而天」，其有利害、壽夭、成敗者，是寒暑燥濕，春夏秋冬四時之運也。故命仁者，命以其成質，非語其運之變而名之也。成質者，卞氏之玉也。運之變者，或刻以爲璽，或剖以爲璧也。璽與璧則異矣，然而稱寶者，卞氏之玉也。

「天下有道，丘不與易也。」桀溺本謂孔子皇皇者，欲以己易人耳，故曰：「而誰以易之？」孔子更自謂，以天下無道，故欲易之耳。假令天下有道，丘何皇皇求易之乎？

「君子之道，孰先傳焉？孰後倦焉？」此言傳道之難也。孰有不試而輕以教人乎？孰有既知其可傳，而傳之反倦怠乎？

「子夏曰：『仕而優則學，「優」謂優裕過人也，「雖曰未學，吾必謂之學矣」。學而優則仕。』」「施於有政，是亦爲政。」

「曾子曰：『堂堂乎張也，難與並爲仁矣。』」「仁」者，遺物忘形，無所矜者也。爲仁者亦當遺物而忘形，無所矜，有所矜則有所屈矣。子張内修而外矜，所以去仁遠。

「不知命，無以爲君子也。」「臣事君」，「子事親」，命也。

附録

四庫全書總目七經小傳提要❶

宋劉敞撰。敞有《春秋傳》，已著録。是編乃其雜論經義之語，其曰「七經」者，一《尚書》，二《毛詩》，三《周禮》，四《儀禮》，五《禮記》，六《公羊傳》，七《論語》也。然《公羊傳》僅一條，又皆校正傳文衍字，於傳義無所辨正，後又有《左傳》一條，《國語》一條，亦不應獨以《公羊》標目。蓋敞本欲作《七經傳》，惟《春秋》先成，凡所劄記已編入《春秋傳》、《意林》、《權衡》、《文權》、《説例》五書中，此三條一校衍字，一論「都城百雉」，一論「禘郊祖宗報」，於經文無所附麗，故其文仍在此書中。其標題當爲《春秋》，故得兼及《外傳》。傳寫者見第一條爲《公羊》，第二條末亦有「公羊」字，遂題曰《公羊》，而註曰「《國語》附」，失其旨矣。《論語》諸條有與諸經一例者，又有直書經文而夾註句下如註疏體者，亦註《論語》而未成，以所註雜録其中也。吴曾《能改齋漫録》曰：「慶歷以前，多尊章句註疏之學，至劉原甫爲《七經小傳》，始異諸儒之説，王荆公修《經義》蓋本於原甫。」案《讀書志》亦載此文，以爲元祐史官之説。晁公武《讀書志》亦證以所説「湯伐桀，升自陑」之類與《新經義》

❶ 此題爲整理者擬加。

同，爲王安石剿取敞説之證，大旨均不滿於敞。《朱子語類》乃云《七經小傳》甚好，其説不同。今觀其書，如謂《尚書》「愿而恭」當作「愿而荼」，「此厥不聽」當作「此厥不德」，謂《毛詩》「烝也無戎」當作「烝也無戍」，謂《周禮》「誅以馭其過」當作「誅以馭其禍」，「士田賈田」當作「工田賈田」，九簭「五曰巫易」當作「巫陽」，謂《禮記》「諸侯以《貍首》爲節」當作「以《鵲巢》爲節」，皆改易經字以就己説。至《禮記》「若夫坐如尸」一節則「疑有脱簡」，「人喜則斯陶」九句則「疑有遺文」，「禮不王不禘」及「庶子王亦如之」則「疑有倒句」。而《尚書·武成》一篇考定先後，移其次序，實在蔡沈之前。蓋好以己意改經，變先儒淳實之風者，實自敞始。又如解《尚書》「鳥獸蹌蹌」，謂「古者制樂或法於鳥，或法於獸」，解《毛詩》「葛之覃兮」，謂「葛之茂盛，則有人就而刈之，以爲絺、綌，如后妃在家，德美充茂，則王者就而聘之，以爲后妃」，解《論語》「乘桴浮於海」，謂夫子周流列國，如桴之在海流轉不定，其説亦往往穿鑿，與安石相同，故流俗傳聞，致遭斯謗。然考所著《弟子記》，排斥安石，不一而足，實與新學介然異趣。且安石剛愎，亦非肯步趨於敞者。謂敞之説經開南宋臆斷之弊，敞不得辭；謂安石之學由於敞，則竊鈇之疑矣。且略其卮詞，採其粹語，疏通剔抉，精鑿者多，又何可以末流之失併廢敞書歟？

（《四庫全書總目》，中華書局一九六五年六月影印版）

公是遺書本七經小傳跋❶

先集賢學士敞公、中書舍人攽公與樞密院大學士奉世公兄弟父子，博雅冠代，在有宋號稱「三劉」，時與歐、王、曾、蘇並著芳聲。厥後三公之孫静春公又能鋭志自修，博極羣書，與朱晦菴、張南軒、吕東萊諸大賢講論切劘，宜其人品學問，昭垂百世，不可朽也。

顧我祖所著述，當時或藏於家，不盡刊行於世，學者每以不得見其全書爲恨，而家藏舊本又復分散於撫州、金谿諸族，未暇收拾合刻爲一集，惟《春秋意林》及《三傳權衡》、《七經小傳》，學者傳寫讀之，其餘蓋罕傳焉。至於静春公所著，有《曾子内外襍篇》七卷、《續説苑》十卷、❷《訓蒙》、《墨莊》、《祭義》、《時令書》、《農書》，皆藏於家，世或間有抄録之者。今代遠年湮，兼之兵燹之餘，已刻者不可多得，未刻者多散逸。惟吾先世手録《三劉先生集》一册，世世寶藏，以爲手澤之存，經數百年來，亦僅存什一於千百，而字跡漶滅，帋本摩爛，大懼墜失，未敢輕以示人。今以縣侯與邑大人晏一齋修葺誌書，訪求三劉遺集，乃敢出而觀之。邑侯與晏先生咸三大息焉，以爲此書之幸存，倘遲之又久，不加刊刻，則愈久而愈失其傳也。於是與族中共商，舉賢而有力者斂貲刊刻，請晏先生校其譌而附諸梓，自今以後漸廣其傳，流布人間，俾先賢遺墨芳徽永永勿

❶ 此題爲整理者擬加。

❷ 「續」，原作「讀」，據《宋史》本傳改。

替，是亦表揚祖德之一助也，尚敢藏之篋中，致滋夫湮没前緒之咎歟！

乾隆十六年歲在辛未冬月吉旦隋國公裔孫安孫敬跋。子仁厚敷訓惟職等仝梓。

（《公是遺書》，乾隆十六年水西劉氏刻本）

「《儒藏》精華編選刊」選目

經部

周易鄭注
漢魏二十一家易注
周易注
周易正義
周易口義(與《洪範口義》合册)*
温公易説(與《司馬氏書儀》《孝經注解》《家範》合册)
漢上易傳
誠齋先生易傳
易學啓蒙
周易本義
楊氏易傳
易學啓蒙通釋
周易本義附録纂注
周易啓蒙翼傳
周易本義通釋
易經蒙引
周易述
周易述補(江藩)(與李林松《周易述補》合册)
周易述補(李林松)
易漢學
御纂周易折中
周易虞氏義
雕菰樓易學
周易集解纂疏
周易姚氏學
鄭氏古文尚書
洪範口義
書傳(與《書疑》《尚書表注》合册)
書疑
尚書表注
書纂言
尚書全解(全二册)
尚書要義
讀書叢説
書傳大全(全二册)

古文尚書攷（與《九經古義》合册）
尚書集注音疏（全二册）
尚書後案
詩本義
吕氏家塾讀詩記
慈湖詩傳
詩經世本古義（全四册）
毛詩稽古編
毛詩説
毛詩後箋（全二册）
詩毛氏傳疏（全三册）
詩三家義集疏（全三册）
儀禮注疏
儀禮集釋（全二册）
儀禮圖
儀禮鄭註句讀

儀禮章句
儀禮正義
禮記正義
禮記集説（衛湜）
禮記集説（陳澔）（全二册）
禮記集解
禮書
五禮通考
禮經釋例
禮經學
司馬氏書儀
春秋左傳正義
左氏傳説
左氏傳續説
左傳杜解補正
春秋左氏傳賈服注輯述

春秋左氏傳舊注疏證（全四册）
春秋左傳讀（全二册）
公羊義疏
春秋穀梁傳注疏
春秋集傳纂例
春秋權衡（與《七經小傳》合册）
春秋集注
春秋經解
春秋尊王發微（與《孫明復先生小集》合册）
春秋本義
春秋集傳
春秋集傳大全（全三册）
孝經注解
孝經大全
白虎通德論

七經小傳
九經古義
經典釋文
群經平議（全二册）
論語集解（正平版）
論語義疏
論語注疏
論語全解
論語學案
孟子注疏
孟子正義（全二册）
四書集編（全二册）
四書纂疏（全三册）
四書集註大全
四書蒙引（全二册）
四書近指

四書訓義
四書賸言
四書改錯
四書説
爾雅義疏
廣雅疏證（全三册）
説文解字注

史部

逸周書
國語正義（全二册）
貞觀政要
歷代名臣奏議
御選明臣奏議（全二册）
孔子編年
孟子編年

陳文節公年譜
慈湖先生年譜
宋名臣言行録
伊洛淵源録
道命録
考亭淵源録
道南源委
聖學宗傳
元儒考略
四先生年譜
洛學編
儒林宗派
程子年譜
學統
伊洛淵源續録
豫章先賢九家年譜

閩中理學淵源考（全三册）
清儒學案
經義考
文史通義

子　部

孔子家語（與《曾子注释》合册）
曾子注釋
孔叢子
新書
鹽鐵論
新序
説苑
太玄經
龜山先生語録
胡子知言（與《五峰集》合册）

木鐘集
西山先生真文忠公讀書記
性理大全書（全四册）
居業録
思辨録輯要
家範
小學集註
曾文正公家訓
勸學篇
仁學
習學記言序目
日知録集釋（全三册）

集　部

蔡中郎集
李文公集

孫明復先生小集
直講李先生文集
歐陽脩全集
伊川擊壤集
元公周先生濂溪集
張載全集
温國文正公文集
公是集（全二册）
游定夫先生集
和靖尹先生文集
豫章羅先生文集
梁溪先生文集
斐然集
五峰集
文定集
渭南文集

誠齋集（全四册）
晦庵先生朱文公文集
東萊吕太史集
止齋先生文集
攻媿先生文集
象山先生全集
陳亮集（全二册）
絜齋集
文山先生文集
勉齋先生黄文肅公文集
北溪先生大全文集
西山先生真文忠公文集
鶴山先生大全文集
閑閑老人滏水文集
郝文忠公陵川文集
仁山金先生文集

静修劉先生文集
雲峰胡先生文集
許白雲先生文集
吴文正集（全三册）
道園學古録　道園遺稿
師山先生文集
曹月川先生遺書
康齋先生文集
敬齋集
涇野先生文集（全三册）
重鐫心齋王先生全集
雙江聶先生文集
歐陽南野先生文集
念菴羅先生文集（全二册）
正學堂稿
敬和堂集

涇皐藏稿
馮少墟集
高子遺書
劉蕺山先生集（全二册）
南雷文定
桴亭先生文集
西河文集
曝書亭集
三魚堂文集外集
考槃集文録
復初齋文集
述學
揅經室集（全三册）
劉禮部集
籀廎述林
左盦集

出土文獻

郭店楚墓竹簡十二種校釋

上海博物館藏楚竹書十九種校釋（全二册）

秦漢簡帛木牘十種校釋

武威漢簡儀禮校釋

*合册及分册信息僅限已出版文獻。